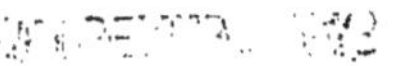

OEUVRES

COMPLÈTES

DE POTHIER.

~~~~~~~~~~~

TOME HUITIÈME.
~~~~~~~~~~~

DE L'IMPRIMERIE DE P. DIDOT, L'AINÉ,
CHEVALIER DE L'ORDRE ROYAL DE SAINT-MICHEL,
IMPRIMEUR DU ROI.

OEUVRES

COMPLÈTES

DE POTHIER.

NOUVELLE ÉDITION.

TRAITÉS

DES CONTRATS DE BIENFAISANCE :

DU PRÊT A USAGE, ET DU PRÉCAIRE,
DU CONTRAT DE PRÊT DE CONSOMPTION,
DE L'USURE,
DU QUASI-CONTRAT PROMUTUUM,
DE L'ACTION CONDICTIO INDEBITI,
DU CONTRAT DE DÉPOT.

A PARIS,

CHEZ THOMINE ET FORTIC, LIBRAIRES,

RUE SAINT-ANDRÉ-DES-ARTS, N° 59.

M. DCCCXXI.

TRAITÉS

DES

CONTRATS DE BIENFAISANCE.

ARTICLE PRÉLIMINAIRE.

LES contrats de *bienfaisance* sont ceux qui ne se font que pour l'utilité de l'une des parties contractantes : en cela ils diffèrent des contrats *intéressés de part et d'autre*, dont nous avons traité jusqu'à présent, lesquels se font pour l'intérêt et l'utilité réciproque de l'une et de l'autre partie.

La principale espèce de contrat de bienfaisance est le contrat de *donation*. Mais comme les donations ne se font pas toujours par un contrat, nous réservons à traiter ailleurs séparément de la matière des donations, tant entre vifs que testamentaires.

Les autres espèces de contrats de bienfaisance sont le *prêt à usage* et le *précaire*, qui composeront la matière de ce traité : le *prêt de consomption* et les matières qui y ont rapport feront l'objet d'un second traité ; le *dépôt* fera la matière d'un troisième traité ; et le *mandat*, avec le quasi-contrat *negotiorum gestorum*, feront la matière d'un quatrième.

TRAITÉ

DU PRÊT A USAGE,

ET DU PRÉCAIRE.

LE *prêt à usage* est un contrat par lequel un des contractants donne gratuitement à l'autre une chose, pour s'en servir à un certain usage ; et celui qui là reçoit s'oblige de la lui rendre après qu'il s'en sera servi.

C'est ce contrat qu'on appelle en terme de droit *commodatum*.

On appelle *prêteur* celle des parties contractantes qui donne la chose à l'autre, soit qu'elle lui en fasse par elle-même la tradition, soit qu'elle se serve du ministère d'une autre personne, qui fait cette tradition au nom et de la part de la partie contractante.

On appelle *emprunteur* l'autre partie contractante qui reçoit la chose, soit que la tradition lui en soit faite à elle-même, soit qu'elle soit faite de son ordre à un autre.

Nous traiterons, dans un premier chapitre, de la nature de ce contrat, des personnes entre lesquelles il peut intervenir, et des choses qui en peuvent être la matière ; dans le second, du droit que le prêt à usage donne à l'emprunteur, et de ses obligations ; dans le troisième, de celles du prêteur. Le quatrième concernera le *précaire* et quelques autres espéces de prêt différentes du *prêt à usage*.

CHAPITRE PREMIER.

De la nature du prêt à usage ; entre quelles personnes il peut intervenir, et des choses qui en peuvent être la matière.

SECTION PREMIÈRE.

De la nature du prêt à usage.

1. Nous examinerons, dans cette section, 1° quelles choses constituent l'essence du *prêt à usage* ; 2° à quelles classes de contrats il appartient ; 3° les rapports qu'il a avec quelques autres contrats , et en quoi il en diffère.

ARTICLE PREMIER.

Quelles choses constituent l'essence du prêt à usage.

2. Il est de l'essence du contrat de *prêt à usage* qu'il y ait, 1° une chose qui soit prêtée ; 2° un certain usage pour lequel la chose soit prêtée.

Il n'importe pour quel usage ; car c'est un *prêt à usage*, non seulement lorsqu'une chose est prêtée pour l'usage qui lui est propre, comme lorsque je vous prête un lit pour vous coucher, ou un cheval pour faire un voyage ou pour labourer votre champ ; mais aussi lorsque je prête la chose pour quelque autre usage que ce soit. Par exemple, si je vous prête des meubles pour les donner en gage à votre créancier, qui ne veut surseoir à ses poursuites qu'à cette condition , c'est un vrai contrat de *prêt à usage* qui intervient entre nous.

Il en seroit autrement si c'étoit moi-même qui, à votre prière, les donnasse à votre créancier en nantissement de votre dette : le contrat qui interviendroit entre nous seroit un contrat de *mandat;* L. 5, §. 12, ff. *commod.*

3. 3° Il est de l'essence de ce contrat que l'usage de la chose soit accordé gratuitement. Si, pour vous l'accorder, j'exige de vous quelque récompense, c'est un commerce : ce n'est plus le contrat de *prêt à usage;* c'est une autre espéce de contrat, qui est ou celui de *louage*, si la récompense consiste dans une somme d'argent, ou un contrat sans nom, tenant plus du contrat de louage que du prêt, lorsque c'est quelque autre chose que vous vous obligez de me donner, ou lorsque vous vous obligez de faire pour moi quelque chose.

C'est pourquoi, lorsque je vous prête mon bœuf pour dix jours, à la charge que vous me prêterez ensuite le vôtre pour autant de temps, Ulpien décide que ce n'est pas le contrat de *prêt à usage*, mais une autre espéce de contrat sans nom : *Commodati non competit actio, quia non fuit gratuitum commodatum, verùm præscriptis verbis agendum est;* l. 59, §. 3, ff. *de præser. verb,*

4. 4° Il est de l'essence du contrat de prêt à usage que l'emprunteur s'oblige à rendre la même chose *in individuo* qui lui est prêtée, après qu'il s'en sera servi, et conséquemment que cette chose lui soit délivrée, si elle n'est déja par-devers lui; car l'obligation qu'il doit contracter de la rendre suppose nécessairement qu'elle est par-devers lui.

5° Il est de l'essence de ce contrat que l'emprunteur ne reçoive la chose prêtée que pour s'en servir à l'usage pour lequel elle lui est prêtée, et que le prêteur en conserve non seulement la propriété, s'il en est le propriétaire, mais même la possession par le ministère de l'emprunteur, qui est censé ne détenir la chose qu'au nom de celui qui la lui a prêtée : *Rei commodatæ et possessionem et proprietatem retinemus;* l. 8, ff. commod. *Nemo enim, commodando, rem facit ejus cui commodat;* l. 6, ff. *d. tit.*

6° Enfin il est de l'essence du contrat que le consentement des parties intervienne sur la chose prêtée, sur l'usage pour lequel elle est prêtée, et sur la restitution qui en doit être faite.

ARTICLE II.

A quelles classes de contrats appartient le prêt à usage.

5. Il est évident que le *prêt à usage* est de la classe des contrats de bienfaisance, étant de son essence d'être gratuit. Il renferme un bienfait que le prêteur fait à l'emprunteur, en lui accordant gratuitement l'usage de sa chose.

6. Il est aussi de la classe des contrats *réels*, c'est-à-dire de ceux qui ne se forment que par la tradition de la chose.

En effet, on ne peut concevoir de contrat de *prêt à usage* si la chose n'a été délivrée à celui à qui on en accorde l'usage; l'obligation de rendre la chose, qui est de l'essence de ce contrat, ne pouvant pas naître avant que la chose ait été reçue.

On dira peut-être que dans notre droit françois, où toutes les conventions, même celles que le droit romain appeloit *nuda pacta*, sont valables, et produisent des obligations civiles, la convention par laquelle je serois convenu avec vous de vous prêter, dans un tel temps, une certaine chose, est valable par le seul consentement des parties, dès avant que je vous aie délivré la chose; et cette convention produit une action contre moi, pour m'obliger à vous délivrer la chose dans le temps convenu. Je réponds que cette convention n'est pas le contrat de *prêt*, c'est seulement une promesse de prêter, qui diffère du contrat de prêt, comme une promesse de vendre diffère du contrat de vente. Le contrat de prêt ne se formera que lorsqu'en exécution de cette promesse je vous aurai délivré la chose.

Il est vrai que si la chose est déja par-devers l'emprunteur, *putà*, parcequ'elle avoit été mise en dépôt chez lui, ou de quelque autre manière que cela se soit fait, le contrat de prêt reçoit en ce cas sa perfection par le seul consentement des parties. Mais si ce consentement suffit alors, c'est que la tradition s'est faite d'avance; et il est toujours vrai de dire que le contrat de prêt est un contrat *réel*, qui ne peut se former que par une tradition ou actuelle ou qui ait précédé. En un mot, il faut que la chose prêtée, ou soit remise par le contrat entre les mains de l'emprunteur, ou qu'elle se trouve déja par-devers lui.

7. Le *prêt à usage* est un contrat synallagmatique, qui produit de part et d'autre des obligations. Il n'est pas néanmoins de la classe de ceux qui sont parfaitement synallagmatiques, dans lesquels l'obligation de

chacun des contractants est également principale, tels que sont les contrats de *vente*, de *louage*, de *société*. Il est de la classe de ceux qui sont moins parfaitement synallagmatiques; car, dans ce contrat, il n'y a que l'obligation de l'emprunteur qui soit l'obligation principale du contrat, laquelle est pour cet effet appelée *obligatio commodati directa*, et d'où naît l'action *commodati directa* que le prêteur envers qui elle est contractée a contre l'emprunteur. Au contraire, l'obligation du prêteur n'est regardée que comme une obligation incidente et indirecte, laquelle pour cet effet est appelée *obligatio commodati contraria;* d'où naît l'action *commodati contraria*, que l'emprunteur, envers qui elle est contractée, a contre le prêteur. Voyez notre *traité des Obligations,* n. 9.

8. Enfin *le prêt à usage* est de la classe des contrats qu'on appelle *contractus juris gentium;* car il se régit par les seules règles du droit naturel, et il n'est assujetti à aucune formalité par le droit civil.

Si, de même que tous les autres contrats, il doit être rédigé par écrit lorsque la chose qui en fait la matière est d'une valeur qui excède cent livres, ce n'est que pour la preuve du contrat que cette forme est requise, et non pour sa substance; *traité des Obligations,* n. 15.

ARTICLE III.

Du rapport qu'a le contrat de prêt à usage avec d'autres contrats, et en quoi il en diffère.

9. Le *prêt à usage* tient quelque chose de la donation. Il contient un bienfait, et le prêteur, comme dans la

donation, donne gratuitement quelque chose à l'emprunteur : mais il diffère de la donation en ce que, dans celle-ci, la chose même est donnée, le donateur en transfère la propriété au donataire ; au lieu que dans le *prêt à usage* ce n'est pas la chose même que le prêteur donne, il n'en donne que l'usage ; il conserve la propriété de la chose qu'il prête : il en conserve même la possession, comme nous l'avons vu *suprà*, n. 5, et l'emprunteur s'oblige de la lui rendre.

10. Le *prêt à usage* a aussi de l'analogie avec le prêt de consomption qu'on nomme *mutuum :* ils renferment l'un et l'autre un bienfait qui n'est qu'imparfait, parceque dans l'un et dans l'autre contrat l'emprunteur s'oblige de rendre. Mais ces contrats diffèrent en ce que, dans le *prêt à usage*, le prêteur conserve la propriété de la chose prêtée ; et c'est cette chose elle-même *in individuo* que l'emprunteur s'oblige de lui rendre. Au contraire, dans le *prêt de consomption*, les choses prêtées étant des choses dont on ne peut faire aucun usage qu'en les consommant, telles que sont de l'argent, du blé, du vin, etc., le prêteur transfère à l'emprunteur la propriété des choses prêtées, pour que cet emprunteur les consomme à son gré ; et il devient seulement créancier d'une somme ou quantité égale à celle qu'il a prêtée, que l'emprunteur s'oblige de lui rendre.

11. Enfin le contrat de *prêt à usage* a du rapport avec le contrat de *louage,* et avec les contrats *sans nom,* par lesquels le prêteur exige de l'emprunteur quelque récompense. Ce rapport consiste en ce que c'est l'usage d'une chose que l'une des parties accorde à l'autre

qui fait la matière de ces contrats, de même que du *prêt à usage*. Mais la gratuité du *prêt à usage* est le caractère qui le distingue de ces contrats, en sorte qu'étant si essentiellement différents du *prêt à usage*, ils ne produisent pas les mêmes obligations.

12. La convention avec laquelle le pret à usage, *commodatum*, dont nous traitons, a le plus de rapport, est la convention de *précaire*, qui est une espéce de prêt à usage. Nous en ferons voir les différences au chapitre quatrième, où nous traiterons de cette convention.

SECTION II.

Des personnes entre lesquelles peut intervenir le contrat de prêt, et des choses qui en peuvent être la matière.

ARTICLE PREMIER.

Des personnes entre lesquelles peut intervenir le contrat de prêt.

13. Le contrat de prêt n'a rien, à cet égard, de particulier : il peut intervenir entre toutes les personnes qui sont capables de contracter; et il est évident qu'il ne peut intervenir entre celles qui en sont incapables. C'est pourquoi, si j'ai emprunté d'un fou une chose que j'ai reçue de lui, il n'est intervenu par là aucun contrat de prêt; et nous n'avons pas contracté de part ni d'autre les obligations qui naissent du contrat de prêt. Si je suis obligé de rendre la chose, ce n'est pas en vertu d'un contrat de prêt, puisqu'il n'en est pas intervenu, mais en vertu de la loi naturelle qui oblige

tous ceux qui possèdent sans cause la chose d'autrui de la rendre à celui à qui elle appartient : et pareillement si le fou est obligé de me rembourser les impenses extraordinaires que j'aurois faites pour la conservation de la chose que j'ai reçue de lui, et dont il a profité, ce n'est pas par un contrat de prêt qu'il y est obligé, n'y en ayant eu aucun, mais par la seule équité naturelle, qui ne permet pas de s'enrichir aux dépens d'autrui : *Jure naturæ æquum est neminem cum alterius detrimento fieri locupletiorem ;* l. 206, ff. *de reg. jur.*

Il faut dire la même chose du prêt qu'une femme sous puissance de mari auroit fait à quelqu'un sans être autorisée : étant incapable de contracter, il n'y a point en ce cas de contrat de prêt; et tout ce que nous avons dit dans l'espéce précédente reçoit une entière application dans cette espéce.

Il n'en est pas de même d'un mineur qui, quoique encore sous la puissance de tuteur, a passé l'âge de l'enfance, et est en âge de savoir ce qu'il fait : les contrats de ce mineur ne sont pas absolument nuls, comme ceux d'une femme mariée qui contracte sans être autorisée. Quoique ce mineur ne s'oblige pas en contractant sans l'autorité du tuteur, si ce n'est jusqu'à concurrence de ce qu'il profite du contrat, néanmoins il oblige ceux qui contractent avec lui, et le contrat subsiste de la part de ceux qui contractent avec lui; *Instit. tit. de autoritate tutorum.*

C'est pourquoi il n'est pas douteux que le prêt fait par un mineur à quelqu'un, quoique sans l'autorité de son tuteur, est valable, et qu'il produit dans l'emprunteur toutes les obligations qui naissent du contrat de prêt.

Sur les personnes qui sont capables ou incapables de contracter, voyez notre *traité des Obligations,* part. 1, chap. 1, sect. 1, art. 4.

ARTICLE II.

Des choses qui peuvent être la matière du contrat.

14. Toutes les choses qui sont dans le commerce, et qui ne se consomment point par l'usage qu'on en fait, peuvent être l'objet de ce contrat.

Ce sont le plus communément les meubles qui en font l'objet : on prête tous les jours un carrosse, un cheval, un livre, une tapisserie, et autres choses semblables.

Néanmoins les immeubles en peuvent aussi être l'objet : tous les jours un ami prête à son ami sa cave, son grenier, un appartement dans sa maison.

15. Non seulement les choses profanes peuvent être la matière du contrat de *prêt à usage;* les choses consacrées à Dieu, qui, pour cette raison, sont hors du commerce, en peuvent être aussi la matière, pourvu que ce soit pour des usages religieux qu'elles soient prêtées. Par exemple, lorsqu'il y a un catafalque à faire dans une église pour une cérémonie funèbre, ce qui exige un grand nombre de chandeliers d'argent, on emprunte les chandeliers d'argent des autres églises de la ville; c'est un vrai contrat de prêt à usage.

Si, pendant que les réparations qui sont à faire à une église paroissiale la rendent inexploitable, des religieux voisins ont une convention avec les paroissiens, par laquelle ils permettent aux paroissiens de faire, jusqu'à ce que leurs réparations soient finies, leur office paroissial dans leur église, à des heures différentes de celles auxquelles ils font le leur, cette convention est un vrai contrat de prêt à usage que ces religieux font de leur église à ces paroissiens.

16. Les écrits dont le roi ou les magistrats ont ordonné la suppression ne peuvent être la matière d'un contrat de prêt légitime. L'arrêt qui défend à toutes personnes de les retenir, et enjoint de les porter au greffe de la cour, défend à plus forte raison de les prêter : le prêt qui en est fait est donc une contravention à l'arrêt; et par conséquent c'est un contrat nul, qui ne peut de part ni d'autre produire aucune obligation, ni donner aucune action : *Pacta quæ contra leges constitutionesque vel contra bonos mores fiunt nullam vim habere indubitati juris est; l. 6, cod. de pact.*

Les mauvais livres dont on ne peut se servir pour aucun usage honnête, tels que ceux qui ne contiennent rien autre chose que des ordures et des impuretés, quoiqu'il n'y ait aucun arrêt qui en ait ordonné formellement la suppression, ne peuvent être la matière d'un contrat de prêt légitime : un tel contrat de prêt est contraire aux bonnes mœurs, et par conséquent nul, suivant la loi ci-dessus citée.

Il y a néanmoins de mauvais livres qui peuvent être prêtés pour un usage bon et légitime, tels que sont ceux qui attaquent la foi et la saine morale, lorsqu'on les prête à quelqu'un qui les emprunte pour les réfuter : un tel prêt est honnête et légitime. Mais prêter ces livres à des personnes dont la lecture de ces livres peut corrompre le cœur et l'esprit, c'est un crime qui surpasse celui d'un empoisonneur autant que l'ame surpasse le corps.

17. Il est évident que les choses qui se consomment par l'usage qu'on en fait ne peuvent être l'objet de ce contrat; car, étant de la nature de ce contrat, suivant la définition que nous en avons donnée, que celui à qui la chose est prêtée s'oblige à la rendre elle-même *in individuo*, après qu'il s'en sera servi, il en résulte que les choses dont on ne peut se servir qu'en les consommant et les détruisant ne peuvent être l'objet de ce contrat.

Par exemple, de l'argent comptant, du vin, du blé, de l'orge, de l'huile, etc., ne peuvent être l'objet du contrat de *prêt à usage*, mais seulement du *prêt de consomption*, dont nous parlerons dans le traité suivant.

Néanmoins ces choses mêmes, qui sont de nature à se consommer par l'usage, peuvent quelquefois faire l'objet du contrat de *prêt à usage;* savoir, lorsqu'elles sont prêtées, non pour l'usage naturel auquel ces choses sont destinées, mais seulement pour la montre, *ad ostentationem :* car, ces choses ne se consommant point par cette espéce d'usage, rien n'empêche qu'elles ne puissent être l'objet du contrat de *prêt à usage.* C'est la décision des lois (l. 3, §. *fin.*, et l. 4, ff. *commod.*): *Non potest commodari id quod usu consumitur, nisi fortè ad pompam vel ostentationem quis accipiat; sæpè etiam ad hoc commodantur pecuniæ, ut ostendantur.* C'est ce qu'ont coutume de faire les receveurs infidéles qui, ayant donné à usure l'argent de leur caisse, empruntent de leurs amis des sacs d'argent, lorsqu'ils savent qu'on doit venir visiter leur caisse, pour la faire paroître remplie, et les rendent *in individuo* aussitôt que la visite a été faite.

18. Il n'importe que la chose prêtée appartienne ou non à celui qui la prête. Si un voleur prête à quelqu'un la chose qu'il a volée, c'est un vrai contrat de prêt, qui n'oblige pas moins celui à qui elle est prêtée de la rendre au voleur qui la lui a prêtée, que s'il lui eût prêté sa propre chose; l. 15 et 16, ff. *d. tit.* Voyez une limitation, *infrà*, ch. 2, sect. 2, art. 1, §. 4.

19. Mais on ne peut prêter à quelqu'un sa propre chose : *Commodatum rei suæ esse non potest.*

C'est pourquoi, si quelqu'un qui a ma chose me la prête sans que je sache qu'elle m'appartient, le contrat est nul, et je ne contracte aucune obligation de la rendre.

Cette régle, qu'on ne peut prêter à quelqu'un sa propre chose, souffre exception lorsque c'est celui qui a le droit de la posséder ou d'en jouir qui la prête au propriétaire. Par exemple, si le créancier à qui j'ai donné ma tapisserie en nantissement me la prête pour quelque occasion, c'est un prêt de ma propre chose, qui est valable : car, n'ayant pas le droit de la posséder, quoiqu'elle m'appartienne, puisque je l'ai donnée en nantissement, on peut valablement me la prêter, et je contracte valablement l'obligation de la rendre au créancier qui me l'a prêtée, et qui a droit de la posséder.

Par la même raison, celui qui jouit en usufruit de ma maison peut me la prêter en tout ou en partie.

CHAPITRE II.

Du droit que le prêt à usage donne à l'emprunteur, et de ses obligations.

SECTION PREMIÈRE.

Du droit de l'emprunteur.

20. Le droit que le prêt à usage donne à l'emprunteur de se servir de la chose qui lui a été prêtée, de même que celui que le contrat de louage donne au locataire, n'est pas un droit dans la chose, mais un droit purement personnel contre le prêteur, qui naît de l'obligation que le prêteur a contractée de le laisser se servir de la chose pendant le temps et pour l'usage pour lequel il la lui a prêtée.

Ce droit lui donne une action contre le prêteur et ses héritiers, s'ils apportoient quelque trouble à l'usage qu'il a droit de faire de la chose.

Nous traiterons de cette action au chapitre suivant.

Il lui donne aussi une exception contre la demande que le prêteur feroit *intempestivè* pour se faire rendre la chose prêtée : nous en traiterons aussi *infrà*.

21. Ce droit que le prêt à usage donne à l'emprunteur se borne à l'usage pour lequel la chose lui a été prêtée : il ne lui est pas permis de s'en servir pour aucun autre usage, à moins qu'il n'ait un juste sujet de croire que le prêteur y consentiroit s'il le savoit.

Par exemple, si quelqu'un m'a prêté à Orléans un

cheval pour aller à Baugenci, je ne puis pas m'en servir pour aller plus loin. Mais si, étant arrivé à Baugenci, il m'est survenu une affaire plus loin, que je
n'avois pas prévue lorsque j'ai emprunté le cheval, et
que les relations d'amitié que j'ai avec celui qui me
l'a prêté, et la connoissance que j'ai de son caractère
obligeant, me donnent lieu d'être persuadé qu'il ne
m'auroit pas refusé son cheval pour aller jusqu'au lieu
où cette affaire m'est survenue, je puis licitement
m'en servir pour aller jusque-là.

Il faudroit décider autrement si, lorsque j'ai emprunté le cheval pour aller à Baugenci, je savois déja
que je pourrois en avoir besoin pour aller plus loin, et
que je ne l'aie pas déclaré à celui de qui j'ai emprunté
le cheval; cette réticence de ma part prouve que je
n'étois pas bien assuré qu'il eût voulu me prêter son
cheval pour aller plus loin.

22. Lorsque l'emprunteur, à l'insu et contre le gré
du prêteur, se sert de la chose prêtée à un autre usage
que celui pour lequel elle lui a été prêtée, non seulement il contrevient à la bonne foi requise dans le
contrat de prêt, qui ne permet pas d'user de la chose
prêtée pour un autre usage, mais il commet un vol de
l'usage de cette chose. C'est ce qu'enseigne Paul en la
loi 40, ff. *de furt.*: *Qui jumenta sibi commodata lon-
giùs duxerit, alienâve re invito domino usus sit, furtum facit.* Ulpien décide la même chose en la loi 5,
§. 8, ff. *commod.*

Il ne fait pas, à la vérité, un vol de la chose même
qui lui a été prêtée, mais il fait un vol de l'usage de
cette chose; car le vol peut tomber sur l'usage de la

la chose comme sur la chose même, le vol étant défini, *Contrectatio rei fraudulosa .... vel rei, vel etiam usûs ejus, possessionisve;* l. 1, §. *fin.* ff. *de furt.*

SECTION II.

Des obligations de l'emprunteur.

23. Les obligations que l'emprunteur contracte par le prêt à usage sont celle de rendre la chose qui lui a été prêtée, et celle de la conserver. Nous traiterons de ces deux obligations dans les deux premiers articles de cette section. Nous examinerons, dans un troisième article, si l'emprunteur est obligé d'indemniser le prêteur des cas fortuits qui ont causé la perte ou la détérioration de la chose prêtée. Enfin, dans un quatrième article, nous traiterons de l'action *commodati directa*, qui naît de l'action de l'emprunteur.

ARTICLE PREMIER.

De l'obligation de rendre la chose prêtée.

Il faut voir, 1° quand l'emprunteur est obligé de rendre la chose prêtée; 2° à qui; 3° où, et en quel état il la doit rendre; 4° quels moyens il peut opposer pour se défendre de la rendre.

§. I Quand l'emprunteur doit-il rendre la chose.

24. L'emprunteur n'est obligé de rendre la chose qu'après le temps porté par le contrat, et, lorsque le contrat n'en porte aucun, qu'après celui qui lui a été

nécessaire pour l'usage pour lequel elle lui a été prêtée.

Le prêteur ne peut sans injustice en demander plus tôt la restitution : car quoiqu'il eût pu sans injustice ne la point prêter du tout, ayant bien voulu la prêter pour un certain usage, il s'est obligé de la laisser à l'emprunteur pendant tout le temps nécessaire ; autrement il tromperoit l'emprunteur, qui a compté sur ce prêt, et qui auroit pu, sans cela, prendre d'autres mesures, et trouver d'autres occasions d'emprunter d'autres personnes la chose dont il avoit besoin. C'est ce qu'enseigne Paul en la loi 17, §. 3, ff. *commod.*: *Sicut voluntatis et officii magis quàm necessitatis est commodare ; ita modum commodati finemque præscribere ejus est qui beneficium tribuit : quum autem id fecit, id est, postquàm commodavit, tunc finem præscribere et retrò agere, atque intempestivè usum commodatæ rei auferre, non officium tantùm impedit, sed et suscepta est obligatio inter dandum accipiendumque .... adjuvari quippe nos, non decipi beneficio oportet.*

25. Cette décision a lieu quand même pendant ce temps le prêteur se trouveroit avoir besoin lui-même de la chose qu'il a prêtée, pourvu que ce fût un besoin qu'il a pu prévoir, et qui peut se remettre ; car, en la prêtant, il a tacitement consenti à se priver de l'usage de sa chose pendant le temps pour lequel il l'a prêtée, même dans le cas où il en auroit lui-même besoin, lorsqu'il a pu le prévoir.

Mais si le besoin que le prêteur a de la chose prêtée étoit un besoin pressant et imprévu, il seroit en ce cas fondé à demander que la chose lui fût rendue, quoi-

qu'avant l'expiration du temps pour lequel il l'a prêtée ; car personne n'étant présumé vouloir faire plaisir à un autre à son préjudice, celui qui prête sa chose
à quelqu'un est censé ne la vouloir prêter qu'autant
qu'il croit qu'il pourra lui-même s'en passer ; et le cas
d'un besoin pressant et imprévu qu'il auroit lui-même
de cette chose doit toujours être censé tacitement ex-
cepté de la permission qu'il a accordée à l'emprunteur
de s'en servir pendant le temps convenu. C'est le sentiment de Puffendorf, qui me paroît très équitable.

Néanmoins, même dans le cas d'un besoin pressant
et imprévu que j'aurois de la chose que je vous ai prêtée, si vous ne pouviez me la rendre sans courir risque
de vous causer un grand préjudice, vous pourriez être
reçu à satisfaire par équipollence à l'obligation de me
la rendre, en me fournissant à vos dépens une chose
semblable pour m'en servir à la place de la mienne,
jusqu'à ce que vous puissiez me la rendre, et que je
puisse, de mon côté, vous rendre celle que vous m'a-
vez fournie.

Par exemple, si pendant que les étais que je vous
ai prêtés servent à soutenir les planchers de votre
maison, dont on reconstruit le mur, j'ai besoin tout-
à-coup de mes étais pour soutenir ma maison, et que
je vous les redemande, vous devez être reçu dans vos
offres de m'en fournir d'autres à vos dépens, pour
m'en servir à la place des miens, que vous ne pouvez
retirer sans risque, jusqu'à ce que votre mur qu'on
reconstruit soit achevé.

26. Il y a un second cas auquel le prêteur peut demander la restitution de la chose qu'il a prêtée avant

2.

le temps pour lequel il l'a prêtée ; c'est lorsque l'usage pour lequel il l'a prêtée se trouve entièrement achevé. Par exemple, si je vous ai prêté un manuscrit pour quinze jours, afin d'en tirer une copie, et qu'au bout de huit jours vous ayez achevé cette copie, je puis vous demander que vous me rendiez mon manuscrit, sans attendre la fin des quinze jours ; car l'ayant entièrement copié et collationné, et par conséquent en ayant fait tout l'usage pour lequel je vous l'avois prêté, vous n'avez plus aucun sujet de le retenir : le temps de quinze jours n'a été fixé qu'afin que vous n'excédassiez pas ce temps à le copier, mais non pour que vous puissiez le retenir après l'avoir copié plus tôt.

Mais si le temps avoit été apposé à la convention, non seulement pour que vous n'excédassiez pas le temps à faire l'usage que vous voulez faire de la chose que je vous ai prêtée, mais par une autre raison, *putà*, parceque, m'ayant emprunté la chose pour la porter à la campagne, d'où vous comptiez être de retour au bout de quinze jours, on a réglé le temps auquel vous deviez me la rendre sur celui auquel vous deviez être de retour, je ne dois pas en ce cas, sans un besoin pressant, quoique vous ayez fait tout l'usage de la chose que vous deviez faire, demander avant le temps que vous me la renvoyiez par un exprès qui vous constitueroit en dépense ; mais je dois attendre le temps porté par notre convention, auquel vous pourrez me la rapporter vous-même à votre retour de la campagne.

27. Un troisième cas, auquel je puis, avant l'expiration du temps porté par la convention, demander la

restitution de la chose que j'ai prêtée, c'est lorsque celui à qui je l'avois prêtée pour un usage qui lui étoit personnel est mort avant l'expiration de ce temps. Par exemple, si j'ai prêté à un savant un livre pour un an, afin qu'il s'en servît à la composition d'un ouvrage auquel il travailloit, et qu'il soit mort au bout de six mois, je puis incontinent, sans attendre l'expiration du temps porté par la convention, redemander mon livre à ses héritiers, qui n'ont aucun sujet de le garder; l'usage pour lequel je l'avois prêté étant un usage qui étoit personnel au défunt.

Il en seroit autrement si l'usage pour lequel j'ai prêté une chose à mon ami ne lui étoit pas personnel : en ce cas ses héritiers pourroient se servir, comme lui, de ma chose à l'usage pour lequel je l'ai prêtée, et je ne pourrois leur en demander la restitution qu'après qu'ils auroient achevé de s'en servir à cet usage. Par exemple, si j'ai prêté à mon ami mon cheval pour tout le temps que dureroient ses vendanges, pour s'en servir à mener les raisins de ses vignes à son pressoir, et qu'il soit mort avant la fin de la vendange, ses héritiers auront droit de se servir comme lui de mon cheval à l'usage pour lequel je l'ai prêté, et je ne serai fondé à leur demander qu'ils me le rendent qu'après la fin de la vendange pour laquelle je l'ai prêté. La raison est que, dans le contrat de prêt à usage, de même que dans tous les autres contrats, nous sommes censés contracter pour nous et pour nos héritiers. C'est pourquoi les obligations qui naissent de ces contrats, et les droits qui en résultent, passent à nos héritiers, lorsqu'ils sont de nature à pouvoir leur passer.

28. Quoique régulièrement celui à qui la chose a été prêtée ne puisse pas la retenir après le temps pour lequel elle lui a été prêtée, néanmoins, s'il avoit besoin encore de quelques jours pour achever de s'en servir à l'usage pour lequel elle lui a été prêtée, et que le prêteur ne souffrît aucun préjudice du retard, le prêteur devroit lui laisser encore la chose pendant ce temps.

Mais quand même le prêteur souffriroit quelque préjudice du retard, si celui que souffriroit l'emprunteur, en rendant incontinent la chose prêtée, étoit beaucoup plus grand, on devroit encore, en ce cas, lui laisser la chose, à la charge par lui d'indemniser le prêteur du préjudice qu'il souffre de ce retard. Les devoirs de l'amitié, qui ont porté le prêteur à faire le prêt, exigent de lui ces tempéraments.

§. II. A qui la chose prêtée doit-elle être rendue.

29. La chose prêtée doit être rendue au prêteur.

Lorsque le prêteur en a fait, par le ministère d'un autre, la tradition à l'emprunteur, ce n'est pas à celui du ministère duquel le prêteur s'est servi pour la faire que la chose doit être rendue : car ce n'est pas lui qui est le prêteur ; c'est celui à qui il a prêté son ministère, et au nom de qui la tradition a été faite, qui est le prêteur, et à qui la chose doit être rendue ; *suprà*, n. 2.

3o. La chose est censée rendue au prêteur, lorsqu'elle est rendue à celui qui avoit pouvoir de lui de la recevoir, suivant cette régle de droit, *Quod jussu alterius solvitur, pro eo est quasi ipsi solutum esset;*

L. 180, ff. *de R. J.* Cela est conforme aux principes généraux que nous avons établis en notre *traité des Obligations*, part. 3, chap. 1, art. 3, §. 2, où nous renvoyons.

31. Suivant les mêmes principes, la chose est censée rendue au prêteur, lorsqu'elle est rendue à quelqu'un qui a qualité pour la recevoir pour lui. Par exemple, une chose est censée rendue au mineur qui l'a prêtée, lorsqu'elle est rendue à son tuteur; une chose est censée rendue à une femme, lorsqu'elle est rendue à son mari. Voyez notre *traité des Obligations*, part. 3, chap. 1, art. 2, §. 3.

32. Quelquefois ce n'est pas à la personne même qui a fait le prêt que la chose prêtée doit être rendue : cela arrive, 1° lorsque cette personne a, depuis le prêt, perdu la vie civile. Si c'est par la profession religieuse, la chose ne peut plus être valablement rendue qu'à ses héritiers ou autres successeurs universels qui ont recueilli sa succession, à laquelle sa profession a donné ouverture. Si c'est par une condamnation à une peine capitale que le prêteur a perdu la vie civile, la chose ne peut plus être valablement rendue qu'au seigneur au profit de qui la confiscation de ses biens a été prononcée.

33. 2° On ne peut plus rendre valablement la chose prêtée à la personne qui l'a prêtée, lorsque, depuis le prêt, elle a changé d'état. Par exemple, lorsqu'une fille m'a prêté une chose, et que depuis le prêt elle s'est mariée, et a passé sous puissance de mari, ce n'est plus à elle, c'est à son mari que je dois rendre la chose qu'elle m'a prêtée : la restitution que je lui en ferois à

elle-même ne me déchargeroit pas de mon obligation de la rendre, si ce n'est dans le cas auquel elle seroit parvenue à son mari, ou dans le cas auquel je la lui aurois rendue du consentement de son mari, ou enfin dans le cas auquel j'aurois eu une juste ignorance de son changement d'état. Par la même raison, si le prêteur a été, depuis le prêt, interdit, soit pour cause de folie, soit pour cause de prodigalité, ce n'est plus à lui, c'est à son curateur que la chose prêtée doit être rendue.

34. Quand même le prêteur qui est devenu fou ne seroit pas encore interdit, l'emprunteur qui auroit connoissance de sa folie ne devroit pas lui rendre la chose qu'il lui a prêtée ; et en la lui rendant, il ne seroit pas déchargé de l'obligation qu'il a contractée de la rendre. En cela le fou est différent du prodigue : celui-ci n'est privé de l'administration de son bien que par la sentence d'interdiction ; jusqu'à cette sentence, il peut valablement recevoir ce qui lui est dû, et en décharger son débiteur ; et par conséquent la restitution de la chose prêtée, qui lui est faite par l'emprunteur avant la sentence d'interdiction, est valable.

Il n'en est pas de même du fou : c'est sa folie qui par elle-même le rend incapable d'administrer son bien, et non la sentence d'interdiction, qui sert seulement à constater sa folie : car les actes d'administration supposent une volonté délibérée, une connoissance de ce qu'on fait, qui ne se trouve pas dans une personne qui a perdu l'usage de la raison : *Furiosi voluntas nulla est; l. 47, ff. de acq. hered.* Un fou, même avant qu'il soit interdit, est donc incapable de recevoir ce qui lui est dû, et d'en décharger son débiteur; *Furiosus nullum negotium contrahere potest;* l. 5, ff. *de R. J.;* et par conséquent l'emprunteur qui, ayant ou ayant pu avoir connoissance de la folie du prêteur, lui auroit restitué, quoiqu'avant son interdiction, la chose prêtée, ne seroit pas libéré; et si ce fou à qui il l'a mal à propos rendue venoit à la perdre, les héritiers du fou, ou le fou même, s'il avoit depuis recouvré la raison, ou son curateur, pourroient en demander le prix à l'emprunteur.

Observez néanmoins que si l'emprunteur, lorsqu'il a rendu au fou, qui n'étoit pas encore interdit, la chose qu'il lui avoit prêtée, non seulement ne s'étoit pas aperçu, mais n'avoit pu s'apercevoir de la folie du prêteur, parceque c'étoit une folie qui ne s'apercevoit pas facilement; quoique cette restitution ne fût pas un paiement valable, par l'incapacité du prêteur à qui elle est faite, néanmoins l'emprunteur est déchargé de l'obligation de rendre la chose prêtée; car il suffit pour cela qu'il ne l'ait plus, et que ce soit sans aucune faute de sa part qu'il ait cessé de l'avoir.

Lorsque l'emprunteur, après s'être servi de la chose prêtée pour l'usage dont il avoit besoin, veut s'en décharger, n'y ayant personne à qui il puisse la rendre, parceque le prêteur est devenu fou, et n'a pas de curateur, il peut, à sa requête, faire assembler les parents, ou, au défaut de parents, les voisins du prêteur, pour lui faire nommer un curateur à qui il puisse la rendre : c'est le moyen qu'ont tous les débiteurs qui veulent se libérer.

35. Lorsque celui qui a prêté une chose est un

mineur; si la chose qu'il a prêtée est une chose à son usage, que son père ou son tuteur lui laissoit entre ses mains; quoiqu'il l'ait prêtée à l'insu de son père ou de son tuteur, l'emprunteur peut rendre la chose au mineur qui la lui a prêtée, aussi bien qu'à son père ou à son tuteur; comme lorsqu'un écolier a prêté à quelqu'un un de ses livres de classe. C'est pourquoi, quand même le mineur auroit depuis perdu cette chose, l'emprunteur qui la lui a rendue n'en demeureroit pas moins valablement déchargé, et on ne pourroit pas lui opposer ce principe de droit, qu'un mineur ne peut pas, sans le consentement de son tuteur, recevoir ce qui lui est dû, et en décharger son débiteur : *Pupillo sine tutoris autoritate solvi non potest;* l. 15, ff. *de solut.* Car le père ou le tuteur, en laissant cette chose entre les mains du mineur, a virtuellement consenti que ceux à qui il la prêteroit pussent la lui remettre entre les mains.

Mais si la chose que le mineur a prêtée n'étoit pas une chose qui fût à son usage, et que le tuteur laissât entre les mains du mineur, cette chose, quoique prêtée par le mineur, qui avoit trouvé le moyen de l'avoir, et quoiqu'elle appartienne au mineur, ne doit pas lui être rendue, mais à son tuteur; et l'emprunteur, en la rendant au mineur sans le consentement du tuteur, n'en seroit pas valablement déchargé, si le mineur venoit à la perdre.

Voyez, au paragraphe quatrième, d'autres cas auxquels la chose ne doit pas être rendue à celui qui l'a prêtée.

§. III. Où, et en quel état la chose prêtée doit-elle être rendue.

36. Lorsque le lieu où la chose prêtée doit être rendue est exprimé par la convention, c'est en ce lieu qu'elle doit être rendue.

Lorsque les parties ne s'en sont point expliquées, la chose prêtée doit être rendue au prêteur en sa maison; à moins que, par la destination du prêteur, la chose n'eût coutume d'être dans un autre lieu, *putà*, dans une de ses maisons de campagne, d'où le prêteur l'a retirée pour la prêter; auquel cas elle doit être rendue au lieu où elle a coutume d'être.

37. Si, depuis le prêt, le prêteur avoit transféré sa demeure très loin, l'emprunteur ne seroit pas obligé de lui rendre la chose prêtée ailleurs qu'au lieu où étoit la demeure du prêteur lors du prêt; car ce n'est que dans ce lieu qu'il a entendu s'obliger de la rendre. La translation de la demeure du prêteur dans un autre lieu est un fait qui lui est étranger, et qui ne doit pas l'obliger, pour la restitution de la chose prêtée, à plus qu'il n'a entendu s'obliger. Par exemple, si je vous ai prêté mon cheval à Orléans, pour faire le voyage de Reims, et que, pendant votre voyage, j'aie été nommé à un emploi à la Rochelle, pour lequel j'aie été obligé d'y transférer ma demeure; de retour de votre voyage, vous n'êtes pas obligé de me rendre mon cheval ailleurs qu'à Orléans : vous devez seulement me donner avis de votre retour, et attendre mes ordres, ou pour me renvoyer à mes frais le cheval à

la Rochelle, ou pour le vendre à Orléans pour mon compte.

Si la nouvelle demeure du prêteur étoit peu éloignée de celle où la chose a été prêtée, l'emprunteur à qui elle est connue doit être obligé de rendre la chose au prêteur en sa nouvelle demeure : il auroit mauvaise grace à dire qu'il ne s'est obligé de la rendre qu'au lieu où étoit la demeure du prêteur lors du prêt, et qu'il n'a pas prévu que le prêteur changeroit de demeure ; car la nouvelle demeure en étant peu éloignée, on doit présumer qu'il avoit, lors du prêt, non pas à la vérité une volonté formelle et explicite, mais une disposition de volonté d'y rendre la chose, s'il eût prévu le changement de demeure : d'ailleurs celui qui a reçu un bienfait ne doit pas être écouté à chicaner son bienfaiteur.

38. La chose prêtée doit être rendue en l'état auquel elle se trouve. Si elle se trouvoit détériorée, l'emprunteur n'est pas tenu des détériorations, à moins qu'elles ne proviennent de quelque faute de sa part, ou des personnes dont il est responsable.

Mais si la détérioration provient du fait d'une autre personne, que l'emprunteur n'a pu prévoir ni empêcher, il n'en est pas plus tenu que de celles qui proviennent des accidents de force majeure. C'est ce qu'enseigne Julien, en la loi 19, ff. *Commod. Ad eos qui servandum aliquid conducunt, aut utendum accipiunt, damnum injuriâ ab alio datum non pertinere procul dubio est : quâ enim curâ aut diligentiâ consequi possumus, ne aliquis damnum nobis injuriâ det?*

39. L'emprunteur n'est pas même tenu des détério-

rations qui seroient un effet inévitable de l'usage pour lequel la chose a été prêtée ; car le prêteur, en la prêtant pour cet usage, a implicitement consenti de souffrir ces détériorations. Par exemple, si j'ai prêté ici, à Orléans, à un marchand un manteau neuf, pour s'en servir pendant un voyage qu'il a à faire à Leipsick ; quoique ce manteau, lorsqu'il me le rendra au retour de son voyage, ne se trouve pas de même valeur qu'il étoit lorsque je le lui ai prêté, je ne pourrai pas m'en plaindre, parcequ'en le lui prêtant pour faire ce long voyage, j'ai consenti à la détérioration de mon manteau, qui en étoit un effet inévitable.

Pomponius rapporte cet autre exemple : Je vous ai prêté mon cheval pour aller dans un certain lieu fort éloigné. Si, sans aucune faute de votre part, la fatigue du voyage a déprécié mon cheval, vous n'en êtes pas tenu ; car c'est plutôt moi qui suis en faute, de n'avoir pas connu de quoi mon cheval étoit capable, et de vous l'avoir prêté pour faire un voyage qui étoit au-dessus de ses forces : *Ego in culpâ ero, qui in tam longum iter commodavi, qui eum laborem sustinere non potuit;* l. 23, ff. *d. t.*

§. IV. Des exceptions que peut opposer celui à qui la chose a été prêtée, pour se défendre de la rendre.

40. Le principal moyen que peut opposer celui à qui une chose a été prêtée, pour se défendre de la rendre, c'est celui qui résulte de ce que, sans aucune faute de sa part, il a cessé de l'avoir, soit qu'elle soit périe par quelque accident de force majeure, soit qu'elle lui ait été ravie. Sur les fautes dont est tenu

l'emprunteur, et sur les cas de force majeure dont il n'est pas tenu, voyez l'article suivant.

Suivant les principes établis en notre *traité des Obligations* n. 656, *in fine*, l'emprunteur qui se défend par ce moyen de rendre la chose qui lui a été prêtée est tenu de justifier l'accident de force majeure qu'il prétend avoir causé la perte de la chose.

41. L'emprunteur est sur-tout déchargé de l'obligation de rendre au prêteur la chose prêtée, lorsqu'il est en état de justifier qu'il l'a rendue à celui qui est venu la querir de la part du prêteur, quand même elle ne seroit pas parvenue au prêteur; car l'emprunteur, en la rendant à cette personne, est censé l'avoir rendue au prêteur lui-même, suivant cette régle de droit, *Quod jussu alterius solvitur, pro eo est quasi ipsi solutum esset;* l. 180, ff. *de R. J.*

C'est ce qu'enseigne Ulpien, en la loi 12, §. 1, ff. *commod. Commodatam rem missus qui repeteret, quum recepisset, aufugit. Si dominus ei dari jusserat, domino perit.*

Au reste, l'emprunteur doit bien prendre garde si la personne qui vient demander la chose prêtée a ordre de la recevoir; car si cette personne n'étoit envoyée que pour avertir l'emprunteur de la rendre, et que l'emprunteur la lui remît, il n'en seroit pas déchargé envers le prêteur, si la chose ne lui parvenoit pas; *d.* §. 1.

42. Un second moyen que peut opposer l'emprunteur, non pour se dispenser entièrement de rendre la chose, mais pour la retenir quelque temps, c'est celui qui résulte de ce qu'il ne peut la rendre incontinent

sans s'exposer à un grand dommage : nous en avons parlé *suprà*, n. 26.

43. Un troisième moyen est celui qui résulte des impenses qu'il a faites pour la conservation de la chose qui lui a été prêtée, dont il a la répétition ; car il a droit de retenir la chose jusqu'à ce que le prêteur l'ait remboursé de ces impenses. L'emprunteur a cela de commun avec tous ceux qui ont fait des impenses pour la conservation d'une chose qui se trouve en leur possession, qu'ils ont un droit de rétention de cette chose, pour s'en faire rembourser, la chose étant censée obligée par lesdites impenses, *veluti quodam pignoris jure.* Voyez *infrà*, ch. 3, quelles sont les impenses dont il a la répétition.

44. Il n'en est pas de même de ce que le prêteur me doit pour quelque autre cause que ce soit : je ne puis pas retenir, pour ce qu'il me doit, la chose qu'il m'a prêtée, ni me dispenser de la lui rendre aussitôt que je m'en suis servi à l'usage pour lequel il me l'a prêtée. C'est ce que décident Dioclétien et Maximien : *Prætextu debiti restitutio commodati non probabiliter recusatur; l. fin. cod. commodati.*

La raison est que, suivant les principes que nous avons établis en notre *traité des Obligations*, n. 530, sur la matière de la compensation, on ne peut opposer|de compensation contre la dette d'un corps certain, telle qu'est la dette de la restitution de la chose prêtée.

Mais si, faute par l'emprunteur de pouvoir la rendre, parcequ'elle seroit périe, ou auroit été perdue par sa faute, la dette s'étoit convertie en une dette de dommages et intérêts liquidés à une somme d'argent, elle seroit susceptible de compensation, de même que les autres dettes de sommes d'argent.

45. Il y a des circonstances dans lesquelles l'emprunteur ne doit pas rendre la chose à celui qui la lui a prêtée au moment qu'il la redemande, mais où il en doit différer la restitution. Supposons, par exemple, qu'une personne m'a prêté ses pistolets chargés pour un voyage. Au retour de ce voyage, le prêteur, en sortant d'avoir une grosse querelle, vient, tout enflammé de colère, me la raconter, et me redemander ses pistolets. Si j'ai lieu de soupçonner que le prêteur, que je connois pour un homme violent, en veut faire un mauvais usage, je dois attendre, pour les lui rendre, que ses mouvements de colère soient passés.

46. L'emprunteur ne peut pas, pour se dispenser de rendre la chose prêtée, opposer au prêteur qu'elle ne lui appartient pas; car tant qu'elle n'est pas réclamée par un tiers, entre les mains de l'emprunteur, le prêteur est en droit de la répéter, quand même il l'auroit volée; l. 16, ff. *commod.*

Mais si elle étoit arrêtée entre les mains de l'emprunteur par quelqu'un qui s'en prétend le propriétaire, ou qui se prétend créancier du prêteur, l'emprunteur doit dénoncer l'arrêt au prêteur, et ne rendre la chose que lorsque le prêteur aura obtenu mainlevée de l'arrêt.

Quoique la personne à qui la chose a été volée ne l'ait pas encore arrêtée entre les mains de l'emprunteur; lorsque l'emprunteur vient à en avoir connoissance, il doit, avant que de rendre la chose à celui qui la lui a prêtée, avertir cette personne que la chose est entre ses mains, afin qu'elle puisse l'arrêter : car l'obligation qu'il a contractée de la rendre à celui qui la lui a prêtée doit céder à l'obligation de la rendre à celui à qui elle appartient. C'est ce que les lois décident à l'égard du dépositaire, comme nous le verrons *infrà*; et leur décision reçoit une entière application à l'emprunteur, y ayant une entière parité de raison.

47. Enfin l'emprunteur et ses héritiers ne peuvent opposer aucune prescription de temps pour se dispenser de rendre la chose prêtée, lorsqu'elle se trouve en leur possession, quand même il y auroit plus de trente ans que le prêt en eût été fait : car la possession en laquelle quelqu'un est d'une chose est toujours censée continuer au même titre auquel elle a commencé, tant que le contraire ne paroît pas, suivant la règle, *Nemo potest ipse sibi mutare causam possessionis suæ.* L'emprunteur ayant une fois commencé à avoir la possession de la chose à titre d'emprunt, lui et ses héritiers sont toujours censés continuer de l'avoir à ce titre ; et cette possession à titre d'emprunt, en laquelle ils sont censés être, réclame perpétuellement pour la restitution de la chose, qui doit être faite à celui qui l'a prêtée, ou à ses successeurs.

Mais si la chose prêtée n'étoit plus par-devers l'emprunteur ou ses héritiers, l'action du prêteur seroit sujette à la prescription ordinaire de trente ans, à laquelle sont sujettes les autres actions.

ARTICLE II.

De l'obligation de conserver la chose.

48. L'obligation que l'emprunteur contracte par le contrat de prêt à usage l'oblige à apporter tout le soin possible à la conservation de la chose qui lui a été prêtée.

Il ne suffit pas qu'il y apporte un soin ordinaire, tel que celui que les pères de famille ont coutume d'apporter aux choses qui leur appartiennent; il doit y apporter tout le soin possible, c'est-à-dire celui qu'apportent à leurs affaires les personnes les plus soigneuses; et il est tenu à cet égard, non seulement de la faute légère, mais de la faute la plus légère.

C'est ce qu'enseigne Gaïus, en la loi 1, §. 4, ff. *de obl. et act.: Exactissimam diligentiam custodiendæ rei præstare compellitur; nec sufficit ei eamdem diligentiam adhibere quam suis rebus adhibet, si alius diligentior custodire poterit.*

Ceci est une suite du principe qui se trouve en la loi 5, §. 2, ff. *commod.*, et que nous avons rapporté en notre *traité des Obligations*, n. 142, que, dans les contrats qui se font pour le seul intérêt de celui qui reçoit la chose qui fait l'objet du contrat, celui qui la reçoit est tenu d'apporter à la conservation de cette chose, non seulement un soin ordinaire, mais tout le soin possible, et qu'il est tenu par conséquent de la faute la plus légère, *de levissimâ culpâ;* d'où il suit que le contrat de *prêt à usage* se faisant pour le seul intérêt de celui à qui la chose est prêtée, cet emprunteur est tenu de ce soin très exact.

49. Si celui à qui la chose a été prêtée n'étoit pas capable de ce soin très exact, devroit-on l'exiger de lui? Pour la négative, on dira que personne n'est tenu à l'impossible : *Impossibilium nulla obligatio est ;* l. 85, ff. de *R. J.* Néanmoins il faut décider que cet emprunteur n'est pas moins obligé à ce soin très exact, quoiqu'il en soit incapable, et qu'il est responsable de la perte ou de la détérioration de la chose prêtée, auxquelles a donné lieu le défaut de ce soin : car, comme nous l'avons observé en notre *traité des Obligations*, n. 136, la régle, que personne n'est tenu à l'impossible, n'est véritable qu'à l'égard de ce qui est absolument impossible, et non de ce qui, étant possible en soi, est seulement impossible à la personne qui s'y est témérairement obligée, laquelle doit s'imputer de s'y être obligée sans consulter ses forces. Suivant ce principe, quelque incapable que soit celui à qui la chose a été prêtée, du soin très exact que les régles du contrat de *prét à usage* exigent de l'emprunteur, il n'est pas moins tenu de ce soin ; parceque c'est sa faute d'avoir emprunté sans être capable du soin que les lois exigent des emprunteurs, et que le prêteur pouvoit ne pas connoître le caractère d'esprit de l'emprunteur, qui le rendoit incapable de ce soin.

On doit néanmoins avoir égard à la qualité de la personne à qui la chose a été prêtée, pour régler l'étendue du soin qu'elle doit apporter à la conservation de la chose. C'est sur ce principe que Dumoulin, en son traité *de eo quod interest*, n. 185, décide qu'on ne doit pas exiger le même soin d'un écolier à qui on a prêté un cheval, que d'un écuyer ou d'un maréchal ;

3.

car le prêteur, ne pouvant ignorer que cet écolier n'a pas la connoissance des chevaux qu'ont les gens du métier, ne peut être censé avoir exigé de lui d'autre soin que celui dont peuvent être capables des personnes qui ne sont pas du métier.

50. Le principe que l'emprunteur est obligé au soin le plus exact, et est tenu *de levissimâ culpâ*, reçoit deux exceptions.

La première est lorsqu'il y a convention expresse au contraire ; car s'il a été convenu que l'emprunteur ne seroit obligé qu'à un soin ordinaire, on ne pourroit pas en exiger de lui davantage ; et même s'il étoit convenu qu'il ne seroit obligé à rien pour la conservation de la chose prêtée, on ne pourroit exiger de lui que de la bonne foi. C'est ce qu'enseigne Ulpien, en la loi 5, §. 10 : *Interdùm dolum solum in re commodatâ qui rogavit præstabit, ut putà si quis ita convenit.*

51. La seconde exception est lorsque, contre l'ordinaire, l'usage pour lequel la chose est prêtée ne concerne pas l'intérêt seul de l'emprunteur : car si elle est prêtée pour un usage auquel le prêteur et l'emprunteur ont un intérêt commun, l'emprunteur, en ce cas, ne sera obligé qu'à un soin ordinaire, et ne sera pas tenu *de levissimâ culpâ*, mais seulement de la faute ordinaire, *de levi culpâ*, comme dans les autres contrats qui interviennent pour l'utilité réciproque des parties. C'est ce qu'enseigne Gaïus, en la loi 18, ff. *commod.* Après avoir dit que l'emprunteur est obligé à tout le soin possible, il ajoute : *Hæc ita si duntaxat accipientis gratiâ commodata sit res ; at si utriusque, veluti si communem amicum ad cœnam in-*

vitaverimus, tuque ejus curam suscepisses, et ego tibi argentum (mon argenterie) *commodaverim..... culpæ fit æstimatio sicut in rebus pignori datis et dotalibus æstimari solet.*

Cela est conforme au principe établi en notre *traité des Obligations*, n. 142, suivant lequel on doit aussi décider que si le prêt étoit fait à quelqu'un pour s'en servir à un usage qui concerneroit l'intérêt du prêteur plutôt que le sien, l'emprunteur, en ce cas, ne seroit pas même tenu de la faute légère. C'est ce qu'enseigne Ulpien en la loi 5, §. 10 : *Interdùm dolum solum in re commodatâ qui rogavit præstabit.... si suâ duntaxat causâ commodavit sponsæ fortè suæ vel uxori, quò honestiùs culta ad se deduceretur; vel si quis ludos edens prætor scenicis commodaverit, vel ipsi prætori quis ultrò commodavit.*

52. Despeisses apporte pour troisième exception le cas auquel le prêteur a prêté la chose avant d'en être prié : il prétend qu'en ce cas l'emprunteur n'est tenu que *de dolo et latâ culpâ.* Je ne suis pas de son avis. Le bienfait que le prêteur me fait en me prêtant la chose dont il sait que j'ai besoin, sans attendre que je l'en prie, en est d'autant plus grand : il n'est pas raisonnable que la grandeur du bienfait doive diminuer l'obligation où je suis d'apporter à la chose prêtée tout le soin possible. L'argument que Despeisses prétend tirer des derniers termes de la loi ci-dessus rapportée n'est pas juste. S'il y est dit que celui qui a prêté *ultrò* quelque chose au magistrat pour rendre le spectacle plus brillant n'est tenu que *de latâ culpâ,* ce n'est pas précisément parcequ'il a fait le prêt sans attendre qu'on

l'en priât; mais c'est parcequ'il paroît que le prêteur a fait ce prêt pour sa propre satisfaction, et pour jouir d'un beau spectacle où il s'attendoit d'assister, plutôt que pour l'intérêt du magistrat, qui auroit pu se passer des choses qu'il lui a prêtées.

53. Hors ces cas d'exception, l'emprunteur est obligé au soin le plus exact pour la conservation et la garde de la chose qui lui a été prêtée. C'est pourquoi, comme le simple vol d'une chose ne peut guère arriver sans quelque défaut de soin et de précaution de la part de celui à qui il est fait, si la chose prêtée a été dérobée à l'emprunteur, il en est responsable envers celui qui la lui a prêtée; l. 21, §. 1, ff. *commod.*

Il n'importe par qui elle lui ait été dérobée : quand même ce seroit par les enfants ou les domestiques du prêteur, l'emprunteur n'en seroit pas moins responsable envers lui; *d.* §. 1.

Il peut néanmoins arriver que la chose prêtée soit dérobée sans qu'il y ait aucune faute de la part de l'emprunteur; et en ce cas l'emprunteur est déchargé. Julien, en la loi 20, ff. *commod.* nous en donne cet exemple : *Argentum commodatum si tam idoneo servo meo tradidissem ad te perferendum, ut non debuerit quis æstimare futurum ut à quibusdam malis hominibus deciperetur; tamen non meum detrimentum erit, si id mali homines intercepissent.* Dans l'espéce de cette loi il n'y a aucune faute de la part de l'emprunteur : il falloit qu'il renvoyât au prêteur l'argenterie qu'il lui avoit prêtée; il ne pouvoit faire mieux que de la renvoyer par un domestique de confiance, et dont la fidélité étoit très connue. Il ne pouvoit pas prévoir que ce domestique, rencontreroit en chemin des filous qui lui escamoteroient cette argenterie. A plus forte raison, lorsque la chose prêtée a été volée à l'emprunteur à force ouverte, par le moyen d'une effraction faite à sa maison, et au coffre où il la tenoit enfermée, l'emprunteur n'en doit pas être responsable; c'est un cas de force majeure.

54. Celui qui a emprunté une chose est tenu d'apporter tout le soin possible, non seulement à cette chose qu'il a empruntée, mais aussi à celles qui accompagnoient cette chose, et qu'il a reçues avec elle : *Usque adeò diligentia in re commodatâ præstanda est, ut etiam in eâ quæ sequitur rem commodatam præstari debeat : ut putà, equam tibi commodavi, quam pullus comitabatur; etiam pulli te custodiam præstare debere, veteres responderunt; l. 5, §. 9, ff. commod.*

ARTICLE III.

Si celui à qui la chose a été prêtée est tenu d'indemniser le prêteur de la perte ou détérioration de la chose prêtée, lorsqu'elle est arrivée par un cas fortuit, ou force majeure.

55. Lorsque la chose prêtée est périe ou a été détériorée par quelque accident que l'emprunteur n'a pu ni prévoir ni empêcher, et qui auroit également causé la perte ou la détérioration de la chose prêtée, quand même elle n'auroit pas été prêtée, et seroit restée chez le prêteur; comme si le cheval que vous m'avez prêté est mort de maladie, sans qu'on ait pu y apporter remède; personne ne doute que celui à qui la chose a

été prêtée n'est pas tenu de cette perte, puisque ce n'est pas le prêt qui y a donné lieu.

Il n'y a lieu à la question que lorsque c'est le prêt qui a donné lieu à l'accident, auquel, sans cela, la chose prêtée n'auroit pas été exposée. On demande si en ce cas celui à qui la chose a été prêtée doit indemniser le prêteur de la perte causée par cet accident, qui est arrivé sans aucune faute de sa part.

Par exemple, si vous m'avez prêté votre cheval pour faire un voyage, et que les voleurs m'aient attaqué dans une forêt, et l'aient tué ou emmené, serai-je obligé de vous payer le prix de votre cheval, qui n'auroit point été perdu si vous ne me l'aviez pas prêté ? Les jurisconsultes romains décident pour la négative : *Is qui utendum accepit*, dit Gaïus (en la loi 1, §, 14, ff. *de oblig. et atc.*), *si majore casu cui humana infirmitas resistere non potest, veluti incendio, ruinâ, naufragio, rem amiserit, securus est.*

La même décision se trouve dans plusieurs autres textes ; et leur raison est que les choses sont aux risques de ceux à qui elles appartiennent ; que le service que rend le prêteur à l'emprunteur oblige bien l'emprunteur à avoir tout le soin dont un homme est capable, pour la conservation de la chose qui lui est prêtée, mais qu'il ne doit pas l'obliger à se charger des cas fortuits et de la force majeure : *Casus enim fortuiti à nemine præstantur ;* que le prêteur, en consentant que la chose fût employée à l'usage pour lequel il l'a prêtée, s'est volontairement exposé aux risques qu'elle devoit courir étant employée à cet usage ; que, s'étant volontairement soumis à ce risque, on ne peut pas dire que le prêt qu'il a fait lui ait fait aucun tort que la bonne foi doive obliger l'emprunteur de réparer; *Volenti enim non fit injuria.*

Quelques auteurs, et entre autres Pufendorf et son annotateur Barbeyrac, ont néanmoins cru devoir s'écarter de la décision des lois romaines. Ils disent que *Iniquum est officium suum cuique esse damnosum;* d'où ils concluent que les risques auxquels donne lieu le prêt, et que le prêteur n'auroit pas courus s'il n'eût pas fait le prêt, doivent plutôt être courus et supportés par l'emprunteur à qui on rend service, que par le prêteur qui le lui rend, lequel ne doit rien souffrir du service qu'il rend. Ils ajoutent qu'on doit présumer dans le prêt une condition tacite d'indemniser le prêteur de la perte de la chose prêtée, s'il arrivoit que le prêt donnât lieu à cette perte; que, comme chacun doit être présumé ne pas vouloir souffrir du plaisir qu'il fait, cette condition doit toujours être présumée tacitement imposée par le prêteur à l'emprunteur; et que l'emprunteur doit être tacitement présumé se soumettre à la condition de se charger de ce risque incertain, qui est compensé par l'utilité qu'il retire du prêt. Pufendorf met seulement cette modification à son sentiment, savoir, que si la chose empruntée a péri dans un incendie, ou par quelque autre accident, avec tout le bien de l'emprunteur, il seroit trop dur, en ces cas, d'exiger de l'emprunteur qui a perdu son bien le prix de la chose prêtée. Titius et Wolfius rejettent le sentiment de Pufendorf, et s'en tiennent à la décision des lois romaines.

Il me paroît qu'on peut facilement répondre aux

arguments ci-dessus rapportés pour l'opinion de Pufendorf, que la régle *Iniquum est suum cuique officium esse damnosum* oblige bien celui à qui on a rendu service à indemniser celui qui le lui a rendu de ce qu'il lui en a coûté pour le rendre, lorsque le service rendu est la cause productrice de ce qu'a souffert celui qui l'a rendu ; et même il faut encore pour cela, que celui qui a rendu le service ne se soit pas volontairement soumis à supporter ce dommage. Suivant ce principe, nous avons vu ci-dessus que l'emprunteur devoit indemniser le prêteur de ce qu'il a souffert de la privation de sa chose, pour quelque besoin pressant et imprévu qu'il en a eu pendant que l'emprunteur s'en servoit ; car le prêt est la vraie cause de la privation de l'usage que le prêteur a eue de sa chose, et par conséquent de ce qu'il a souffert de cette privation, par la nécessité dans laquelle elle l'a mis d'en louer une autre. Mais lorsque le service rendu a été l'occasion plutôt que la cause de la perte qu'a soufferte celui qui l'a rendu, il n'en doit point être indemnisé par celui à qui il l'a rendu.

Comme dans l'espéce proposée, lorsque le cheval que je vous ai prêté pour un voyage a été volé dans une forêt par laquelle il falloit passer, ce prêt que je vous ai fait de mon cheval n'a été que l'occasion de la perte que j'en ai faite. C'est la violence employée par les voleurs qui en a été la cause ; je n'en dois donc pas être indemnisé ; j'en dois porter la perte ; parce-qu'une chose prêtée, ne cessant pas d'appartenir au prêteur, ne cesse pas d'être à ses risques.

Il est vrai que si je n'eusse pas prêté mon cheval, je

n'aurois pas couru le risque qu'il fût volé ; mais j'en aurois pu courir d'autres, moindres à la vérité que celui-là, et je me suis soumis à courir celui-là en le prêtant pour passer par la forêt.

Quant à ce qu'on dit qu'on doit supposer dans le prêt une condition tacite, imposée par le prêteur à l'emprunteur, de l'indemniser de la perte de la chose à laquelle le prêt pourroit donner lieu, parceque cette volonté doit être présumée dans le prêteur ; la réponse est que quand le prêteur auroit eu, comme on le présume, la volonté d'imposer cette condition à l'emprunteur (ce qu'on ne peut pas néanmoins assurer), cela ne suffiroit pas pour supposer que le prêt a été fait sous cette condition : car il faudroit encore que l'emprunteur eût eu la volonté de se soumettre à cette condition, un engagement ne se contractant que par le concours des volontés des deux parties. Or sur quel fondement assurera-t-on que l'emprunteur a eu cette volonté ? Beaucoup de personnes aimeroient mieux ne pas emprunter une chose, que de se soumettre aux risques d'en porter la perte qui arriveroit sans leur faute, et trouveroient acheter trop cher à ce prix le prêt qu'on leur feroit de la chose. Ce pacte tacite entre le prêteur et l'emprunteur est donc une pure supposition destituée de fondement. Si le prêteur avoit effectivement la volonté que l'emprunteur l'indemnisât des pertes de la chose auxquelles le prêt pourroit donner occasion, il devoit s'en expliquer avec l'emprunteur lors du contrat : s'il ne l'a pas fait, il doit s'en prendre à lui-même, *in cujus potestate fuit legem apertiùs dicere.*

Je crois qu'il faut s'en tenir, sur cette question, au

principe des lois romaines, duquel Pufendorf me paroît s'être mal à propos écarté.

56. Observez néanmoins que ce principe ne décharge l'emprunteur des accidents de force majeure
que lorsqu'il n'a pu sauver de ces accidents les choses
qui lui ont été prêtées, et qu'il n'a pas occasioné l'accident par sa faute.

C'est pourquoi Ulpien, en la loi 5, §. 4, ff. *commod.*,
dit : *Si incendio vel ruinâ aliquid contigit, vel aliquod
damnum fatale, non tenebitur ; nisi fortè, quùm posset
res commodatas salvas facere, suas prætulit.*

Quand même l'emprunteur n'auroit eu le loisir de
sauver de l'incendie de sa maison, arrivé par le feu
du ciel, qu'une partie des effets qui y étoient, il seroit
responsable, envers le prêteur, de la perte des choses
prêtées qui y étoient, si pouvant les sauver, comme il
pouvoit sauver les siennes, il avoit préféré de sauver
les siennes : car, s'étant obligé au soin le plus exact des
choses qui lui ont été prêtées, il contrevient à son obligation, lorsqu'il en a moins de soin que des siennes,
et qu'il leur préfère la conservation des siennes.

Cette décision doit sur-tout avoir lieu si les choses
qui lui ont été prêtées étoient plus précieuses que les
siennes qu'il a sauvées : car le soin le plus exact qu'il
doit aux choses qui lui ont été prêtées l'oblige à en
avoir au moins le même soin que si elles lui appartenoient. Or, si elles lui eussent appartenu, il n'auroit
pas manqué de les sauver préférablement à celles qu'il
a sauvées, qui étoient moins précieuses : il n'a donc
pas eu le soin qu'il en devoit avoir, en les laissant périr pour sauver celles qu'il a sauvées.

Quid, *vice versâ*, si les choses qui appartenoient à l'emprunteur, et qu'il a sauvées, étoient plus précieuses que celles qui lui ont été prêtées, et qu'il a laissées périr, ne pouvant pas sauver les unes et les autres? est-il en ce cas responsable de la perte des effets qui lui ont été prêtés? Il y a plus de difficulté : néanmoins on peut soutenir que, même en ce cas, il est responsable de leur perte. Il est vrai qu'on ne peut pas, dans ce cas-ci, lui reprocher de n'avoir pas eu pour les choses qui lui ont été prêtées le même soin que pour les siennes : car quand même les choses qui lui ont été prêtées lui auroient appartenu, il les auroit de-même laissées périr, et leur auroit préféré celles qu'il a sauvées, puisqu'on les suppose plus précieuses. On ne peut pas non plus dire que l'emprunteur ait commis une infidélité envers le prêteur, en sauvant, dans cette circonstance, ses effets préférablement aux choses qui lui avoient été prêtées. La réponse est que l'obligation d'un emprunteur ne se borne pas à apporter de la fidélité à l'égard des choses qui lui ont été prêtées ; elle ne se borne pas non plus à apporter, pour la conservation de ces choses, le même soin qu'il y eût apporté si elles lui eussent appartenu : il est tenu d'y apporter tout le soin possible, *tenetur adhibere exactissimam diligentiam*. L'emprunteur se rend responsable, par le contrat de prêt, de la perte des choses qui lui sont prêtées, hors le seul cas auquel la perte seroit causée par une force majeure : *Præstat omne periculum, præter casus fortuitos, seu vim majorem.* Or la force majeure étant définie *vis major cui resisti non potest*, quoique l'emprunteur n'ait pu sauver les choses prêtées qu'aux dépens des siennes, il suffit que, de quelque manière que ce soit, elles aient pu être sauvées de cet incendie, pour qu'on ne puisse pas dire que la perte arrivée par cet incendie soit arrivée par un cas de force majeure dont l'emprunteur ne soit pas responsable. Mais si le tumulte a été si grand qu'il n'a pas été possible de faire aucun choix des effets qui étoient dans la maison incendiée, et qu'on n'ait pu sauver qu'à la hâte quelques effets au hasard et comme ils se sont présentés sous la main, l'emprunteur, en ce cas, ne sera pas tenu de la perte des choses qui lui ont été prêtées, quoiqu'il n'en ait sauvé aucunes : car en ce cas il est vrai de dire que les choses prêtées qui ont péri n'ont pu absolument être sauvées, n'étant pas celles qui se sont présentées sous la main.

57. Le second cas auquel l'emprunteur est tenu de la perte ou détérioration de la chose prêtée, quoique arrivée par un accident de force majeure, est lorsqu'il a, par sa faute, occasioné cet accident: *Commodatarius et in majoribus casibus, si culpa ejus interveniat, tenetur;* l. 1, §. 4, ff. *de oblig. et act.*

Par exemple, si vous m'avez prêté votre cheval pour aller à un certain bourg, et qu'au lieu de le mener par le chemin ordinaire, qui est une route sûre et fréquentée, j'aie pris, pour arriver plus tôt, un chemin de traverse, où j'ai été attaqué par des braconniers, qui, après m'avoir volé, ont tué ou emmené le cheval que vous m'aviez prêté; je suis tenu de la perte de votre cheval, quoique arrivée par un accident de force majeure; car c'est par ma faute que je l'ai occasionée, en quittant la grande route.

Il en est de même si j'ai, à la vérité, suivi la grande route, mais à des heures dangereuses, après le jour failli.

58. Je suis sur-tout censé avoir, par ma faute, occasioné l'accident, lorsqu'il est arrivé pendant que je me servois de la chose à un usage pour lequel elle ne m'avoit pas été prêtée ; car c'est ma faute de m'en être servi pour cet usage. Par exemple, si vous m'avez prêté ici (à Orléans) une chose pour m'en servir, et que, contre votre gré et à votre insu, je l'aie portée à la campagne, je suis responsable de tous les accidents de force majeure qui pourront lui arriver sur le chemin ; car c'est ma faute de l'y avoir exposée en la portant à votre insçu à la campagne. C'est ce que nous enseigne Gaïus en la loi 18 , ff. *commod,,* où il dit : *Quod de latronibus et piratis et naufragio diximus, ita scilicet accipiemus, si in hoc commodatâ sit alicui res, ut eam peregrè secum ferat; alioquin, si cui ideò argentum commodaverim, quòd is amicos ad cœnam invitaturum se diceret, et id peregrè secum portaverit, sine ullâ dubitatione etiam piratarum, latronum et naufragii casum præstare debet.*

59. Il y a un troisième cas auquel je penserois que l'emprunteur devroit indemniser le prêteur de la perte de la chose prêtée, quoique arrivée par un accident de force majeure auquel l'exposoit l'usage pour lequel elle lui a été prêtée ; c'est lorsque l'emprunteur a emprunté la chose de son ami pour ne pas exposer la sienne, en taisant à son ami qu'il en avoit une qui pouvoit lui servir à l'usage pour lequel il empruntoit celle de son ami. Par exemple, j'ai emprunté à mon ami un che-

val de bataille pour le mener au combat, en lui taisant
que j'en avois un qui étoit aussi propre à mener au
combat que le sien. Si ce cheval que mon ami m'a
prêté est tué au combat, je dois être tenu de la perte ;
car c'est un dol de ma part d'avoir dissimulé à mon
ami que j'avois un cheval dont je pouvois me servir à
l'usage pour lequel je lui demandois le sien à emprunter, et de l'avoir, par cette réticence, porté à me prêter
son cheval, qu'il n'auroit peut-être pas voulu me prêter s'il eût su que j'en avois un. D'ailleurs, si je n'é-
tois pas obligé d'indemniser mon ami, je m'enrichirois
à ses dépens, en sauvant mon cheval aux dépens du
sien : *Hactenùs enim sum locupletior, quatenùs propriæ
rei peperci ;* ce que l'équité ne permet pas : *Neminem
æquum est cum alterius jacturâ locupletari.*

Mais si j'avois avoué de bonne foi à mon ami, en
lui empruntant son cheval, que je le faisois pour sauver le mien du risque du combat, n'ayant pas le moyen
d'en acheter un autre si je le perdois, mon ami ayant
en ce cas voulu exposer son cheval aux risques du combat pour lequel il me le prêtoit, s'il y étoit tué je ne
serois pas obligé de l'indemniser : c'est une générosité
qu'il a bien voulu exercer envers moi.

60. Un quatrième cas, dans lequel l'emprunteur est
responsable de la perte de la chose prêtée qu'un accident de force majeure a causée, est lorsque cet accident
n'est arrivé que depuis que l'emprunteur a été en demeure de rendre la chose prêtée, qui n'auroit pas été
exposée à cet accident s'il l'eût rendue au temps mar-
qué : c'est l'effet de la demeure, et l'emprunteur a cela
de commun avec tous les débiteurs de corps certains,

suivant les principes établis en notre *traité des Obligations*, n. 663 et 664.

61. Enfin l'emprunteur est tenu des accidents de force majeure qui ont causé la perte ou la détérioration de la chose prêtée, lorsqu'il s'y est volontairement soumis, et que le prêt a été fait expressément à cette condition. C'est ce que nous enseignent les empereurs Dioclétien et Maximien : *Ea quidem quæ vi majore auferuntur, detrimento eorum quibus res commodantur imputari non solent : sed quum is qui à te commodari sibi bovem postulabat, hostilis incursionis contemplatione periculum amissionis ac fortunam futuri damni in se suscepisse proponatur, præses provinciæ, si probaveris eum indemnitatem tibi promisisse, placitum conventionis implere eum compellet; l. 1, cod. commod.*

Cette convention n'a rien de contraire à l'équité. Le prêteur n'étant pas obligé de prêter sa chose, ni par conséquent de l'exposer aux risques auxquels le prêt l'expose, peut très licitement ne l'exposer à ces risques qu'à la charge que l'emprunteur l'en indemnisera. D'un autre côté, si l'emprunteur se charge de ce risque, il en reçoit le prix par l'usage de la chose qui lui est accordée.

62. C'est une question sur laquelle les docteurs sont partagés, si, lorsqu'une chose est prêtée sous l'estimation d'une certaine somme, l'emprunteur doit être censé s'être chargé du risque des accidents de force majeure qui pourroient causer la perte ou la détérioration de la chose prêtée. Accurse, dans la glose sur la loi 5, §. 3, ff. *commod.*, tient l'affirmative, sauf dans le cas auquel le prêt n'auroit pas été fait pour le seul

intérêt de l'emprunteur. Bartole, en son sommaire sur les paragraphes 2 et suivants de cette loi, tient aussi l'affirmative indistinctement, et il a été suivi par Davezan en son Traité *De contractibus;* par Domat, liv. 1, tit. 5, §. 2, n. 9, et par d'autres. Ces auteurs pensent que l'estimation ne peut paroître s'être faite que dans la vue que l'emprunteur seroit tenu à tout événement de rendre ou la chose prêtée, ou le prix; et que, dans les cas auxquels il ne pourroit rendre la chose, parcequ'elle seroit périe ou perdue par quelque cas fortuit, il seroit tenu de rendre la somme à laquelle on l'a pour cet effet estimée. Ces auteurs se fondent principalement sur la loi 5, §. 3, ff. *commod.,* où Ulpien, après avoir dit, au §. 2, que, dans le prêt à usage qui se fait pour le seul intérêt de l'emprunteur, l'emprunteur est tenu *de levissimâ culpâ,* il ajoute au §. 3, *Et si fortè res æstimata data sit, tunc periculum præstandum ab eo qui æstimationem se præstaturum recepit.*

Ces auteurs conviennent que le terme *periculum* est en soi ambigu, et que s'il se prend pour le péril *ex casibus fortuitis proveniens,* il se prend aussi quelquefois dans les lois pour le péril *ex culpâ duntaxat proveniens:* mais ils soutiennent que dans ce texte, ces termes, *omne periculum,* ne peuvent s'entendre que du péril des cas fortuits; car Ulpien, en traitant, depuis le §. 2, de l'étendue de l'obligation de l'emprunteur, ne rapporte, dans le §. 3, le cas du prêt fait sous l'estimation d'une certaine somme, que pour observer que cette estimation ajoute quelque chose à l'étendue de l'obligation de l'emprunteur. Or, à moins qu'on n'entende ces termes, *omne periculum,* de la garantie des cas fortuits, l'estimation n'ajoute rien à l'obligation de l'emprunteur, lequel sans cela, et par la seule nature du contrat de prêt, est tenu *de levissimâ culpâ, adeòque præstat omne periculum, solis fortuitis casibus exceptis*. Ce raisonnement est celui de la glose sur ce paragraphe.

On dit encore pour ce sentiment que lorsque dans les contrats une chose est donnée sous une estimation, l'effet de cette estimation est *ut faciat venditionem, et periculum transferat in accipientem*.

Le sentiment opposé est soutenu par Panorme, sur le chapitre unique des décrétales, *de empt. vend.*, par Connanus, par Zoëzius, par Brunneman, et par Guillaume Prousteau, ancien professeur de notre université d'Orléans, dans son beau Traité *ad l. contractûs*, ff. *de R. J.*, etc. Ce dernier sentiment me paroît le plus raisonnable. En effet, l'emprunteur n'étant pas chargé, par la nature du contrat, des cas fortuits et accidents de force majeure qui peuvent causer la perte de la chose prêtée, pour qu'on puisse le charger du risque de ces accidents, il faut qu'il soit prouvé qu'il a consenti de s'en charger. Or l'estimation qui est faite de la chose prêtée lors du prêt n'est pas seule capable de prouver cela, si les parties ne se sont pas expliquées que cette estimation se faisoit pour que l'emprunteur fût tenu de payer au prêteur cette estimation, de quelque manière qu'il arrivât qu'il ne pût rendre la chose : car dans les contrats, lorsqu'on donne une chose à quelqu'un sous une estimation, l'estimation ne se fait pas toujours *venditionis causâ, et animo transferendi periculi in accipientem* ; elle se fait aussi quelquefois *intertrimenti causâ duntaxat*, pour régler ce que celui qui reçoit la chose sous cette estimation aura à payer au cas que, par sa faute, la chose soit ou détériorée ou périe, comme dans l'espéce de la loi 2, *cod. de jur. dot.* Il y a même lieu de présumer que dans les contrats dont la nature n'est pas de transférer la propriété, tels que sont le louage et le prêt à usage, l'estimation ne se fait pas *venditionis causâ*, mais plutôt de cette seconde manière, *intertrimenti causâ* : et quand même on n'admettroit pas cette présomption, on ne peut pas disconvenir qu'il est au moins incertain laquelle de ces deux vues les parties qui ne s'en sont pas expliquées ont eue en faisant faire l'estimation de la chose prêtée : il suffit que cela soit incertain pour que cette estimation seule ne puisse pas prouver que les parties sont convenues que l'emprunteur seroit chargé des accidents de force majeure ; et n'étant pas prouvé qu'on en soit convenu, on ne l'en doit pas charger. Ce raisonnement me paroît suffisant pour détruire la première opinion, quel que puisse être le sens de la loi 5, §. 3, qui lui sert de fondement ; les décisions des lois romaines n'ayant force de loi dans nos provinces coutumières qu'autant qu'elles sont trouvées conformes aux principes du droit naturel.

Nous n'abandonnons pas néanmoins ce paragraphe d'Ulpien aux partisans de la première opinion. Pour le leur enlever, ceux de l'opinion contraire lui ont donné différentes interprétations.

La première est de ceux qui disent qu'il n'est point du tout question dans ce paragraphe du contrat du *prêt à usage*, mais d'une autre espéce de contrat sans

nom, dont il est traité dans le titre du digeste *De æs-
timatoria.*

La seconde interprétation est de ceux qui, en accordant qu'il est question dans ce paragraphe du *prêt
à usage*, et que les termes *omne periculum* s'entendent
du péril des cas fortuits, prétendent que la décision
de ce paragraphe n'est pas générale pour tous les cas
auxquels une chose est prêtée sous l'estimation d'une
certaine somme, mais seulement du cas auquel les
parties se sont expliquées, ou ont suffisamment donné
à entendre que cette estimation se faisoit pour charger
des cas fortuits l'emprunteur. C'est l'interprétation qu'a
suivie Bachovius *ad Treutler.* disput. 24, Th. 3.

La troisième interprétation, qui me paroît la plus
plausible, et qui est la plus suivie, est celle de ceux
qui disent que, dans ce paragraphe, ces termes doivent
s'entendre *de* periculo *ex quovis culpæ genere prove-
niente*, et non du péril des cas fortuits; ce qui paroît
démontré par ce qui suit dans la loi; car tout de suite
il est dit : *Quod verò senectute contigit vel morbo vel vi
latronum eruptum est, aut quid simile accidit, dicendum est nihil eorum esse imputandum ei qui commodatum recepit.* Ces termes *quod verò*, qui lient le §. 4
avec le §. 3, démontrent évidemment que le §. 3 ne
doit pas être entendu des cas fortuits. Ulpien, après
avoir dit en général dans le §. 2 que l'emprunteur est
tenu de la faute la plus légère, dit que cela doit sur-
tout avoir lieu lorsque la chose prêtée a été donnée
sous l'estimation d'une certaine somme.

Quelques auteurs cités par Brunneman, ont donné
à ce paragraphe une quatrième interprétation ; savoir

que, dans le cas de ce paragraphe, l'emprunteur est tenu de la faute la plus légère indistinctement, soit que le prêt ait été fait pour l'intérêt seulement de l'emprunteur, soit qu'il ait été fait pour l'intérêt commun des deux parties, quoique, hors le cas de ce paragraphe, l'emprunteur ne soit tenu de cette faute que lorsque le prêt est fait pour son intérêt seul. Je ne crois pas cette interprétation véritable. L'estimation ne me paroît pas devoir rien ajouter au degré de faute dont l'emprunteur doit être chargé, lorsque les parties ne s'en sont pas expliquées ; l'estimation devant en ce cas n'être censée faite que pour régler ce que l'emprunteur devra payer au cas que la chose se trouve détériorée ou périe par une faute de la qualité de celles dont il est tenu.

63. Il n'y a lieu à cette question que lorsque le contrat porte simplement une estimation de la chose prêtée, comme lorsqu'il est dit simplement que je reconnois que vous m'avez prêté votre cheval, *qui est de valeur de cinquante pistoles.* Ce n'est que pour ce cas que nous avons décidé, suivant la seconde des deux opinions ci-dessus rapportées, que l'estimation portée au contrat ne faisoit pas tomber sur l'emprunteur la perte de la chose prêtée, qui arriveroit par quelque accident de force majeure.

Il en seroit autrement s'il étoit dit que *je reconnois* que vous m'avez prêté votre cheval, que je promets vous rendre dans un certain temps, ou la somme de tant, à laquelle nous avons estimé le prix du cheval. Par ces termes, je contracte une obligation formelle de payer la somme si je ne rends pas le cheval. Mon obligation est une obligation alternative, ou de la restitution du cheval, ou du paiement de la somme. La perte du cheval, quoique causée par une force majeure, ne me décharge pas de mon obligation : elle subsiste pour le paiement de la somme, suivant les principes sur les obligations alternatives que nous avons établis en notre *traité des Obligations*, n. 250.

ARTICLE IV.

De l'action *commodati directa*, qui naît des obligations de l'emprunteur.

64. Des obligations que l'emprunteur contracte envers le prêteur par le contrat de prêt naît l'action *commodati directa*, qu'a le prêteur contre l'emprunteur.

Nous verrons sur cette action, 1° contre qui elle procéde, 2° quels sont les objets de cette action.

§. I. Contre qui procéde cette action.

65. Le prêteur a l'action *commodati directa* contre l'emprunteur et ses héritiers.

Lorsqu'il a prêté à deux ou à plusieurs personnes, peut-il intenter cette action contre chacune d'elles? Ulpien, en la loi 5, §. *fin*. dans l'espéce du prêt d'une voiture, qui avoit été fait à deux personnes pour s'en servir à faire ensemble un voyage, décide que le prêteur peut intenter cette action solidairement contre chacune d'elles : car quoique chacune d'elles n'ait occupé que sa place dans la voiture, et ne se soit servie de la voiture que pour sa part, il n'en est pas moins vrai que le prêteur a entendu prêter à chacune d'elles sa voiture entière, et par conséquent obliger chacune d'elles solidairement à la restitution de sa voiture entière.

Africanus, dans l'espéce de la loi 21, §. 1, ff. *dict. tit.*, paroît décider au contraire que, lorsqu'un prêt a été fait à plusieurs, chacun des emprunteurs n'est tenu que pour sa part : *In exercitu contubernalibus vasa utenda communi periculo dedi.... habiturum me commodati actionem cum contubernalibus pro cujusque parte, etc.*

Hotoman, *illustr. quæst.* 19; Cujas, *ad Afric.*; Duaren, *ad tit. commod.* cap. 8; *Pacius*, cent. IV, n. 14, et tous les autres interprètes, concilient cette loi 21 avec la loi 5, §. *fin.* ci-dessus rapportée, en supposant, dans l'espéce de cette loi 21, une clause particulière que les emprunteurs ne seroient chargés de la chose prêtée qu'en commun, chacun pour leur part; et non solidairement, comme dans la thèse générale; et ils font résulter cette clause de ces termes de la loi 21, *communi periculo.*

66. Cette action étant une action divisible, là chose prêtée qui en est l'objet, étant susceptible de parties, au moins intellectuelles, lorsque l'emprunteur a laissé plusieurs héritiers, chacun d'eux n'est tenu de cette action que pour la part dont il est héritier de l'emprunteur. Cela est conforme aux principes sur la nature des obligations divisibles, que nous avons expliqués en notre *traité des Obligations.*

Il y a néanmoins certains cas dans lesquels celui qui n'est héritier que pour partie est tenu de cette action pour le total. Le premier est lorsque la chose qui avoit été prêtée au défunt est, depuis sa mort, périe ou détériorée par le fait particulier de l'un de ses héritiers. Cet héritier en ce cas est tenu pour le total des dommages et intérêts du prêteur, résultants de cette perte ou détérioration ; car quoiqu'un héritier ne soit tenu des obligations du défunt et des faits du défunt que pour la part dont il est héritier, il est tenu pour le total de son propre fait ; *traité des Obligations,* n. 30.

Le second cas est lorsque la chose prêtée se trouve par-devers l'un des héritiers ; le prêteur peut conclure contre lui pour le total à la restitution de la chose prêtée ; car ayant la faculté de faire au prêteur la restitution de cette chose qu'il a par-devers lui, il ne peut avoir de raison de s'en dispenser ; *traité des Obligations,* n. 305.

67. Cette action, étant une action purement personnelle, ne peut avoir lieu que contre l'emprunteur qui a contracté l'obligation d'où elle naît, et contre ses héritiers. C'est pourquoi si l'emprunteur ou ses héritiers avoient diverti la chose prêtée, et l'avoient vendue à un tiers, le prêteur n'auroit pas cette action contre ce tiers ; mais comme il conserve la propriété de la chose prêtée, il auroit l'action de revendication contre ce tiers chez qui la chose se trouveroit.

§. II. Quels sont les objets de cette action.

68. Le principal objet de l'action *commodati directa* est la restitution de la chose prêtée.

Si l'emprunteur, condamné sur cette action à rendre la chose prêtée, l'a par-devers lui, et refuse de la rendre, le juge doit l'y contraindre *manu militari*, en permettant au prêteur de la saisir par le ministère d'un sergent, et de l'enlever.

Lorsque l'emprunteur ne peut rendre la chose qu'il a perdue, ou qui a péri par sa faute, il doit être condamné à en payer le prix, eu égard à ce qu'elle vaudroit au temps de la condamnation, suivant l'estimation qui en sera faite par experts qui auront connu la chose; *In hâc actione... rei judicandæ tempus quanti res sit observatur;* l. 3, §. 2, ff. *commod.*

L'emprunteur, ayant payé au prêteur le prix de la chose prêtée qu'il a perdue, est subrogé aux actions du prêteur pour la revendiquer contre ceux qu'il en trouvera en possession ; et en se la faisant délaisser, il en acquiert la propriété. C'est en ce sens qu'il faut entendre ce qui est dit en la loi 5, §. 1 : *Si quis hâc actione egerit et oblatam litis æstimationem susceperit, rem offerentis facit :* ce qui ne doit pas s'entendre en ce sens, *ut continuò rem ejus faciat, neque enim potest dominium citra traditionem transferri,* mais dans le sens que nous avons dit.

L'emprunteur qui a payé au prêteur le prix de la chose prêtée qu'il avoit perdue peut-il, l'ayant depuis recouvrée, répéter le prix qu'il a payé, en offrant de lui rendre sa chose? Non : l'emprunteur doit garder la chose, et en disposer comme bon lui semblera. Il n'est pas recevable à offrir de la rendre au prêteur, qui peut n'en avoir plus besoin, et s'être pourvu d'une autre.

69. Les objets accessoires de l'action *commodati directa*, sont, 1° la condamnation des dommages et in-

térêts du prêteur, auxquels l'emprunteur doit être condamné lorsque la chose prêtée se trouve détériorée par sa faute. Ces dommages et intérêts font partie de l'obligation que l'emprunteur contracte par le contrat de rendre la chose prêtée; car ce n'est pas satisfaire pleinement à cette obligation que de la rendre détériorée : *Si reddita quidem sit res commodata, sed deterior reddita, non videbitur reddita quæ deterior facta redditur, nisi quod interest præstetur; propriè enim dicitur res non reddita quæ deterior redditur;* l. 3, §. 1, ff. *commod.*

Ce qui doit s'entendre lorsque c'est par la faute de l'emprunteur qu'elle a été détériorée; car lorsqu'elle a été détériorée sans sa faute, il ne doit être condamné à aucuns dommages et intérêts, comme nous l'avons vu *suprà*, n. 55.

70. Les docteurs agitent la question si le prêteur peut conclure en ce cas à ce que, pour les dommages et intérêts qui lui sont dus, l'emprunteur soit condamné à lui payer le prix entier de la chose, aux offres de la lui abandonner; ou s'il peut seulement demander la somme dont on estimera que sa chose est dépréciée. Il faut, sur cette question, user d'une distinction. Lorsque la détérioration est considérable, et telle que le prêteur ne pourroit plus se servir commodément de la chose prêtée, comme si par votre faute le cheval que je vous ai prêté est devenu borgne; en ce cas le prêteur peut exiger en entier le prix de la chose prêtée, en la laissant et l'abandonnant à l'emprunteur. Mais lorsque la détérioration est peu considérable, et n'empêche pas l'usage de la chose prêtée, comme lorsque

vous avez répandu de l'encre sur un livre que je vous avois prêté, le prêteur ne peut en ce cas exiger autre chose que la somme dont la chose est dépréciée.

71. On fait encore une question à l'égard du chef de l'action *commodati*, qui a pour objet les détériorations de la chose prêtée, faites par la faute de l'emprunteur. On demande si après que l'emprunteur la lui a restituée, et que le prêteur l'a reçue sans faire aucune protestation, il est encore recevable à intenter l'action *commodati* pour raison desdites détériorations. On a coutume de faire cette distinction, savoir que si la détérioration étoit apparente, et que le prêteur ait dû s'en apercevoir lorsque la chose lui a été rendue, il est non-recevable à s'en plaindre. Mais s'il a pu ne pas s'en apercevoir, il peut assigner l'emprunteur pour raison des détériorations, pourvu qu'il le fasse peu de jours après; car s'il avoit laissé passer un temps un peu plus considérable, il seroit censé s'être contenté de l'état dans lequel la chose lui a été rendue; *Wissenbach, ad h. t. n.* 15.

72. 2° Un autre objet accessoire de l'action *commodati*, ce sont les dommages et intérêts que le prêteur a soufferts du retard apporté par l'emprunteur à la restitution de la chose prêtée. Lorsqu'il a été mis en demeure de la rendre, par une demande donnée contre lui après l'expiration du temps pour lequel la chose lui avoit été prêtée, ces dommages et intérêts sont dus au prêteur, et il peut, par l'action *commodati*, conclure à ces dommages et intérêts, et y faire condamner l'emprunteur.

Quoique ce soit avant l'expiration du temps pour

lequel la chose a été prêtée que le prêteur a donné la demande, si c'est dans les cas rapportés *suprà*, n. 25 et 26, dans lesquels il n'est pas tenu d'attendre l'expiration du temps pour lequel la chose a été prêtée, il peut encore conclure au paiement de ses dommages et intérêts résultants du retard apporté à la restitution de la chose, et y faire condamner l'emprunteur.

Le juge renvoie les parties pour régler ces dommages et intérêts par-devant des personnes dont elles conviendront, ou quelquefois il les arbitre lui-même d'office.

A l'égard des dommages et intérêts que le prêteur a pu souffrir de la privation de sa chose, avant qu'il ait donné une demande judiciaire pour se la faire rendre, il n'y peut pas faire condamner l'emprunteur. Mais dans le for de la conscience, l'emprunteur à qui le prêteur a demandé la restitution de sa chose, quoique extrajudiciairement, doit l'indemniser de ce qu'il a souffert de la privation de l'usage de sa chose depuis la demande qu'il en a faite extrajudiciairement, pourvu qu'il eût droit de la faire.

73. Un troisième objet accessoire de cette action est la restitution des fruits qui sont nés chez l'emprunteur, lorsque la chose prêtée étoit une chose frugifère. Par exemple, si on m'a prêté pour un certain temps une jument, et qu'elle ait pouliné chez moi, le prêteur peut conclure et me faire condamner par cette action à lui rendre la jument avec le poulain : *In deposito et commodato fructus quoque præstandi sunt;* l. 38, §. 10, ff. *de usur.*

Pareillement, si celui à qui j'avois prêté une chose

afin qu'il s'en servît pour son usage, l'a louée à un autre et en a retiré un loyer, ce loyer qu'il en a retiré
est un fruit civil de ma chose, qui doit m'appartenir
et qu'il doit me rendre, ne la lui ayant pas prêtée pour
qu'il en retirât des loyers.

74. Enfin on doit mettre au rang des objets de l'action *commodati,* la restitution de toutes les autres choses accessoires de la chose prêtée; comme si on m'a
prêté une jument accompagnée de son poulain qui la
suivoit, le prêteur conclura de même à la restitution
du poulain.

Si ces choses accessoires se trouvoient détériorées
par la faute de l'emprunteur; comme il doit en avoir
le même soin que de celle qui fait l'objet principal du
prêt, le prêteur conclura aussi par cette action aux
dommages et intérêts résultants de ces détériorations.

CHAPITRE III.

Des obligations du prêteur.

75. Le prêteur contracte aussi, par le contrat de prêt
à usage, des obligations qu'on appelle *obligationes commodati contrariæ.* Elles sont ainsi appelées parceque
l'obligation que l'emprunteur contracte de rendre la
chose fait seule l'obligation principale de ce contrat;
les obligations que le prêteur contracte ne sont qu'im-
plicites ou incidentes.

De ces obligations naît l'action *commodati contra-*

ria qu'a l'emprunteur contre le prêteur pour en exiger l'exécution.

Nous allons rapporter les différentes espèces de ces obligations.

PREMIÈRE ESPÈCE.

76. Le prêteur ne contracte pas à la vérité une obligation formelle et positive de faire jouir l'emprunteur de la chose prêtée, telle qu'un locateur en contracte envers le conducteur de le faire jouir de la chose qu'il lui a louée; mais au moins le prêteur contracte envers l'emprunteur une obligation négative de n'apporter de sa part ni de celle de son héritier aucun trouble ni empêchement à l'usage que l'emprunteur doit avoir de la chose qu'il lui a prêtée, pendant tout le temps pour lequel il la lui a prêtée. Si le prêteur ne s'oblige pas absolument comme le locateur *præstare uti licere*, il s'oblige au moins *per se heredemque suum non fieri quominùs commodatario uti liceat.*

Cette obligation naît du consentement que le prêteur a donné, en prêtant la chose, à ce que l'emprunteur s'en servît à l'usage et pendant tout le temps pour lequel il la lui a prêtée, et de la bonne foi qui ne permet pas qu'il puisse rétracter un consentement qu'il a donné volontairement.

77. De cette obligation naît une exception contre la demande que le prêteur feroit pour la restitution de la chose prêtée avant l'expiration du temps pour lequel il l'a prêtée, sauf dans le cas auquel il seroit survenu au prêteur un besoin pressant et imprévu de sa chose; car en ce cas l'obligation du prêteur d'en lais-

ser jouir l'emprunteur pendant le temps pour lequel il la lui a prêtée cesse d'avoir lieu, comme nous l'avons vu *suprà,* n. 25.

78. De cette obligation naît aussi l'action *contraria commodati,* que l'emprunteur a contre le prêteur ou ses héritiers, lorsque, par quelque voie de fait, ils apportent du trouble à l'usage que l'emprunteur doit avoir de la chose qui lui a été prêtée.

Ulpien rapporte un exemple de ce trouble en la loi 5, §. 8, ff. *commod.* dans l'espéce suivante. Vous étiez sur le point de prêter de l'argent à une personne; mais n'ayant point de papier pour lui faire écrire sa promesse de vous le rendre, je vous ai prêté un registre, pour qu'à défaut d'autre papier vous lui fissiez écrire dessus sa promesse. Si ensuite j'efface sur ce registre sa promesse avant qu'elle ait été acquittée, c'est un trouble que je fais à l'usage pour lequel je vous avois prêté mon registre, qui donne lieu à l'action *commodati contraria. Si tibi codicem commodavero, et in eo chirographum debitorem tuum cavere feceris, egoque hoc interlevero; si quidem ad hoc tibi commodavero ut caveretur tibi in eo, teneri me tibi contrario judicio.*

L'emprunteur conclut par cette action à ce qu'il soit fait défenses au prêteur de le troubler dans l'usage qu'il doit avoir de la chose qu'il lui a prêtée, et à ce qu'il soit condamné aux dommages et intérêts qu'il a soufferts du trouble.

79. Il résulte de ces principes qu'il n'y a lieu à l'action *contraria commodati* que lorsque le trouble arrive de la part du prêteur ou de ses héritiers. S'il arrive de la part d'un tiers, l'emprunteur n'a aucune action

contre le prêteur, qui a prêté la chose de bonne foi. Par exemple, si je vous ai prêté pour un certain temps un magasin que je croyois de bonne foi m'appartenir, et que, peu après y avoir logé vos marchandises, et long-temps avant la fin du temps pour lequel je vous en avois accordé l'usage, le véritable propriétaire du magasin, ayant justifié de son droit de propriété, vous ait contraint de déloger vos marchandises, vous n'avez aucun recours contre moi pour le tort que vous souffrez du délogement de vos marchandises, et du trouble qui a été fait à l'usage que je vous avois accordé du magasin.

En cela le prêt à usage diffère du contrat de louage : car si je vous avois loué le magasin, il n'est pas douteux que vous auriez contre moi une action de garantie pour les dommages et intérêts que vous souffrez de l'éviction de la jouissance du magasin.

La raison de différence vient de la différente nature de ces contrats. Le contrat de louage est un contrat commutatif intéressé de part et d'autre : or il est de la nature de tous ces contrats qu'ils produisent l'obligation de la garantie, étant juste que celui qui reçoit ou doit recevoir de moi le prix ou l'équivalent de ce qu'il me donne, ou de ce qu'il s'oblige de me donner, en soit garant envers moi : l'égalité, qui est l'ame de ces contrats, l'exige ainsi.

Au contraire, *le prêt à usage* n'est pas un contrat commutatif, il est entièrement lucratif vis-à-vis de l'emprunteur. Or c'est un principe que dans tous les titres lucratifs il n'y a pas lieu à l'obligation de garantie : celui qui donne quelque chose à ces titres, ne recevant rien pour ce qu'il donne, il est censé ne la donner que telle qu'il l'a.

80. Cela a lieu lorsque le prêt a été fait de bonne foi. Mais si ayant connoissance, lors du prêt, que la chose que vous me prêtiez ne vous appartenoit pas, et que celui à qui elle appartenoit pourroit bien la réclamer dans peu, vous me l'ayez dissimulé en me la prêtant; si le propriétaire m'a obligé de la lui rendre, j'aurai action contre vous pour les dommages et intérêts que j'en ai soufferts, et que je n'eusse pas soufferts si vous m'en aviez donné connoissance, parceque j'aurois pris d'autres mesures, et que je ne vous aurois pas emprunté cette chose.

Cela doit avoir lieu non seulement si c'est par malice et pour me mettre dans l'embarras que vous ne m'en avez pas averti, mais même dans le cas où ce seroit à la vérité sans malice, mais par une lourde faute que vous ne m'auriez pas averti; *putà*, si lors du prêt vous étiez déja instruit du droit du propriétaire, et de la demande qu'il devoit donner.

SECONDE ESPÉCE.

81. Une seconde espéce d'obligation que le prêteur contracte envers l'emprunteur, c'est celle de rembourser l'emprunteur des impenses extraordinaires qu'il a faites pour la conservation de la chose qui lui a été prêtée.

L'emprunteur est bien tenu des impenses ordinaires, qui sont une charge naturelle du service que l'emprunteur tire de la chose qui lui a été prêtée, mais il n'est pas tenu des extraordinaires. La chose prêtée continuant d'appartenir au prêteur, et d'être à ses risques, c'est lui qui doit supporter ces impenses; et l'emprunteur qui les a faites en a la répétion contre le prêteur, à moins qu'elles ne fussent modiques.

Par exemple, si je vous ai prêté mon cheval pour faire un voyage, vous êtes obligé de le nourrir et de l'entretenir de fers à vos dépens, cette dépense ordinaire étant une charge de la jouissance que vous en avez. Mais s'il lui est survenu pendant le cours du voyage une maladie qui ait duré un temps considérable, les dépenses faites pour cette maladie sont des dépenses extraordinaires dont vous devez avoir la répétition contre moi. Il en est de même si le cheval vous ayant été ravi par des voleurs vous avez fait des frais pour faire courir après les voleurs qui emmenoient le cheval, et pour le ramener : ces frais sont une dépense extraordinaire, dont vous avez la répétition. Si néanmoins le cheval n'avoit été malade qu'un jour ou deux, et n'eût eu besoin que de quelques petits remèdes peu coûteux, ou si, les voleurs ayant abandonné le cheval, il ne vous en eût coûté qu'une bagatelle que vous avez donnée à ceux qui l'ont ramené, vous ne seriez pas reçu à rien demander au prêteur pour cela. C'est ce que nous apprenons de Gaïus en la loi 18, §. 2, dans une espéce à-peu-près semblable, qui est l'espéce de prêt qui a été fait d'un esclave : *Possunt justæ causæ intervenire ex quibus cum eo qui commodasset agi deberet; veluti de impensis in valetudinem servi factis, quæve post fugam, requirendi reducendique ejus causâ, factæ essent; nam cibariorum impensæ naturali scilicet ratione ad eum pertinent qui utendum accepisset.... sed et id quod de impensis valetudinis aut fugæ diximus, ad majores impensas pertinere debet ; modica enim impendia verius est, ut sicuti cibariorum ad eum pertineant.*

Par la même raison, si je vous ai prêté une chambre pour l'occuper, vous êtes tenu, de même qu'un locataire, des réparations locatives ; mais je suis chargé de toutes les autres.

82. L'emprunteur, pour le remboursement qui lui est dû des impenses extraordinaires qu'il a faites pour la conservation de la chose qui lui a été prêtée, a un privilége sur cette chose pour ses impenses : il a même le droit de la retenir, *veluti quodam pignoris jure,* jusqu'à ce que le prêteur qui demande la restitution de sa chose les lui ait remboursées, comme nous l'avons vu *suprà*, n. 43.

83. L'emprunteur a aussi, pour se faire rembourser de ses impenses, l'action *contraria commodati* contre le prêteur.

Le prêteur ne peut pas, pour s'en décharger, abandonner la chose.

Il n'en est pas non plus déchargé par la perte de la chose prêtée qui seroit arrivée par quelque accident de force majeure, sans la faute de l'emprunteur.

La restitution volontaire que l'emprunteur auroit faite au prêteur, sans exiger pour lors de lui le remboursement de ses impenses, n'opère, en faveur du prêteur, aucune fin de non-recevoir contre la demande qu'a l'emprunteur pour s'en faire rembourser.

La sentence qui auroit condamné l'emprunteur à rendre la chose prêtée, sans faire mention du remboursement des impenses, n'opère aucune fin de non-recevoir.

C'est ce que nous apprenons de Gaïus, qui nous dit que dans tous ces cas l'emprunteur, ne pouvant pas obtenir le remboursement de ses impenses par la voie de la rétention, doit avoir recours à l'action *commodati contraria. Quod contrario judicio consequi quisque potest*, nous dit-il, *id etiam* (1) *recto judicio quo cum eo agitur, potest salvum habere jure pensationis : sed fieri potest ut ampliùs esset quod invicem aliquem consequi oporteat, aut judex pensationis rationem non* (2) *habeat, aut ideò de restituendâ re cum eo non agatur, quia ea res casu intercidit, aut sine judice restituta est, dicemus necessariam esse contrariam actionem;* l. 18, §. 4, ff. *commod.*

TROISIÈME ESPÉCE.

84. Une autre espéce d'obligation du prêteur envers l'emprunteur, c'est celle de lui donner avis des défauts de la chose qu'on lui demande à emprunter, lorsqu'il en a connoissance, et que ces défauts peuvent causer du dommage à l'emprunteur. Le prêteur, faute d'avoir satisfait à cette obligation, est tenu, *actione contrariâ commodati*, de tout ce que l'emprunteur a souffert du vice de la chose prêtée, dont il n'a pas été averti. Il y en a un exemple en la loi 18, §. 3, où il est dit : *Qui sciens*

---

(1) *Id est* directo.

(2) Soit parceque la demande incidente n'en a pas été formée, ou parcequ'ayant été formée, le juge a omis d'y statuer. Mais s'il y avoit statué en mettant hors de cour, l'emprunteur ne pourroit plus le demander, *obstante rei judicatæ exceptione.*

vasa vitiosa commodavit, si ibi infusum vinum vel oleum corruptum effusumve est , condemnandus eo nomine est.

En général, le prêteur doit donner avis à l'emprunteur de tout ce qu'il a intérêt de savoir par rapport à la chose qu'il lui prête ; et si par dol ou par une faute lourde il manque de lui en donner connoissance, il est tenu envers lui, *actione contrarid commodati*, de ses dommages et intérêts. Voyez un exemple de cette régle *suprà*, n. 80.

QUATRIÈME ESPÈCE.

85. Lorsque l'emprunteur, ayant perdu par sa faute la chose qui lui avoit été prêtée, a payé le prix au prêteur, le prêteur qui depuis a recouvré la chose est obligé de lui rendre ou cette chose, ou ce qu'il a reçu pour le prix : *Rem commodatam perdidi, et pro eâ pretium dedi, deindè res in potestate tuâ venit : Labeo ait contrario judicio aut rem mihi præstare te debere, aut quod à me accepisti reddere;* l. 17, §. 5, ff. commod.

CHAPITRE IV.

DU PRÉCAIRE,

Et de quelques autres prêts différents du prêt à usage.

ARTICLE PREMIER.

Du précaire.

86. Il y a deux espéces de *précaire*; la première, par laquelle on accorde précairement à quelqu'un la possession d'une chose; la seconde, par laquelle on en accorde seulement l'usage. Nous ne traitons que cette seconde espéce de précaire, à cause du rapport qu'elle a avec le *prêt à usage*.

87. On peut définir cette espéce de précaire une convention par laquelle, à votre prière, je vous donne une chose pour vous en servir tant que je voudrai bien le permettre, et à la charge de me la rendre à ma réquisition : *Precarium est quod precibus petenti utendum conceditur tamdiù quamdiù is qui concessit patitur;* l. 1, ff. *de precar.*

Cette convention tient beaucoup du prêt à usage. Elle renferme, de même que le prêt à usage, un bienfait, et un bienfait qui a pour objet plutôt l'usage de la chose, que la chose même : *Est genus liberalitatis,* d. l. §. 1, *et est simile commodato; nam et qui commodat, sic commodat rem ut non faciat accipientis, sed ut ei uti re permittat;* d. l. §. 2.

Cette convention de précaire n'est pas néanmoins le vrai contrat de prêt à usage, qu'on appelle *commodatum*; et la différence essentielle qui les distingue, c'est que dans le vrai contrat de prêt à usage la chose est prêtée pour un certain usage déterminé, ou pour un certain temps ; et la restitution n'en peut être demandée qu'après l'expiration du temps convenu, ou nécessaire pour que l'emprunteur puisse s'en servir à l'usage pour lequel elle lui a été prêtée; au lieu que dans la convention du précaire celui qui reçoit une chose précairement la reçoit pour s'en servir indistinctement, et à la charge de la rendre incontinent au prêteur toutes fois et quantes il la demandera.

88. Dans les principes du droit romain, il y avoit encore d'autres différences. Le prêt à usage étoit un contrat du nombre de ceux qu'on appeloit *contrats nommés*; et il produisoit conséquemment, de part et d'autre, des obligations civiles. Au contraire, le précaire n'étoit pas un contrat nommé; et même, selon l'opinion de plusieurs docteurs, il n'étoit pas en tout contrat ni quasi-contrat. Celui qui avoit accordé précairement l'usage de la chose n'avoit, pour se la faire rendre, que des remédes prétoriens, tels que celui qu'on appeloit *Interdictum de precario*. C'est ce que nous apprenons de Paul, en la loi 14, ff. *de precar.*, où il est dit : *interdictum de precario meritò introductum est, quia nulla eo nomine juris civilis actio esset ; magìs enim ad donationis et beneficii causam, quàm ad negotii contracti spectat precarii conditio.*

Celui qui avoit accordé précairement l'usage de la chose, outre l'*interdictum de precario*, avoit aussi une action *præscriptis verbis*; l. 2, §. 2; et l. 19, §. 2, ff. *d. tit.* Mais cette action n'étoit qu'une action *utile*, c'est-à-dire qui n'avoit son fondement que dans l'équité et la juridiction prétorienne.

C'est en conséquence de ces différences qu'au lieu que dans le prêt à usage l'emprunteur est tenu *de levissimâ culpâ*, parcequ'il contracte une obligation civile de rendre la chose, et d'en avoir tout le soin possible; dans le précaire, suivant le droit romain, celui à qui l'usage d'une chose étoit accordé précairement ne contractant aucune obligation civile, et celui qui la lui avoit donnée n'ayant contre lui que des remèdes prétoriens qui n'avoient pour but que d'empêcher sa mauvaise foi, il n'étoit tenu que *de dolo et de latâ culpâ quæ dolo comparatur.*

89. Ces principes du droit romain n'étant pas reçus parmi nous, et toute convention par laquelle les parties, ou l'une d'elles, promet à l'autre de lui donner, ou de faire, ou de ne pas faire quelque chose, étant, selon la simplicité de notre droit, un vrai contrat, la convention de *précaire* n'est pas moins un vrai contrat que le *prêt à usage.* Il produit des obligations semblables à celles que produit le prêt à usage; sauf que, dans le précaire, celui qui a accordé précairement l'usage d'une chose n'est pas obligé, comme dans le prêt à usage, de la laisser pendant un certain temps à celui à qui il l'a accordée; mais il peut en demander la restitution dès le lendemain, et toutes fois et quantes il lui plaira.

Si néanmoins celui qui tient la chose précairement ne pouvoit, au moyen de l'usage auquel il l'a employée, la rendre sur-le-champ sans se causer un très grand préjudice, celui qui la lui a accordée, et qui en demande la restitution, seroit tenu d'attendre, sauf à se faire indemniser de ce qu'il auroit souffert du retard.

90. Le précaire se faisant, de même que le prêt à usage, pour le seul intérêt de celui à qui l'usage de la chose est accordé, il doit, dans notre droit, être tenu de la faute la plus légère, de même que l'emprunteur dans le prêt à usage. La différence que le droit romain avoit établie à cet égard entre le précaire et le prêt à usage ne doit pas être reçue parmi nous, n'étant fondée que sur des subtilités qui n'ont pas lieu dans notre droit.

91. Quoique l'usage d'une chose, qui est accordé précairement, ne soit pas déterminé, celui à qui il a été accordé ne peut néanmoins se servir de la chose qu'à des usages auxquels elle est propre et destinée.

92. Étant obligé de la rendre à celui de qui il l'a reçue, aussitôt qu'il la demandera, il ne doit pas la transporter au loin, puisqu'il se mettroit par là hors d'état de satisfaire à cette obligation.

Si la chose étoit périe ou perdue par un accident de force majeure dans le lieu où il l'a indûment transportée, il seroit tenu de cette perte, parcequ'il est en faute de l'y avoir transportée.

ARTICLE II.

De quelques espéces de prêts différents du prêt à usage.

93. Nous donnons quelquefois à un autre une chose

pour qu'il la voie et l'examine, et quelquefois pour qu'il en fasse l'estimation ; cette personne, en la recevant, s'oblige, au moins tacitement, de nous la rendre après qu'il l'aura examinée.

Nous donnons aussi quelquefois à quelqu'un une chose pour qu'il l'essaie. C'est ce qui arrive lorsque celui à qui on propose l'achat d'une chose veut, avant de se déterminer à l'achat qu'on lui propose, connoître la bonté de la chose par l'essai qu'il en fera.

Ces conventions sont des espéces de *prêt:* elles ont cela de commun avec le *prêt à usage*, que celui qui donne à quelqu'un sa chose pour la voir et l'examiner, ou bien pour l'essayer, en retient, de même que dans le prêt à usage, non seulement la propriété, s'il en est le propriétaire, mais même la possession ; celui qui reçoit la chose ne la détient qu'au nom de celui de qui il l'a reçue ; et celui qui reçoit la chose s'oblige en la recevant, de même que dans le prêt à usage, de la rendre *in individuo* à celui de qui il l'a reçue.

94. Ces conventions ne sont pas néanmoins le véritable contrat de *prêt à usage*, car il est de l'essence de ce contrat que celui qui reçoit la chose la reçoive pour s'en servir à un certain usage pour lequel elle lui est prêtée ; au lieu que celui à qui on donne une chose pour la voir et l'examiner la reçoit pour une fin différente. C'est pourquoi il est dit dans la loi 1, §. 1, ff. *de præscr. verb.*: *Si quis pretii explorandi causâ rem tradat, neque depositum neque commodatum erit.*

Pareillement celui à qui on donne une chose pour l'essayer la reçoit pour une autre fin ; car quoiqu'il doive s'en servir à quelque usage, ne pouvant l'essayer qu'en s'en servant, néanmoins cet usage n'est pas la fin pour laquelle la chose lui a été donnée; ce n'est qu'un moyen pour parvenir à cette fin, qui est d'essayer la chose et d'en connoître la bonté ou les défauts. C'est pourquoi il est dit dans la loi 20, ff. *de præscr. verb.*, que, lorsqu'une chose a été donnée à quelqu'un pour l'essayer, il y a lieu à l'action *de præscr. verb.*

95. Ces différentes espèces de prêt produisent des obligations semblables à celles qui naissent du prêt à usage. Celui qui reçoit la chose se rend, de même que dans le prêt à usage, en la recevant, débiteur de la restitution de cette chose même *in individuo*. S'il en avoit perçu quelques fruits, il seroit tenu, de même que dans le prêt à usage, d'en faire raison à celui de qui il a reçu la chose. C'est la décision de Pomponius: *Si quem quæstum fecit is qui experiendum quid acceperit, veluti si jumenta fuerint, eaque locata sint, idipsum præstabit ei qui experiendum dedit : neque enim antè eam rem quæstui cuique esse oportet priusquàm periculo ejus; l. 13, §. 1, ff. commod.*

S'il n'avoit fait ces profits que depuis que l'achat de la chose a été conclu, ces profits lui appartiendroient.

Aussitôt après la conclusion du marché, la chose est aux risques de l'acheteur et par conséquent à son profit.

96. A l'égard du soin que doit apporter à la conservation de la chose celui à qui on l'a donnée pour la voir et l'examiner, il faut avoir recours à la régle ordi-

naire, rapportée *suprà*, n. 48 et suiv. et dans notre *traité des Obligations*, n. 142.

Suivant cette régle, il faut dire que lorsqu'une chose a été donnée à quelqu'un pour la voir, si ç'est pour l'intérêt seul de celui qui l'a donnée, *putà*, afin que celui à qui il l'a donnée l'estimât, et lui en dît la valeur, qu'il étoit bien aise de savoir; en ce cas celui à qui on a donné la chose pour la voir n'est tenu d'apporter à la conservation de cette chose que la bonne foi : il n'est tenu à cet égard que *de dolo et de latâ culpâ*. Au contraire, si la chose qu'on a donnée à voir à quelqu'un ne lui a été donnée qu'à sa prière, et uniquement pour satisfaire sa curiosité, le prêt étant fait en ce cas *in gratiam solius accipientis*, celui à qui on a donné la chose à voir doit être, de même que dans le prêt à usage, obligé au soin le plus exact, et être tenu *de levissimâ culpâ*.

C'est ce que nous enseigne Ulpien, en la loi 10, §. 1, ff. *commod.*, où il est dit : *Si rem inspectori dedi, an similis sit ei cui commodata res est quæritur? et si quidem meâ causâ dedi dum volo pretium exquirere, dolum mihi tantùm præstabit; si suî, et custodiam.*

Papinien décide la même chose en la loi 17, §. 2, ff. *de præscr. verb. Si cui inspiciendum dedi, sive ipsius causâ, sive utriusque, et dolum et culpam mihi præstandum esse dico, periculum non; si verò meî duntaxat causâ datum est, dolum solùm, quia propè depositum hoc accedit.*

Observez que Papinien ne joint ensemble le cas auquel la chose a été donnée à voir à quelqu'un en faveur seulement de celui à qui on on l'a donnée à voir, et celui auquel on l'a donnée à voir pour l'intérêt commun des deux parties, que pour décider que dans l'un et l'autre cas il ne suffit pas à celui à qui on a donné la chose *à voir* d'apporter de la bonne foi; mais que dans l'un et dans l'autre cas il est tenu de la faute, c'est-à-dire du défaut de soin. Cependant il n'en faut pas conclure que ce soit d'un même degré de faute. Il est tenu de la faute la plus légère, *de levissimâ culpâ*, lorsque c'est en sa faveur seulement qu'on lui a donné la chose à voir; il n'est tenu que de la faute légère, *de levi culpâ*, lorsque c'est pour l'intérêt des deux parties qu'on la lui a donnée à voir.

On peut donner pour exemple du cas auquel on a donné à quelqu'un une chose à voir pour l'intérêt commun des parties, celui où j'aurois donné une chose à quelqu'un avec qui je serois en pourparler pour la lui vendre; car c'est pour parvenir à un marché qui devoit se faire pour notre intérêt commun que je la lui ai donnée à voir.

97. On doit faire les mêmes distinctions à l'égard de celui à qui on a donné la chose à essayer. Si c'est pour l'intérêt commun de lui et de celui qui la lui a donnée à essayer, il doit apporter à cette chose le soin qu'a coutume d'apporter un bon père de famille aux choses qui lui appartiennent, et être tenu *de levi culpâ.* On peut de même apporter pour exemple le cas auquel je donne une chose à essayer à quelqu'un avec qui je suis en pourparler pour la lui vendre.

Mais si c'est pour mon intérêt seul que j'ai donné une chose à essayer à quelqu'un, je n'ai droit d'exiger de lui que la bonne foi, et il n'est tenu que *de*

dolo et *latâ culpâ;* comme dans le cas auquel, voulant savoir si je pouvois sûrement monter un cheval
dont on m'a fait présent, je l'ai donné à essayer à un
de mes amis, bon écuyer, pour connoître s'il n'étoit
pas peureux, s'il avoit les jambes sûres, s'il étoit assez
doux pour que je le pusse monter sûrement, etc.

TRAITÉ

DU CONTRAT

DE PRÊT DE CONSOMPTION,

ET DES MATIÈRES QUI Y ONT RAPPORT.

ARTICLE PRÉLIMINAIRE.

LES matières qui ont rapport au contrat de prêt de consommation sont, 1° l'usure, parceque c'est dans ce contrat qu'elle se commet; 2° le quasi-contrat appelé, en termes de droit, *promutuum;* et l'action appelée *condictio indebiti.* Le prêt de consomption fera le sujet de la première partie de ce traité; l'usure fera le sujet de la seconde; le *promutuum,* et l'action *condictio indebiti,* de la troisième.

PREMIÈRE PARTIE.

Du contrat de prêt de consomption.

1. Le contrat de prêt de consomption est celui qu'on appelle *mutuum*. On peut le définir un contrat par lequel l'un des contractants donne et transfère la propriété d'une somme d'argent, ou d'une certaine quantité d'autres choses qui se consomment par l'usage, à l'autre contractant, qui s'oblige de lui en rendre autant.

Celui qui la donne à l'autre, à la charge qu'il lui en rendra autant, s'appelle *le prêteur*. Celui qui la reçoit, en s'obligeant d'en rendre autant, est *l'emprunteur*.

Nous traiterons, dans un premier chapitre, de la nature de ce contrat; dans un second, de l'obligation que l'emprunteur contracte, et de l'action qui en naît.

CHAPITRE PREMIER.

De la nature du contrat de prêt de consomption, et des choses qui en sont susceptibles.

Pour bien entendre la nature de ce contrat, il faut voir d'abord quels sont les caractères qui font son essence, et ensuite à quelles classes on doit le rapporter. Nous examinerons après cela les choses qui sont susceptibles du *prêt de consomption.*

ARTICLE PREMIER.

De ce qui constitue l'essence du contrat de prêt de consomption.

Il est de l'essence du contrat de prêt de consomption, 1° qu'il y ait ou une somme d'argent, ou une certaine quantité d'autres choses qui se consomment par l'usage, qui en soit la matière, et qu'elle soit prêtée pour être consommée ; 2° que la délivrance en soit faite à l'emprunteur ; 3° que la propriété lui en soit transférée ; 4° qu'il s'oblige d'en rendre autant ; 5° enfin que le consentement des parties intervienne sur toutes choses.

§. I. Il faut qu'il y ait une chose qui soit la matière de ce contrat, et qui soit prêtée pour être consommée.

2. Il est évident qu'il ne peut y avoir de contrat de prêt de consomption, s'il n'y a une certaine quantité de choses susceptibles de ce contrat, qui soit prêtée par le prêteur à l'emprunteur, et qui soit la matière du contrat.

Nous verrons, dans l'article 2, quelles sont les choses susceptibles de ce contrat.

Il est aussi de l'essence de ce contrat que ces choses soient prêtées pour être consommées : car si elles étoient prêtées seulement pour la montre, *ad ostentationem*, ce ne seroit pas le contrat de prêt de consomption, *mutuum*; ce seroit le contrat de prêt à usage, *commodatum*, comme nous l'avons vu dans le traité précédent, n. 17.

6.

§. II. De la délivrance de la chose prêtée.

3. Il est de l'essence du contrat de prêt de consomption que le prêteur fasse à l'emprunteur la tradition de la chose prêtée.

Il est évident que ce principe doit souffrir exception dans le cas auquel la chose que je veux prêter à quelqu'un est déja par-devers lui. Par exemple, si je vous avois donné en dépôt un sac de 1,000 liv., et que je voulusse ensuite vous faire un prêt de cette somme; ne pouvant pas vous faire une tradition réelle d'une chose qui est déja par-devers vous, la convention par laquelle je conviendrois avec vous de vous transférer la propriété de ce sac de 1,000 liv., dont vous pourriez en conséquence disposer, à la charge de m'en rendre autant, seroit seule suffisante pour vous transférer la propriété de cette somme, et pour opérer le contrat de prêt que je vous en fais; l. 9, §. 9, ff. *de reb. crcd.* Cette convention renferme une espéce de tradition feinte, que les interprètes appellent *traditio brevis manûs*, par laquelle on suppose que vous m'avez rendu le sac de 1,000 liv. que vous aviez à titre de dépôt, et que je vous l'ai remis pour que vous l'ayez à titre de prêt : cette tradition feinte suffit pour la translation de propriété, et pour opérer par conséquent le prêt de la somme, sans qu'il soit besoin d'aucune tradition réelle. C'est de ce cas et autres semblables que Justinien, aux Institutes, *tit. de R. div.*, §. 46, dit : *Interdùm et sine traditione nuda hominis voluntas sufficit ad rem transferendam.*

Observez que cette convention que nous venons de

rapporter, par laquelle je conviens avec vous de vous prêter un sac de 1,000 liv. qui est par-devers vous, vous l'ayant précédemment mis en dépôt, est très différente de celle par laquelle, en vous donnant cet argent en dépôt, je vous permettrois de vous en servir dans le cas où vous vous trouveriez en avoir besoin. Dans la première espéce, la convention renferme un contrat de prêt que je vous fais de la somme que vous aviez en dépôt, lequel est parfait et consommé par cette seule convention; la propriété de l'argent vous en est transférée, et il commence d'être à vos risques : au contraire, dans la seconde espéce, la convention ne contient pas un prêt présent, mais un prêt qui ne doit avoir lieu que dans le cas auquel, par la suite, vous viendriez à vous servir de l'argent que je vous ai donné en dépôt, et qui ne sera parfait que du moment que, pour vous servir du sac d'argent, vous l'aurez retiré du lieu où vous le gardiez en dépôt. C'est ce qu'enseigne Ulpien : *Deposui apud te decem; posteà permisi tibi uti. Nerva, Proculus, etiam antequàm moveantur, condicere quasi mutua tibi hæc posse aiunt; et est verum.... Quòd si ab initio, cum deponere, uti tibi, si voles, permisero, creditam non esse antequàm mota sit;* l. 9, §. *fin.*, et l. 10, ff. *de reb. cred.*

§. III. De la translation de propriété.

4. Il est de l'essence du contrat de prêt de consomption que la propriété de la chose prêtée soit transférée à l'emprunteur : il ne suffit pas qu'il lui en ait été fait une tradition réelle, si cette tradition ne lui en a pas transféré la propriété.

C'est cette translation de propriété qui fait le carac‑ tère essentiel et distinctif du prêt de consomption; c'est ce qui le distingue du prêt à usage, et c'est de là que lui vient le nom de *mutuum*: car, comme dit Paul, *Appellata mutui datio ab eo quòd de meo tuum fiat; et ideò, si non fiat, non nascitur obligatio;* l. 2, §. 2, ff. *de reb. cred.*

De là il suit que, pour que le prêt soit valable, il faut que le prêteur soit le propriétaire de la chose qu'il prête; ou, s'il ne l'est pas, que ce soit du consen‑ tement du propriétaire qu'il en fasse le prêt, puis‑ qu'autrement il ne pourroit pas en transférer la pro‑ priété : *In mutui datione oportet dominum esse dan‑ tem;* l. 2, §. 4, ff. *de reb. cred.*

Quoique le prêteur soit propriétaire de la chose qu'il prête, il faut encore, pour que le prêt soit vala‑ ble, qu'il ait le droit d'aliéner : c'est pourquoi un prêt qui seroit fait par un mineur ou par un interdit ne seroit pas valable.

5. Quoique le prêt de consomption ne soit pas va‑ lable tant que la propriété des choses n'a point été transférée à l'emprunteur, soit que le prêteur n'en fût pas le propriétaire, soit qu'il ne fût pas capable de les aliéner, et qu'en conséquence l'emprunteur n'acquière point le droit de s'en servir et de les consommer; qu'il ne contracte point non plus l'obligation propre à ce contrat, qui est de rendre une pareille somme ou pa‑ reille quantité, mais qu'il demeure seulement tenu de rendre les mêmes choses individuellement qu'il a re‑ çues, comme l'est tout possesseur de la chose d'au‑ trui; néanmoins si, de fait, l'emprunteur a de bonne

foi consommé l'argent ou les autres choses qu'il a reçues, cette consomption suppléé à ce qui manquoit à
la validité du contrat, et oblige l'emprunteur envers
le prêteur à la restitution d'une pareille somme ou
quantité que celle qu'il a reçue, de la même manière
que si le contrat eût eu toute sa perfection, èt que la
propriété des choses qu'il a reçues lui eût été transférée : *Omninò qui alienam pecuniam credendi causâ
dat, consumptâ eâ habet obligatum qui acceperit;*
l. 19, §. 1 ; *et si fur dedit.... consumptis eis nascitur
condictio ;* l. 13. La raison de ceci est sensible. Si la
translation de la propriété des choses prêtées est nécessaire dans le contrat de prêt de consomption, c'est
afin que l'emprunteur puisse se servir des choses prêtées ; ce qu'il ne peut faire qu'en les consommant, et
ce qu'il n'a pas droit de faire s'il n'en est pas le propriétaire. Mais lorsque, dans le fait, quoiqu'il n'en
eût pas le droit, il s'est servi des choses qui lui ont été
prêtées, et les a consommées, il est dès-lors indifférent
que la propriété lui en ait été transférée ou non : le
prêt, par la consomption de bonne foi qui a suivi,
lui a causé la même utilité que s'il lui avoit transféré
effectivement la propriété de ces choses, et par conséquent il doit produire de sa part la même obligation
que si la propriété lui eût été transférée.

6. En effet, la translation de propriété de ces choses
ne lui eût procuré que le pouvoir de s'en servir en les
consommant, sans être tenu à autre chose qu'à en
rendre autant au prêteur. S'en étant servi, il se trouve
au même état que si la propriété lui en eût été transférée ; il ne peut être tenu à autre chose qu'à en rendre

autant au prêteur; car il n'est tenu à rien envers celui qui étoit le véritable propriétaire de ces choses, lequel ne peut avoir d'action que contre ceux qui les posséderoient, ou auroient par dol cessé de les posséder; le propriétaire n'en a plus par conséquent contre lui, puisque; les ayant consommées de bonne foi, il n'en est plus le possesseur, et n'a pas cessé par dol de les posséder.

7. Il en seroit autrement si l'emprunteur, lorsqu'il s'est servi de ces choses, et qu'il les a consommées, avoit la connoissance que la propriété ne lui en avoit pas été transférée : il n'est pas en ce cas mis au même état par la consomption qu'il en a faite, que si la propriété lui en eût été transférée, puisque, cette consomption étant supposée faite de mauvaise foi, il est tenu de la représentation de ces choses envers celui qui en étoit le propriétaire, lequel a contre lui l'action *ad exhibendum*, et celle de revendication, qui ont lieu contre ceux *qui dolo desierunt possidere;* la consomption ne peut donc pas en ce cas rendre le prêt valable, et donner au prêteur contre lui l'action *ex mutuo;* à moins que le prêteur n'offre de le garantir de ce qu'il peut avoir à craindre du propriétaire des choses prêtées.

Si la somme prêtée appartenoit au prêteur, qui étoit incapable de l'aliéner, il n'importeroit que la consomption qu'en auroit faite l'emprunteur eût été faite de bonne foi ou de mauvaise foi. De quelque manière qu'elle eût été faite, l'emprunteur, par cette consomption, contracteroit envers le prêteur l'obligation de la lui rendre, telle que celle qui naît *ex mutuo*.

8. Les principes que nous venons d'exposer sur la nécessité de la translation de la propriété de la chose prêtée pour la perfection du contrat *mutuum*, que nous avons puisés dans les textes des jurisconsultes romains, et que ces jurisconsultes avoient eux-mêmes puisés dans la nature même des choses, ont été attaqués dans le siècle dernier par Saumaise.

Cet auteur très érudit, et grand littérateur, mais nullement jurisconsulte, a fait une dissertation par laquelle il s'efforce de prouver qu'il n'intervient aucune aliénation dans le contrat *mutuum*, et que le prêteur retient le *dominium*, ou la propriété de la somme ou quantité qu'il a prêtée, non pas à la vérité des corps et individus dont la somme ou quantité étoit composée, mais de la somme ou quantité considérée *indeterminatè et abstrahendo à corporibus*, qui doit lui être rendue par l'emprunteur à qui il n'en a accordé que l'usage.

9. Cette opinion a été solidement réfutée aussitôt qu'elle a paru. Elle renverse tout le système de la science du droit, confondant le *jus in re* et le *jus ad rem*, dont la distinction en est un des principaux fondements.

Le *jus in re*, dont le droit de *dominium* est une des principales espèces, est un droit que nous avons dans une chose; le *jus ad rem* est un droit de créance personnelle que nous avons contre une personne qui s'est obligée à nous donner une chose, pour la contraindre à nous donner cette chose, dans laquelle nous n'avons encore aucun droit jusqu'à ce qu'il nous l'ait donnée.

Le *jus in re* suit la chose, en quelques mains qu'elle passe, et il donne à celui qui a ce droit, lorsque la chose n'est pas par-devers lui, une action pour réclamer la chose, ou le droit qu'il a dans la chose, contre tous ceux qui se trouvent la posséder.

Au contraire, le *jus ad rem*, qui est un droit de créance personnelle, suit la personne qui a contracté l'obligation de donner la chose. Il ne donne d'action que contre la personne qui a contracté l'obligation de la donner, et contre ses héritiers ou autres successeurs universels qui ont succédé à son obligation : il n'en donne aucune contre des tiers qui posséderoient la chose qu'on s'est obligé de nous donner.

Un droit de créance personnelle peut bien être d'une chose que l'on conçoive *abstrahendo ab omni corpore*, et qui ne doive se déterminer que par le paiement qui en sera fait, aux corps certains qui auront été donnés en paiement.

Au contraire, il ne peut y avoir un *jus in re*, et surtout un droit de *dominium*, qui en est une des principales espéces, sans un corps certain et déterminé qui en soit le sujet : ce droit renfermant celui de suivre la chose en quelques mains qu'elle passe, et de la réclamer entre les mains de quiconque s'en trouve en possession, on ne peut concevoir ce droit, sans un corps certain et déterminé qui en soit le sujet, qui puisse passer en différentes mains, et qu'on puisse suivre sur ceux qui s'en trouveroient en possession.

Ce n'est qu'en confondant toutes ces idées que Saumaise veut faire passer le droit qu'a le prêteur d'une somme d'argent de la répéter de l'emprunteur, pour le droit de *dominium* de la somme prêtée qu'il retient. Ce droit qu'a le prêteur, étant un droit qu'il n'a que contre la personne de l'emprunteur qui s'est obligé de

la lui rendre, et contre les héritiers et autres successeurs universels de cet emprunteur, qui ont succédé à
ses obligations, est, suivant les notions que nous en
avons données ci-dessus, un droit de créance personnelle, et non le droit de *dominium*, lequel est au contraire un droit qui suit la chose et non la personne.

Tout *jus in re*, et sur-tout le *dominium*, étant, suivant les notions ci-dessus données, un droit dans un
certain corps, qu'on ne peut par conséquent concevoir
sans quelque corps certain qui en soit le sujet, c'est
de la part de Saumaise renverser les idées et les notions
du *dominium*, que de supposer dans le prêteur un *dominium indeterminatè et abstrahendo à corporibus* de
la somme qu'il a prêtée.

Quand même la somme prêtée seroit périe par force
majeure entre les mains de l'emprunteur, et que l'emprunteur n'auroit pas de quoi la rendre, le droit qu'a
le prêteur de demander à l'emprunteur une somme
pareille à la somme prêtée ne laisse pas de subsister.
Le droit du prêteur n'est donc pas le *dominium* de la
somme prêtée que le prêteur retienne, puisque le *dominium* est un *jus in re*, qui ne peut subsister sans une
chose qui en soit le sujet, et que dans l'espèce proposée la somme prêtée ne subsiste plus, ni rien qui puisse
être censé la remplacer.

10. Saumaise tire argument, pour son opinion, des
termes *locare pecuniam*, qui se trouvent dans quelques
auteurs : d'où il infère que, dans le prêt, le prêteur
d'une somme d'argent en retient la propriété, de même
que dans le contrat de louage le locateur retient la propriété de la chose qu'il a louée. Mais les textes de ces

auteurs, dans lesquels ces termes de *locare pecuniam* sont employés dans un sens impropre, ne doivent pas prévaloir sur les textes des jurisconsultes, qui, en parlant *ex professo* du *mutuum*, disent formellement que dans le *mutuum* la propriété de la chose prêtée est transférée de la personne du prêteur en celle de l'emprunteur, et que sans cette translation de propriété le contrat ne peut recevoir sa perfection, ni produire d'obligation : *Appellata est mutui datio ab eo quod de meo tuum fit; et ideò, si non fiat tuum, non nascitur obligatio*, comme il est dit en la loi 2, §. 2, ff. *de reb. cred.* qui a déja été rapportée ci-dessus.

11. L'auteur d'une dissertation faite en faveur de l'opinion de Saumaise a cru trouver une autorité en faveur de cette opinion dans la loi 55, ff. *de solut.*, où il est est dit : *Qui sic solvit ut reciperet, non liberatur; quemadmodùm non alienantur nummi qui sic dantur ut recipiantur.* Mais cet auteur n'a pas entendu cette loi, ou n'a pas voulu l'entendre. Il n'est pas question, dans la fin de cette loi, du *mutuum*, mais d'un prêt d'espèces d'argent qui a été fait à quelqu'un, non pour les dépenser, mais pour les montrer, et les rendre ensuite *in individuo;* lorsqu'un receveur, averti que le juge doit venir visiter sa caisse, emprunte de son ami des sacs d'argent, pour les faire paroître dans sa caisse lors de la visite, et les rendre *in individuo* incontinent après la visite; ce qui est le contrat *commodatum*, et non le *mutuum.* Le sens de cette loi est que, pour qu'un paiement soit valable et qu'il acquitte la dette, il faut qu'il transfère la propriété de la chose qui est payée, au créancier à qui elle est payée; en conséquence du-

quel principe la loi décide que la tradition qu'un débiteur qui veut faire accroire à des tiers qu'il a acquitté sa dette fait à son créancier de la chose qu'il lui doit, avec une paction secrète, entre son créancier et lui, que son créancier la lui rendra, n'est pas un véritable paiement, et n'a pas libéré le débiteur, parceque par une telle tradition il n'a pas transféré la propriété de la chose à son créancier; de même que celui qui prête à quelqu'un des espéces d'argent seulement pour la montre, et à la charge qu'on les lui rendra *in individuo*, n'en transfère pas la propriété.

12. On tire un autre argument de ce que dans le langage ordinairé on dit que ce qui différencie le contrat de constitution, du prêt, c'est que, dans le contrat de constitution, le sort principal, qui a été le prix de la constitution, est aliéné. Donc, au contraire, dit-on, dans le contrat de prêt la somme prêtée n'est pas aliénée; la propriété n'en est donc pas transférée à l'emprunteur. Je réponds que l'aliénation, qui fait le caractère distinctif de la constitution de rente et du prêt, n'est pas une simple translation de propriété de la somme payée pour le prix de la constitution, mais une translation de propriété faite sans la charge d'en rendre autant. Dans le prêt, la propriété des espéces prêtées est bien transférée à l'emprunteur, mais à condition qu'il s'oblige d'en rendre autant au prêteur ; au lieu que dans le contrat de constitution de rente, la propriété des espéces payées pour le prix de la constitution est transférée à celui qui constitue la rente, sans qu'il s'oblige d'en rendre autant : il ne s'oblige qu'à la prestation de la rente qu'il a constituée ; il ne

s'oblige point à rendre la valeur des espéces qu'il a reçues pour le prix de la rente, qu'on appelle *le sort principal de la rente;* la restitution de ce sort principal n'est pas *in obligatione*, elle n'est qu'*in facultate luitionis.*

§. IV. De l'obligation de rendre autant.

13. Il est de l'essence du contrat de prêt de consomption que celui qui reçoit la chose prêtée s'oblige, en la recevant, à en rendre autant.

Il ne doit pas s'obliger à rendre les mêmes choses *in individuo* qui lui ont été prêtées; car le prêt lui en étant fait pour s'en servir, et ces choses étant de nature à se consommer par l'usage qu'on en fait, il n'est pas possible qu'il les rende *in individuo;* mais il doit s'obliger à en rendre *autant*, c'est-à-dire une pareille quantité de choses de la même espéce que celles qu'il a reçues : *Mutuum damus, recepturi non eamdem speciem quam dedimus, alioquin commodatum erit aut depositum, sed idem genus;* l. 2, ff. *de reb. cred.*

Il faut, comme nous venons de le dire, que l'emprunteur s'oblige de rendre une pareille quantité de choses, qui soient de la même espéce que celles qu'il a reçues : *Nam si aliud genus, veluti ut pro tritico vinum recipiamus, non erit mutuum;* d. l. 2. Ce n'est pas en ce cas un prêt, c'est un échange qui est fait du blé contre le vin que celui qui a reçu le blé s'oblige de donner à la place; et si, pour le blé qu'il a reçu, il s'obligeoit de rendre une somme d'argent, ce ne seroit pas un contrat de prêt, mais ce seroit un contrat de vente de blé, qui seroit faite pour le prix de la somme d'argent qu'il s'oblige de rendre à la place du blé.

14. Il faut que ce que l'emprunteur s'oblige de rendre par ce contrat soit précisément autant que ce qu'il a reçu.

S'il s'obligeoit à rendre plus; comme si, ayant reçu cent livres, il s'obligeoit de rendre dans un an cent cinq livres; si, ayant reçu trente pintes de vin, il s'obligeoit, au bout d'un certain temps, d'en rendre trente-deux, le contrat de prêt et l'obligation qui en naît ne seroit valable que jusqu'à concurrence de la somme ou de la quantité que l'emprunteur a reçue; le contrat, pour le surplus, seroit nul et usuraire : et non seulement il ne produiroit pas d'obligation pour ce surplus, mais si l'emprunteur avoit payé ce surplus, il en auroit la répétition.

Si l'emprunteur s'obligeoit à rendre moins que la somme ou quantité qu'il a reçue; comme si je vous comptois une somme de vingt écus, à la charge de m'en rendre seulement quinze, le contrat ne seroit contrat de prêt que jusqu'à concurrence de la somme que l'emprunteur se seroit obligé de rendre : à l'égard du surplus, ce seroit une donation qui auroit été faite de ce surplus, et non un contrat de prêt.

15. Lorsque le prêt n'est pas d'une somme d'argent, mais d'une certaine quantité de quelque autre chose fongible, *putà*, lorsque je vous ai prêté un tonneau de vin, à la charge que vous m'en rendriez un de pareille qualité; quoique, depuis le prêt, le prix des vins soit considérablement augmenté, ou considéra-

blement diminué, et que le tonneau de vin, qui ne valoit que vingt écus lorsque je vous l'ai prêté, en vaille quarante lorsque vous me le rendez, néanmoins vous me rendez *autant*, et rien de plus ni de moins que ce que je vous ai prêté ; car il n'y a que le prêt d'une somme d'argent qui ait pour objet une valeur numérique, dont la monnoie est le signe : les prêts des autres choses fongibles, au contraire, n'ont pour objet que la quantité de la chose prêtée, et non la valeur numérique de la chose prêtée. Lorsque je vous prête un tonneau de vin qui vaut vingt écus, ce n'est pas vingt écus que je vous prête, c'est la quantité d'un tonneau de vin ; et par conséquent, dans ces prêts, l'obligation de rendre *autant* ne se réfère pas à la valeur numérique de ce qui a été prêté, et c'est rendre *autant* que de rendre la même quantité, sans qu'on doive considérer si elle est d'une plus grande ou d'une moindre valeur qu'au temps du prêt.

§. V. Du consentement.

16. Enfin il est de l'essence de ce contrat, de même que de tous les autres, que le consentement des parties contractantes intervienne sur tout ce qui a formé la substance du contrat : il doit donc intervenir sur la chose qui est prêtée, sur la translation de la propriété de cette chose, et sur l'obligation d'en rendre *autant*.

C'est pourquoi si vous avez reçu de moi une somme d'argent, que vous croyiez recevoir à titre de prêt, et que je comptois ne vous donner qu'en dépôt, il n'y aura pas de contrat de prêt, parceque le consentement des parties n'est pas intervenu sur la translation

de propriété de cette somme, n'ayant pas eu la volonté de vous la transférer, puisque je comptois ne la
donner qu'en dépôt.

Vice versâ, si vous croyiez me donner à titre de
mutuum une somme d'argent, que j'ai reçue croyant
que c'étoit à titre de *commodatum* que je la recevois;
ne vous l'ayant demandée que pour la faire voir, il n'y
aura pas encore de contrat de prêt, n'y ayant pas eu
de consentement sur la translation de la propriété de
cette somme : car si vous avez eu la volonté de me la
transférer, comptant me donner cette somme à titre de
mutuum, je n'ai pas eu de mon côté la volonté d'acquérir cette propriété, ayant compté ne la recevoir qu'à
titre de *commodatum*. C'est ce que décide Ulpien : *Si ego
quasi deponens tibi dedero, tu quasi mutuum accipias,
nec depositum nec mutuum est : idem est et si tu quasi
mutuam pecuniam dederis, ego quasi commodatam os-
tendendi gratiâ accepero;* l. 18, §. 1, ff. *de reb. cred.*

N'y ayant point de contrat de *prêt* dans l'une et dans
l'autre de ces hypothèses, ni de translation de propriété
de la somme qui a été comptée, il s'ensuit que cette
somme demeure aux risques de celui qui l'a comptée,
à qui elle continue d'appartenir. C'est pourquoi, tant
que la somme que je vous ai comptée sera par-devers
vous, je pourrai bien vous en demander la restitution
par action de revendication, comme d'une chose à
moi appartenante ; mais si elle vous a été volée dans
un pillage, ou que par quelque autre accident de force
majeure vous ayez cessé de l'avoir, vous n'êtes tenu à
rien envers moi : cette somme d'argent, dont la propriété ne vous a pas été transférée, n'étoit pas à vos

risques; mais elle étoit aux miens, puisqu'elle a continué de m'appartenir.

Dans l'une et dans l'autre des hypothèses ci-dessus, si vous avez dépensé l'argent que je vous ai compté, la consomption que vous en avez faite *reconciliat mutuum*: elle nous met l'un et l'autre au même état que si la propriété de cet argent vous eût été transférée, et elle me donne la même action contre vous, que m'eût donnée le contrat de prêt, pour vous faire rendre la somme que je vous ai comptée: *In utroque casu consumptis nummis..... condictioni locus erit;* d. §.

La raison est que le consentement sur la translation de propriété de cette somme, qui manquoit pour la formation du contrat de prêt, et de l'obligation qui en naît, ne vous auroit procuré autre chose, s'il fût intervenu, que le pouvoir de vous servir de cet argent en le consommant. Vous en étant servi, vous avez joui de tout ce que vous eût procuré ce consentement; et par conséquent cette consomption que vous en avez faite rétablit le contrat, ou plutôt est quelque chose d'équivalent, qui doit produire la même obligation que le contrat de prêt eût produite.

17. Passons à présent à un autre cas, qui est celui auquel le consentement des parties est intervenu sur la translation de propriété de la somme que l'une des parties a comptée à l'autre, mais n'est pas intervenu sur l'obligation d'en rendre autant: il est évident que ce défaut de consentement empêche qu'il n'y ait un contrat de prêt; l'obligation de rendre, et le consentement des deux parties qui l'a produit, étant de l'essence de ce contrat.

On peut apporter pour exemple le cas auquel je vous ai compté une somme d'argent dans l'intention de vous la donner absolument, tandis que vous l'avez reçue dans l'opinion que c'étoit à titre de prêt que vous la receviez. Quoique vous l'ayez reçue dans l'intention de vous obliger de me la rendre, néanmoins ma volonté n'ayant pas concouru avec la vôtre pour former cette obligation, il n'est pas intervenu de consentement pour cette obligation, ni par conséquent de contrat de prêt. C'est ce que nous apprend Ulpien : *Si ego pecuniam tibi quasi donaturus dedero, tu quasi mutuam pecuniam accipias, Julianus scribit donationem non esse: sed an mutua sit videndum? et puto nec mutuam esse;* d. l. 18.

De là naît la question si dans cette espéce la propriété de l'argent que je vous ai compté vous a été transférée au moins efficacement? La loi décide pour la négative par ces termes : *Magìsque nummos accipientis non fieri quùm aliâ opinione acceperis.* La raison est que, quoique nos volontés aient concouru pour que la propriété de mon argent vous fût transférée, ce qui pourroit suffire pour qu'elle pût paroître, selon la subtilité du droit, vous avoir été transférée, néanmoins elle n'a pu vous être transférée efficacement, parceque, n'ayant point été d'accord sur le titre en vertu duquel elle vous seroit transférée, ayant voulu, moi, vous la transférer à titre de donation, et vous, l'acquérir à titre de *mutuum*, il n'est intervenu, faute de consentement, ni donation ni *mutuum*. N'y ayant donc aucun titre en vertu duquel vous puissiez dire avoir acquis de moi la propriété de l'argent que je vous ai compté, j'ai une action personnelle contre vous pour la répéter, qu'on appelle en droit *condictio sine causâ; tanquàm hanc pecuniam à me sine causâ acceperis.*

Ceci sert à concilier cette loi 18 avec la loi 36, ff. *de acq. rer. dom.* où il est dit: *Si pecuniam numeratam tibi tradam donandi gratiâ, tu eam quasi creditam accipias, constat proprietatem ad te transire, nec impedimento esse quòd circa causam dandi et accipiendi dissenserimus.* On les concilie très bien en disant que la loi 36, par ces termes *constat proprietatem ad te transire,* ne considère que la subtilité du droit, selon laquelle il y a une translation de propriété, quoique l'action *condictio sine causâ,* que j'ai contre vous, la rende inefficace : au lieu que la loi 18, en disant, *magis nummos accipientis non fieri,* considère l'effet de cette translation de propriété, et elle ne regarde pas comme une véritable translation de propriété celle qui, par l'action *condictio sine causâ,* est rendue inefficace. C'est ainsi que Vinnius, *Select. quæst.* 11, 35, concilie ces deux lois.

Ulpien observe que, si celui qui a reçu l'argent l'a dépensé avant que celui qui l'a compté, dans l'intention de le donner, ait changé de volonté, ce dernier n'est plus recevable à le répéter par l'action *condictio sine causâ. Si eos (nummos) consumpserit, licèt condictione (sine causâ) teneatur, tamen doli exceptione uti poterit, quia secundùm voluntatem dantis nummi sunt consumpti;* d. l. 18. Il pouvoit, à la vérité, pendant que la chose étoit encore entière, changer de volonté, et répéter l'argent par l'action *condictio sine causâ;* mais après qu'il a souffert que la chose cessât d'être entière, et que celui à qui il a donné l'argent l'ait dépensé; en persévérant toujours dans la volonté de le lui donner, et de ne le point répéter, la bonne foi ne permet plus qu'il change de volonté.

ARTICLE II.

A quelle classe de contrats doit-on assigner le prêt de consomption.

18. Le contrat de *prêt de consomption, mutuum*, est de la classe des contrats du droit des gens; car il se régit par les seules règles du droit naturel : il n'est, quant à sa substance, assujetti à aucune formalité par le droit civil. Il peut intervenir avec des étrangers de même qu'avec des citoyens.

19. Ce contrat *mutuum* est, de même que le prêt *commodatum*, de la classe des contrats bienfaisants : il renferme un bienfait que le prêteur fait à l'emprunteur, en lui accordant gratuitement la faculté de se servir de ce qu'il lui prête, sans que le prêteur retire aucune utilité du contrat qui se fait pour le seul intérêt de l'emprunteur.

Les jurisconsultes romains avoient porté si loin ce principe, qu'ils en avoient tiré la conséquence qu'un prêt n'étoit pas un véritable contrat de prêt, lorsque le prêteur ne le faisoit pas de son plein gré, *nullo jure cogente*, mais en exécution d'une obligation qu'il avoit précédemment contractée de faire le prêt, parcequ'en ce cas le prêt n'étoit pas un bienfait, mais l'acquittement d'une dette.

C'est ce que Julien décide en la loi 21, ff. *de reb.*

cred., dans l'espéce d'une donation faite d'une somme d'argent, à la charge que le donataire la prêteroit au donateur. Il décide que le prêt qu'en fait le donataire en exécution de la clause de la donation n'est pas un véritable prêt : *Creditum non esse*, *quià exsolvendi causâ magis daretur quàm alterius obligandi*. Mais cette décision n'étoit fondée que sur une subtilité, comme il est dit à la fin de cette loi : *Sed hæc intelligenda sunt propter subtilitatem verborum ; benignius tamen est utrumque (tam donationem quàm mutuum) valere; d. l. 20.*

Dans notre droit, d'où nous avons banni toutes les subtilités, il n'est pas douteux qu'un prêt est un vrai contrat de prêt, quoique le prêteur l'ait fait en exécution d'une obligation qu'il avoit précédemment contractée de le faire; il n'en produit pas moins la même obligation que s'il eût été fait *nullo jure cogente*. Il est vrai que dans ce cas le prêt ne renferme pas un bienfait que le prêteur fasse à l'emprunteur, et en cela il s'éloigne de la nature du prêt : mais s'il est ordinaire que le contrat de prêt renferme un bienfait, cela n'est pas absolument de son essence.

A l'égard du prêt que fait un héritier à celui à qui le défunt avoit, par une disposition testamentaire, ordonné qu'il fût fait, il renferme un bienfait, non pas à la vérité de la part de l'héritier, mais de la part du testateur qui l'avoit ordonné.

20. Le contrat de prêt, *mutuum*, est de la classe des contrats *réels*, puisqu'il ne peut se former que par la tradition de la chose qui en fait l'objet, comme il résulte de ce que nous avons vu ci-dessus.

Enfin le contrat de prêt, *mutuum*, est de la classe des contrats *unilatéraux*; car il ne produit d'obligation que d'un côté. Le prêteur, par ce contrat, oblige envers lui l'emprunteur, mais il ne contracte de son côté, envers l'emprunteur, aucune obligation.

ARTICLE III.

Des personnes entre lesquelles ce contrat peut intervenir, et des choses qui en sont susceptibles.

§. I. Des personnes entre lesquelles ce contrat peut intervenir.

21. Il est évident que le contrat de *prêt de consomption*, de même que tous les autres contrats, ne peut intervenir qu'entre des personnes capables de contracter, sur quoi voyez notre *traité des Obligations*, part. 1, chap. 1, sect. 1, art. 4.

C'est pourquoi le prêt d'une somme d'argent qui seroit fait à un fou, à un interdit, à une femme sous puissance de mari, laquelle l'emprunteroit sans être autorisée, à un mineur qui l'emprunteroit sans l'autorité de son tuteur, est nul. Il est vrai que si ces personnes ont profité de la somme, elles sont tenues de la rendre jusqu'à concurrence de ce qu'elles en ont profité : mais cette obligation ne naît pas proprement du prêt qui leur a été fait, puisque ce prêt est nul ; elle naît du précepte de l'équité naturelle, qui ne permet pas de s'enrichir aux dépens d'autrui : *Jure naturæ æquum est neminem cum alterius jacturâ locupletari;* l. 206, ff. *de R. J.*

Par une disposition des lois romaines, on ne pouvoit pas valablement prêter de l'argent aux fils de famille, quoiqu'ils fussent capables des autres contrats; voyez à cet égard le titre du Digeste *De senatûs-consulto macedoniano*.

Le préteur, pour que le contrat soit valable, doit non seulement être capable de contracter, il doit être aussi capable d'aliéner, et par conséquent être propriétaire des espéces qu'il prête, ou avoir le consentement du propriétaire, comme nous l'avons déja vu *suprà*, n. 6. Mais la consomption qu'en fait l'emprunteur répare le vice qui naît de l'incapacité que le préteur avoit de contracter ou d'aliéner, de la manière dont nous l'avons expliqué, *ibid*.

§. II. Des choses qui sont susceptibles du contrat de prét de consomption.

22. Les termes de *prét de consomption* donnent assez à entendre que les choses susceptibles de ce contrat sont celles qui se consomment par l'usage qu'on en fait.

Il y a deux espéces de choses qui se consomment par l'usage qu'on en fait.

La première espéce est de celles dont la consomption, qui arrive par l'usage qu'on en fait, est une consomption naturelle et une destruction de ces choses; telles sont les choses qui servent à la nourriture de l'homme ou des animaux, comme le blé, l'orge, l'avoine, l'huile, le vin, et de même le bois à brûler, etc. L'usage qu'on fait du blé étant d'en faire du pain pour le manger, l'usage qu'on fait du vin étant de le boire, celui qu'on fait du bois à brûler étant de le brûler pour préparer la nourriture ou pour se chauffer, il est évident qu'on ne peut faire usage de ces choses qu'en les consommant et en les détruisant.

23. La seconde espéce est de celles dont la consomption, qui arrive par l'usage qu'on en fait, n'est pas une consomption naturelle, mais une consomption civile.

Telle est la consomption qui se fait de l'argent comptant, par l'usage qu'on en fait.

L'usage qu'on en fait consiste à le dépenser, ce qui opère, non pas à la vérité une consomption naturelle, puisqu'en le dépensant je ne détruis pas les espéces, mais une consomption civile, qui consiste dans l'aliénation que je fais de l'argent que je dépense, de manière qu'il ne m'en reste plus rien, et qu'il est consommé pour moi, lorsque je l'ai dépensé.

24. Une autre espéce de consomption civile, qui arrive par l'usage qu'on fait d'une chose, est celle qui consiste à rendre la chose incapable de servir à d'autres après qu'on s'en est servi. Telle est celle qui se fait par l'usage qu'on fait du papier; cet usage consiste à écrire dessus. Or cet usage en opère, non une consomption naturelle, puisqu'on ne détruit pas le papier en écrivant dessus, mais il en opère une consomption civile, puisque le papier sur lequel j'ai écrit ne peut plus servir à d'autres.

25. Toutes ces choses qui se consomment par l'usage qu'on en fait sont aussi connues sous le nom de choses *quæ pondere, numero et mensurâ constant,* c'est-à-dire de choses à l'égard desquelles on considère

plutôt une certaine quantité de poids, de nombre ou de mesure, que les individus dont cette quantité est composée.

On les appelle aussi pour cette raison choses *fongibles*, du mot latin *fungibiles;* parceque *earum natura est ut aliæ aliarum ejusdem generis rerum vice fungantur.* De manière que lorsque j'ai reçu une certaine quantité de ces choses, *putà*, une somme de cent livres, deux muids de blé froment, deux tonneaux de vin de tel canton, un cent de pommes de reinette, et que je rends une pareille somme de cent livres, une pareille quantité de deux muids de blé froment, une pareille quantité de deux tonneaux de vin de tel canton, un pareil nombre de pommes de reinette, je suis censé rendre la même chose que j'ai reçue, quoique je ne rende pas les mêmes individus; *reddo idem, non quidem in specie, sed genere idem.*

26. Toutes ces choses fongibles, qui se consomment par l'usage qu'on en fait, quelle que soit l'espéce de cette consomption, peuvent être la matière du prêt de consomption; et il est de l'essence de ce contrat que ce soit quelqu'une de ces choses qui en fasse la matière: *Mutui datio consistit in his rebus quæ pondere, numero et mensurâ constant, quoniam eorum datione possumus in creditum ire, quia in genere suo functionem recipiunt per solutionem quam speçie* (1); *nam*

____

(1) *Sensus est: quia in rebus illis, magìs genus seu quantitas fungitur munere solvendi quàm species : non ipsæ species, non ipsa corpora, sed sola quantitas quam continent consideratur; adeòque idem quod dedi recipere videor; licèt non iidem, sed alii ejusdem quantitatis nummi mihi solvantur.*

in cæteris rebus ideò in creditum ire non (1) *possumus,
quia aliud pro alio invito creditori solvi non potest ;
l. 2, §. 1, ff. de reb. cred.*

CHAPITRE II.

De l'obligation que produit le contrat de prêt de consomption ; et de l'action qui en naît.

27. Du prêt de consomption naît une obligation que l'emprunteur contracte envers le prêteur de lui rendre la somme ou la quantité qu'il lui a prêtée ; et de cette obligation naît une action personnelle, qu'on appelle *condictio ex mutuo*, qu'a le prêteur contre l'emprunteur pour en exiger le paiement.

Pour développer ceci, nous verrons, dans un premier article, par qui l'obligation que produit le contrat de prêt de consomption est contractée, et qui sont ceux contre lesquels l'action qui en naît peut être donnée ; dans un second, envers qui cette obligation est contractée, et qui sont ceux par qui cette action peut être intentée ; dans un troisième, quel est l'objet, tant de cette obligation, que de l'action qui en naît ; dans un quatrième, à qui et en quel lieu la somme ou la quantité prêtée doit être rendue ; dans un cinquième,

---

(1) *In cæteris rebus ideò in tale creditum ire non possumus, quia aliæ aliarum vice non funguntur ; v. g. Si mihi debeas tuum equum quem mihi vendidisti, non videris solvere mihi idem quod mihi debes, nisi ipsum tuum equum mihi dederis, non si quæmvis alium quantumvis similem ; nec teneor illum accipere in solutum, quia aliud, etc.*

quelles exceptions on peut opposer contre l'action *ex mutuo* ; enfin nous verrons, dans le sixième et dernier article, si le prêteur contracte aussi quelquefois de son côté quelque obligation envers l'emprunteur.

ARTICLE PREMIER.

Par qui l'obligation que produit le contrat de prêt de consomption est-elle contractée ; et qui sont ceux qui sont tenus de l'action qui en naît.

28. Le contrat *de prêt de consomption* ne produit d'obligation que d'un côté ; c'est l'emprunteur qui, par ce contrat, contracte envers le prêteur l'obligation de lui rendre la même somme ou la même quantité qui lui a été prêtée.

Une personne est censée l'emprunteur, soit que la somme ou quantité qui fait l'objet du contrat lui ait été comptée ou délivrée à elle-même, à la charge d'en rendre autant, soit que par son ordre et pour son compte elle ait été comptée ou délivrée à un autre ; car ce qui a été compté ou délivré à un autre par notre ordre est réputé compté ou délivré à nous-mêmes ; *Arg.* l. 180, ff. *de R. J.*

C'est pourquoi, si je vous prie de payer pour moi une somme de 1,000 livres à mon créancier, et que vous la lui ayez payée ; si je vous prie de fournir à mon vigneron un muid de blé, et que vous le lui ayez fourni, c'est un vrai *prêt* que vous me faites de cette somme de 1,000 livres, de ce muid de blé ; et je contracte par ce prêt l'obligation de vous le rendre.

Pour que je sois l'emprunteur de la somme que

vous avez comptée par mon ordre à un autre, il faut
que je vous aie donné ordre de la lui compter *pour
mon compte*, c'est-à-dire avec la volonté de m'en rendre moi-même l'emprunteur, comme dans les deux
espéces que nous venons de rapporter. Mais si je vous
ai donné ordre de compter une somme à Mævius, non
pour mon compte, mais pour celui de Mævius, qui
cherchoit à emprunter cette somme, et à qui je vous
ai donné ordre de la prêter, c'est Mævius, à qui vous
l'avez comptée et prêtée par mon ordre, qui en est
l'emprunteur; ce n'est pas moi qui le suis, je suis
seulement *mandator pecuniæ credendæ*; et par l'ordre
que je vous ai donné, je contracte envers vous l'obligation *mandati*, qui est accessoire à l'obligation *ex
mutuo* que contracte envers vous Mævius.

29. L'action qui naît de l'obligation que contracte
l'emprunteur est une action personnelle qui, selon la
nature des actions personnelles, n'a lieu que contre
celui qui a contracté l'obligation, c'est-à-dire contre
l'emprunteur et ses héritiers ou autres successeurs universels : elle ne peut avoir lieu contre d'autres, quoiqu'ils aient profité de la somme prêtée.

C'est pourquoi, si je vous ai prêté une somme que
vous n'empruntiez que pour la prêter à Pierre, à qui
vous l'avez effectivement remise, je n'ai d'action que
contre vous qui me l'avez empruntée, je n'en ai aucune contre Pierre. C'est ce qui est décidé par la loi 15,
Cod. si cert. pet., où il est dit : *Non adversùs te credi-
tores, qui mutuam sumpsisti pecuniam, sed ejus cui
hanc credideras heredes experiri contra juris formam
evidenter postulas.* C'est-à-dire : vous demandez une

chose injuste, lorsque vous demandez que vos créanciers ne soient pas reçus à vous demander la restitution de la somme que vous leur avez empruntée, quoique ce fût pour la prêter vous-même à un autre ; et c'est mal à propos que vous voulez les renvoyer à se pourvoir contre les héritiers de celui à qui vous l'avez prêtée.

ARTICLE II.

Envers qui l'obligation que l'emprunteur subit par ce contrat est-elle contractée ; et qui sont ceux par qui l'action qui en naît peut être intentée.

30. L'obligation que l'emprunteur subit par ce contrat est envers le prêteur, et par conséquent l'action qui naît de cette obligation ne peut être acquise qu'à lui ; et il n'y a que lui, ses héritiers, ou autres successeurs universels, qui aient le droit de l'intenter.

Le prêteur est celui au nom duquel la somme ou chose qui fait l'objet du prêt a été comptée ou délivrée à l'emprunteur, soit que ce soit lui-même qui l'ait compté ou délivrée, soit que ce soit un autre qui l'ait comptée ou délivrée pour lui à l'emprunteur.

31. Quand même la somme que vous avez comptée par mon ordre à quelqu'un à qui je la voulois prêter ne m'auroit pas appartenu, mais à vous ; dès que ce n'est pas en votre nom, mais au mien et pour moi que vous la lui avez comptée, je n'en suis pas moins le prêteur ; c'est envers moi que l'obligation de la personne à qui vous avez compté cette somme est contractée, elle n'en contracte aucune envers vous ; c'est moi ou mes héritiers et autres successeurs qui

avons droit d'intenter contre elle l'action *ex. mutuo;* pour vous, vous n'avez aucune action directe contre elle.

C'est ce que nous apprend Ulpien en la loi 15 ff. *de reb. cred.*, où il est dit : *Si debitorem meum jussero dare pecuniam, obligaris mihi, quamvis meos* (1) *nummos non acceperis;* et en la loi 9, §. 8, ff. *d. tit. Non dubitavi quin, si meam pecuniam tuo nomine voluntate tuâ dedero, tibi acquiratur obligatio; cùm quotidiè, credituri pecuniam mutuam, ab alio poscamus, ut nostro nomine creditor numeret futuro debitori nostro.*

Observez que dans ce cas auquel j'ai prié un tiers, qui n'étoit point mon débiteur, de vous compter une somme d'argent que vous m'aviez demandée à emprunter, la numération qu'il vous fait par mon ordre et en mon nom de cette somme renferme deux contrats de prêt; l'un, par lequel je vous prête cette somme par son ministère, et par lequel vous vous obligez envers moi de me la rendre; et un autre, par lequel ce tiers me prête cette somme, et me fait contracter envers lui l'obligation de la lui rendre : car en vous la comptant par mon ordre, c'est comme s'il me l'eût comptée à moi-même. Cette numération qu'il vous fait par mon ordre en renferme deux en abrégé; car c'est comme s'il m'eût d'abord compté cette somme, et que je vous l'eusse ensuite comptée : *Sub unâ traditione duæ traditiones, et duo contractus mutuæ pecuniæ occultantur.*

---

(1) *Nummi enim quos accepisti non erant mei nummi, sed nummi debitoris mei qui eos tibi numeravit; verùm sufficit illum tibi eos meo nomine numerasse, ut videar ipse eos mutuò dedisse et obligeris mihi.*

32. Non seulement, lorsque c'est par votre ordre que quelqu'un prête son propre argent en votre nom, vous êtes censé être par son ministère le prêteur de cette somme, mais il en est de même lorsque le prêt a été fait, ou que la somme a été comptée en votre nom, quoique sans votre ordre et à votre insu : l'obligation de l'emprunteur n'est pas moins censée contractée envers vous, pourvu néanmoins que par la suite vous ratifiiez ce prêt qui a été fait en votre nom. C'est de ce cas où il est intervenu une ratification, qu'il faut entendre ce que dit Ulpien : *Si nummos meos tuo nomine dedero velut tuos, absente te et ignorante, Aristo scribit acquiri tibi condictionem; d.* l. 9, §. 8, ff. *de red. cred.* La raison est que les ratifications ont un effet rétroactif, et qu'elles équipollent à un mandat; *ratihabitio mandato comparatur;* l. 12, §. 4, ff. *de solut.* C'est pourquoi, lorsque vous avez ratifié le prêt que j'ai fait en votre nom, c'est comme si d'abord il avoit été fait par votre ordre, et par conséquent vous êtes censé avoir fait vous-même ce prêt par mon ministère.

33. Si l'absent au nom duquel vous avez prêté votre argent à quelqu'un refuse de ratifier ce prêt de votre argent que vous avez fait en son nom, la tradition de la somme des deniers que vous avez faite à celui qui l'a reçue n'aura formé aucun contrat de prêt. L'absent au nom duquel vous avez compté vos deniers ayant refusé de consentir au prêt, on ne peut pas dire qu'il est intervenu entre cet absent et celui qui a reçu l'argent aucun contrat de prêt; le contrat de prêt, de même que tous les contrats, ne pouvant intervenir que *inter consentientes.* On ne peut pas dire non plus qu'il

soit intervenu un contrat de prêt entre vous et celui à qui vous avez compté votre argent au nom de l'absent, parceque vous n'avez pas eu la volonté de lui faire un prêt, mais seulement d'interposer votre ministère pour le prêt que vous croyiez que voudroit lui faire celui au nom duquel vous avez compté l'argent.

L'équité néanmoins exige que vous puissiez vous faire rendre votre argent par celui qui l'a reçu, puisque vous ne pouvez vous le faire rendre par cet absent, qui refuse de ratifier ce que vous avez fait en son nom.

Les jurisconsultes romains avoient pour cela imaginé deux expédients. Le premier étoit que cet absent, qui ne vouloit pas ratifier et prendre sur son compte le prêt que vous aviez fait en son nom, le ratifiât à vos risques, à l'effet seulement de vous céder, sans garantie, l'action qui naît de ce prêt, pour par vous l'intenter à vos risques contre celui qui a reçu l'argent.

Comme il pouvoit arriver que l'absent ne voulût pas se prêter à cet expédient, quoiqu'il pût vous faire ce plaisir sans courir aucun risque, ils avoient trouvé un second expédient, qui étoit de vous donner, *rectâ viâ*, une action contre celui à qui vous avez compté la somme, pour l'obliger à vous la restituer. Cette action n'est pas *civilis et directa condictio ex mutuo*, puisqu'il n'y a pas eu proprement un contrat de prêt; mais elle est une action *utilis ad instar* de l'action *ex mutuo*, comme si vous aviez effectivement fait le prêt de cette somme.

La loi 4, *cod. si cert. pet.*, fait mention des deux expédients que nous venons de rapporter; il y est dit : *Si absentis pecuniam nomine ejus fœnori dedisti, et reprobato nomine mandatis actionibus experiris, præses pro-*

*vinciæ jurisdictionem suam præstabit : idem si cessare
mandatum animadverterit, utilem tibi adversùs debitorem actionem eo nomine competere non negabit.*

Dans notre jurisprudence françoise, où l'on néglige
les subtilités, il n'est pas douteux que, lorsque celui au
nom duquel vous avez prêté votre argent à quelqu'un refuse de ratifier ce que vous avez fait en son nom, le prêt
est en ce cas censé fait par vous et pour votre compte :
c'est pourquoi, jusqu'à la ratification de celui au nom
duquel vous avez compté l'argent, l'obligation de celui qui l'a reçu est en suspens. Si celui au nom duquel
vous avez prêté ratifie, c'est envers lui qu'elle est censée avoir été contractée dès l'instant du contrat; s'il refuse de ratifier, elle est censée avoir été contractée envers vous. Ainsi c'est vous qui êtes censé le prêteur de
la somme que vous avez comptée, et qui avez l'action
pour vous la faire rendre contre celui qui l'a reçue.

34. Passons à présent au cas auquel celui qui avoit
entre ses mains une somme de deniers, ou une certaine
quantité d'autres choses fongibles qui m'appartenoient,
l'a prêtée à quelqu'un en son nom, et sans mon consentement, comme chose à lui appartenante. Le prêt
en ce cas n'est pas valable, faute de translation de propriété, comme nous l'avons vu *suprà;* mais lorsque la
consomption que l'emprunteur aura faite de bonne foi
de ces choses aura rétabli le prêt, l'obligation que l'emprunteur contracte, par la consomption de bonne foi,
de rendre une pareille quantité, est contractée envers
celui qui a prêté en son nom, quoique la chose prêtée
ne lui appartînt pas; l'emprunteur n'en contracte aucune envers moi, à qui la chose prêtée appartenoit;

car ce n'est pas avec moi qu'il a contracté, et les contrats ne peuvent produire d'action qu'entre les parties contractantes : c'est pourquoi je n'ai aucune action contre l'emprunteur, pour la restitution de ma chose qui lui a été prêtée, et qu'il a consommée de bonne foi, à moins que celui qui la lui a prêtée en son nom, et qui seul a action pour la restitution d'autant, ne m'ait subrogé à son action. C'est ce que décide Antonin : *Quamvis pecuniam tuam Asclepiades suo nomine crediderit; stipulando tamen, sibi jus obligationis quæsivit; quam pecuniam ut possis petere, mandatis ab eo actionibus consequeris; l. 2, cod. si cert. pet.*

Les jurisconsultes romains avoient apporté une exception à la rigueur de ce principe en faveur des mineurs : lorsque leur tuteur ou curateur avoit prêté en son nom leurs deniers, ils leur donnoient une action utile contre l'emprunteur pour la restitution de pareille somme. Ils avoient accordé aussi le même privilége aux gens de guerre; l. 26, ff. *de reb. cred.*

Dans notre droit, lorsque quelqu'un a prêté en son nom une somme de deniers qui m'appartenoit, je n'ai pas à la vérité d'action directe contre l'emprunteur pour la restitution de cette somme; mais j'ai la voie de saisir et arrêter, en vertu d'une permission du juge, entre les mains de l'emprunteur, la somme qu'il doit au prêteur qui lui a prêté en son nom un argent qui m'appartenoit; et sur la demande que je donnerai en consentement d'arrêt contre celui qui a prêté la somme, en justifiant que les deniers m'appartenoient, je ferai condamner l'emprunteur à me faire délivrance de la somme qu'il lui doit.

8.

Au moyen de cette voie, nous n'avons pas besoin d'avoir recours à l'action *utile* que le droit romain accordoit aux mineurs et aux gens de guerre.

§. I. Quel est l'objet de l'obligation de l'emprunteur; et de l'action qui en naît.

PREMIER CAS.

35. Lorsque c'est une somme d'argent qui a été prêtée, l'obligation de l'emprunteur a pour objet une pareille somme d'argent, dont le prêteur a droit de demander le paiement à l'emprunteur, par l'action *ex mutuo*.

36. C'est une question entre les interprétes, si l'argent prêté doit être rendu sur le pied qu'il vaut au temps du paiement, ou sur celui qu'il valoit au temps du contrat? L'usage est constant dans notre jurisprudence, qu'il doit être rendu sur le pied qu'il vaut au temps du paiement. Notre jurisprudence est fondée sur ce principe, que dans la monnoie on ne considère pas les corps et piéces de monnoie, mais seulement la valeur que le prince y a attachée : *In pecuniâ non corpora quis cogitat, sed quantitatem;* l. 94, §. 1, ff. *de solut.* Les piéces de monnoie ne sont que le signe public de cette valeur qui seule est considérée : *Ea materia formâ publicè percussa usum dominiumque non tam ex substantiâ præbet, quàm ex quantitate;* l. 1, ff. *de contr. empt.*

Il suit de ce principe que ce ne sont point les piéces de monnoie, mais seulement la valeur qu'elles signifient, qui fait la matière du prêt, ainsi que des autres contrats. C'est donc la valeur signifiée par les piéces de monnoie, plutôt que les piéces mêmes qui n'en sont que le signe, que l'emprunteur emprunte, et par conséquent c'est cette valeur qu'il s'oblige de rendre; et en rendant cette même valeur, il satisfait à son obligation, quoique le prince ait apporté du changement dans les signes qui la représentent; *putà*, quoique la monnoie qui a cours au temps du paiement soit d'un moindre aloi ou d'un moindre poids, ou qu'étant survenu une augmentation sur les espéces, il en faille un moindre nombre pour faire cette valeur, que celui qu'il a reçu.

Il faut pourtant convenir que le prêteur, à qui on rend la somme qu'il a prêtée en espéces augmentées, souffre un préjudice du prêt qu'il a fait : car, outre qu'il auroit profité de l'augmentation, s'il n'eût pas fait le prêt et qu'il eût gardé ces espéces, c'est que cette valeur qu'on lui rend n'est égale que *nomine tenùs* à celle qu'il a prêtée; mais, quant à l'effet, elle est moindre, et il se trouve effectivement moins riche qu'il n'étoit avec celle qu'il a prêtée : car, comme les marchandises augmentent de prix à mesure que les espéces augmentent, cette somme ou valeur qu'on lui rend ne pourra pas lui procurer des choses dont il aura besoin, autant que pouvoit lui en procurer celle qu'il a prêtée : il n'a donc pas le même moyen; il est donc moins riche; ce n'est donc que *nomine tenùs* qu'on lui rend autant qu'il a prêté, et, quant à l'effet, on lui rend moins.

On ne peut pas non plus toujours dire que le risque que court le prêteur, en prêtant, de perdre l'augmentation survenue sur les espéces, qu'il auroit eue s'il les eût gardées, se compense par l'avantage qu'il a de n'être pas exposé à la perte des diminutions d'espéces, s'il arrivoit de la diminution au lieu d'augmentation; car le prêt peut être fait dans des circonstances telles qu'il y ait beaucoup plus lieu d'attendre des augmentations que des diminutions.

Ces raisons ont fait faire à Barbeyrac une distinction entre le prêt gratuit et le prêt à intérêt. Il pense qu'il suffit à la vérité à l'emprunteur, dans le prêt à intérêt, de rendre la même somme qui lui a été prêtée, quoiqu'il la rende en espéces de moindre aloi, ou augmentées de valeur, parceque le prêteur, retirant du profit du prêt qu'il a fait, par les intérêts qu'il a stipulés, doit courir le risque du préjudice que lui peut causer l'augmentation de la monnoie : mais il prétend qu'il en doit être autrement dans le prêt gratuit, *quùm iniquum sit officium suum cuique esse damnosum.* Cette opinion de Barbeyrac pour les prêts gratuits a quelque apparence d'équité, mais elle n'est pas suivie dans la pratique.

37. Pourroit-on prêter, non une certaine somme, mais une certaine quantité d'écus de six livres, à la charge que l'emprunteur rendroit un pareil nombre de même poids et aloi, soit qu'ils fussent augmentés ou diminués; et que, si les espéces qu'il rendroit étoient de moindre poids et aloi, il y suppléeroit, de même qu'on le récompenseroit si elles étoient d'un plus fort poids ou d'un meilleur aloi.

Il semble que cette convention est valable : ce n'est point en ce cas la somme qui est la matière du prêt, ce sont les espéces mêmes, *ipsa corpora,* qui sont prêtées; par conséquent on doit rendre pareil nombre d'espéces de pareil poids et qualité. Je trouve néanmoins beaucoup de difficulté à admettre cette convention; car le prince distribuant sa monnoie aux particuliers pour leur servir de signe de la valeur de toutes choses, elle n'appartient aux particuliers que sous ce regard, et ne peut par conséquent que sous ce regard faire la matière des contrats de commerce, tels qu'est le prêt. On ne peut donc prêter la monnoie en elle-même, mais seulement comme signe de la somme qu'il a plu au prince de lui faire signifier; et par conséquent on ne peut obliger l'emprunteur à restituer autre chose que cette somme, et toute convention contraire doit être rejetée, comme contraire au droit public et à la destination que le prince a faite de la monnoie.

C'est en conséquence de ce principe que, lorsqu'il plaît au roi d'ordonner une nouvelle refonte de monnoie, et d'ordonner qu'il n'y aura que les espéces de la nouvelle refonte qui auront cours, et que les anciennes espéces seront décriées et hors de cours, les particuliers sont obligés de porter aux monnoies ou chez les changeurs publics les espéces qu'ils ont pardevers eux pour les convertir en nouvelles espéces; car ces espéces n'appartenant aux particuliers que comme signes de la valeur que le prince a voulu qu'elles représentassent, dès-lors qu'il plaît au prince que ce ne soient plus ces espéces, mais d'autres qui, soient les signes représentatifs de la valeur des choses, les particuliers n'ont plus le droit de retenir ces espéces, mais ils doivent les porter au roi, qui leur donnera à la place les nouvelles espéces qui doivent servir de signe de cette valeur.

Contre ce que nous venons de décider, qu'on ne peut pas valablement convenir, par un contrat de prêt d'argent, que les espéces dans lesquelles la somme prêtée sera rendue seront payées, non sur le pied de leur valeur au temps du paiement, mais sur le pied de la valeur qu'elles avoient au temps du prêt, on oppose que cette convention est admise en fait de lettres de change. Je réponds que le contrat qui se fait par la lettre de change est très différent du contrat de prêt, comme nous l'avons établi au long dans notre *traité des Lettres de change*, n. 5o. Ce contrat est un contrat d'échange, par lequel celui à qui la lettre de change est fournie échange les espéces qu'il compte au tireur, contre celles qui lui seront comptées dans le lieu où la lettre de change est tirée : on ne peut donc pas argumenter de l'un à l'autre. Voyez notre *traité du Contrat de change*, n. 174.

38. Le prêteur a aussi droit de demander les intérêts de la somme prêtée, du jour qu'il a mis son débiteur en demeure de la lui rendre. Voyez notre *traité les Obligations*, n. 170 et suiv.

SECOND CAS.

39. Lorsque c'est une certaine quantité de choses fongibles, autres que de l'argent, qui a été prêtée, l'objet de l'obligation de l'emprunteur est une pareille quantité de choses du même genre et de pareille qua-

lité, dont le prêteur a droit de lui demander le paiement par l'action *ex mutuo*.

Il ne suffit pas de rendre la même *quantité*, il faut que la chose que rend l'emprunteur soit de la même *qualité* que celle qui lui a été prêtée. Par exemple, si je vous ai prêté une douzaine de chapons de Beauce, vous ne satisferiez pas à votre obligation en offrant de me rendre une douzaine de chapons de Sologne (qui ont le goût du genêt dont ils se nourrissent) : si je vous ai prêté des volailles engraissées dans l'épinette, vous devez m'en rendre d'engraissées : si je vous ai prêté un tonneau de bon vin vieux, vous devez me rendre un tonneau de vin vieux du même crû, ou d'un aussi bon crû. C'est ce que nous apprend Pomponius : *Quùm quid mutuum dederimus, etsi non cavimus ut æquè bonum nobis redderetur, non licet debitori deteriorem rem quæ ex eodem genere sit reddere, veluti vinum novum pro vetere : nam in contrahendo, quod agitur pro cauto habendum est ; id autem agi intelligitur, ut ejusdem generis et eâdem bonitate solvatur quâ datum sit ; l. 3, ff. de reb. cred.*

40. L'emprunteur est condamné à rendre la chose prêtée en pareille quantité et bonté, ou, à son défaut, l'estimation. Lorsque le temps et le lieu où le paiement doit s'en faire sont portés par le contrat, elle se fait eu égard au prix que la chose valoit dans ledit temps ou dans ledit lieu. Lorsque le temps et le lieu ne sont pas portés par le contrat, l'estimation, suivant le droit romain, devoit se faire eu égard au temps de la demande, et eu égard au lieu où elle a été donnée. C'est la décision de Julien : *Vinum quod mutuum da-*

tum erat per judicem petitum est.... Sabinus respondit, si dictum esset quo tempore redderetur, quanti tunc petitum esset : interrogavi cujus loci pretium sequi oporteat. Respondit si convenisset ut certo loco redderetur, quanti eo loco esset; si dictum non esset, quanti ubi esset pretium ; l. 22.

41. Cette décision a lieu dans le cas auquel l'emprunteur n'a pas été en demeure de rendre, et auquel les parties, aussitôt que la demande en a été faite, sont convenues entre elles, pour leur commodité réciproque, que l'emprunteur paieroit l'estimation à la place de la chose. Mais lorsque l'emprunteur a été mis en demeure de rendre la chose prêtée, si le prix de la chose qu'il doit rendre est augmenté depuis la demande, il doit être condamné à le payer sur le pied que la chose vaut au temps de la condamnation ; car la peine de la demeure est que le débiteur en indemnise le créancier, en lui faisant raison non seulement de la perte que la demeure lui a fait souffrir, mais du profit dont elle le prive. (*Traité des Obligations*, n. 143.) Or il est évident qu'elle le prive de l'augmentation qui est survenue sur le prix ; car si le débiteur lui eût livré la chose lorsqu'elle lui a été demandée, le créancier, qui auroit la chose, profiteroit de l'augmentation qui est survenue sur cette chose. C'est ainsi que Cujas, dans son ouvrage sur les lois de Julien, concilie cette loi avec la loi 2, ff. *de cond. trit.*, où il dit que l'estimation de la chose due se fait eu égard à ce qu'elle vaut au temps de la condamnation.

ARTICLE III.

A qui et où la somme ou la quantité qui a été prêtée doit-
elle être rendue.

42. Ce que nous avons dit dans notre *traité du Prêt
à usage*, *commodatum*, chap. 2, sect. 2, art. 1, §. 2,
sur la question de savoir à qui la chose prêtée devoit
être rendue, peut s'appliquer au prêt de consomption.
Nous y renvoyons pour ne pas répéter.

43. Lorsqu'on a prêté une somme d'argent, si les
parties ne se sont pas expliquées sur le lieu où elle seroit rendue, c'est au lieu de son domicile que le débiteur qui l'a empruntée doit la payer, suivant les
principes généraux établis en notre *traité des Obligations*, n. 549, sur le paiement des dettes de sommes
d'argent.

Lorsque le prêteur a son domicile dans le même
lieu, l'emprunteur doit la payer en la maison du prêteur; c'est une déférence qu'il lui doit; *Molin. tract.
de usur.*, quæst. 9.

44. Lorsque j'ai prêté une somme d'argent dans le
lieu de mon domicile à quelqu'un qui a son domicile
dans un lieu éloigné du mien, je puis licitement
stipuler que la somme me sera rendue au lieu de mon
domicile où j'ai prêté la somme. S'il en coûte quelque
chose à l'emprunteur outre la somme prêtée, pour la
remise de cette somme au lieu de mon domicile, on
ne peut pas dire que ce soit une usure que j'exige de
lui : car une usure est un profit que le prêteur retire
du prêt, *lucrum ex mutuo exactum* (*infrà*, part. 2);

or il est évident que la somme que j'ai prêtée m'é-
tant rendue au lieu où je l'ai prêtée, et où je l'aurois
encore si je ne l'avois pas prêtée, je ne retire aucun
profit du prêt.

45. Il n'en est pas de même du cas auquel les parties conviendroient que l'emprunteur feroit à ses frais
la remise de la somme dans un lieu différent de celui
où elle a été prêtée ; comme si un banquier expédi-
tionnaire en cour de Rome vous prêtoit une somme
d'argent à Paris, à la charge que vous la remettriez à
vos frais à Rome à son correspondant : cette convention est usuraire et illicite ; car il est évident que par
cette convention ce banquier retireroit un profit du
prêt à vos dépens, en vous faisant supporter les frais
de la remise de cette somme à Rome, où il en a besoin,
qu'il eût été obligé de faire lui-même s'il ne vous eût
pas fait le prêt. C'est pourquoi, en lui faisant des offres
à Paris de lui rendre la somme qu'il vous a prêtée,
s'il refuse de la recevoir, vous êtes fondé à faire déclarer valables vos offres, sans avoir égard à la convention que la somme sera remise à Rome ; cette
convention sera déclarée nulle.

46. Lorsque le prêt n'est pas d'une somme d'argent,
mais d'une certaine quantité d'autres choses fongibles
indéterminées, comme d'un tonneau de vin, de cent
livres de beurre, etc.; quoique ordinairement les dettes
d'une certaine quantité de choses fongibles indéterminées soient, de même que les dettes de sommes
d'argent, payables au lieu du domicile du débiteur,
néanmoins je pense que ces dettes d'une certaine
quantité de choses fongibles indéterminées, lors-

qu'elles naissent d'un prêt, doivent être payées au lieu où s'est fait le prêt, plutôt qu'au lieu du domicile du débiteur. La raison est que la valeur de ces deux choses étant très différente dans les différents lieux, leur valeur dans un lieu étant quelquefois de plus du double de leur valeur dans un autre lieu, si celui à qui on a prêté dans un certain lieu une certaine quantité de ces choses étoit obligé de rendre une pareille quantité dans un autre lieu que celui où le prêt lui a été fait, quand même cet autre lieu seroit celui de son domicile, il rendroit plus qu'on ne lui a prêté, si ces choses y étoient d'une plus grande valeur que dans le lieu où le prêt lui a été fait; ce qui est contraire au caractère essentiel du prêt, qui ne permet pas qu'on exige du débiteur plus qu'il n'a reçu.

C'est ce qui sera sensible par un exemple. J'ai prêté dans le canton d'Olivet, près d'Orléans, un tonneau de vin de ce canton à un Parisien, mon voisin de campagne, qui étoit venu passer quelque temps à sa maison de campagne voisine de la mienne : c'est à Olivet qu'il doit me rendre le tonneau de vin, et non à Paris, qui est le lieu de son domicile; car un tonneau de vin d'Olivet, étant à Paris, est de la valeur du double de ce qu'il vaut à Olivet, par rapport à ce qu'il en coûte pour la voiture et les droits d'entrée. Si mon débiteur étoit obligé de me rendre à Paris le tonneau de vin, je ferois sur le prêt un profit du double, ce qui seroit une usure monstrueuse.

Il faut dire la même chose dans le cas inverse. Si un Orléanois, étant à Paris pour ses affaires, a emprunté d'un Parisien un tonneau de vin d'Olivet, que celui-ci a pris dans sa cave à Paris ; quoique les parties ne se soient pas expliquées sur le lieu où il seroit rendu, on doit présumer que l'intention des parties a été qu'il seroit rendu à Paris où le prêt a été fait, et non à Orléans, lieu du domicile de l'emprunteur ; car, s'il n'étoit obligé de le rendre qu'en sa maison à Orléans à ceux qui l'y viendroient chercher de la part du prêteur, le prêteur ne recevroit pas la moitié de ce qu'il a prêté, un tonneau de vin à Orléans ne valant pas la moitié de ce que vaut à Paris un tonneau de vin de la même qualité.

On établit parfaitement l'égalité en obligeant l'emprunteur à rendre dans le lieu où s'est fait le prêt la quantité qui a été prêtée.

ARTICLE IV.

Quelles exceptions l'emprunteur peut-il opposer contre l'action *ex mutuo*.

47. Lorsque le contrat contient un certain terme dans lequel l'emprunteur s'est obligé de rendre ce qui lui a été prêté, il est évident qu'il a une exception contre l'action du prêteur qui demanderoit avant le terme la restitution de la somme ou de la chose qu'il a prêtée ; et que, par cette exception, il doit obtenir le congé de la demande *quant à présent* avec dépens, sauf au prêteur à exercer son action après l'échéance du terme.

48. Quoique le contrat ne porte aucun terme, et que l'emprunteur se soit même obligé expressément

de rendre la somme prêtée à la volonté et à la première réquisition du prêteur, néanmoins le prêteur ne seroit pas reçu à exiger la restitution de la somme prêtée, incontinent après que l'emprunteur a pu s'en servir; *putà*, le lendemain ou quelques jours après le prêt. Le prêteur, en prêtant cette somme, est censé avoir accordé tacitement un temps convenable dans lequel l'emprunteur pourroit faire de l'argent pour la lui rendre, et l'emprunteur ne l'auroit pas empruntée s'il eût prévu qu'on l'exigeroit de lui avant ce temps. Si l'emprunteur étoit obligé de rendre incontinent, mieux auroit valu pour lui que le prêt ne lui eût pas été fait : le prêt lui seroit onéreux et nuisible, au lieu de lui être avantageux, ce qui est contre cette régle de l'équité naturelle : *Adjuvari nos, non decipi beneficio oportet;* l. 17, §. 3, ff. *Commod.* Il n'est donc pas douteux que le prêteur doit accorder un temps plus ou moins long, selon les circonstances, *arbitrio judicis,* pour la restitution de la somme prêtée, et que l'emprunteur a contre la demande du prêteur, s'il l'intentoit avant ce temps, une exception par laquelle il doit obtenir du juge un délai pour le paiement.

49. Lorsque quelqu'un qui se prétend créancier du prêteur a fait une saisie-arrêt entre les mains de l'emprunteur de ce qu'il doit au prêteur, l'emprunteur, en dénonçant au prêteur l'arrêt qui a été fait, a une exception pour se défendre de rendre ce qu'il doit, jusqu'à ce que le prêteur lui ait rapporté une main-levée de l'arrêt.

Il n'importe que cet arrêt soit bien ou mal fondé;

s'il est mal fondé, c'est au prêteur à faire les poursuites nécessaires contre l'arrêtant pour en faire prononcer la main-levée.

50. Quoique l'emprunteur n'ait pu se servir de la somme d'argent qui lui a été prêtée, *putà*, parcequ'en sortant de chez le prêteur qui venoit de la lui compter, et avant que d'arriver au lieu où il alloit porter cette somme, il a rencontré des voleurs qui la lui ont ravie, il n'est pas, pour cela, déchargé de la rendre au prêteur; car, étant devenu propriétaire des espéces qui lui ont été comptées, par la tradition qui lui en a été faite, elles sont devenues à ses risques, c'est lui qui en doit porter la perte; n'étant pas débiteur de ces espéces *in individuo*, mais d'une pareille somme, la perte de ces espéces n'a pu éteindre son obligation. Voyez notre *traité des Obligations*, n. 658.

ARTICLE V.

Si le prêteur contracte quelque obligation.

51. Le contrat de prêt de consomption est, comme nous l'avons déja dit *suprà*, n. 20, un contrat *unilatéral*, qui ne produit d'obligation que d'un côté, savoir, du côté de l'emprunteur. Le prêteur, de son côté, ne contracte envers l'emprunteur aucune obligation qui naisse de la nature de ce contrat.

Mais la bonne foi, qui doit régner dans le contrat de prêt de même que dans tous les autres, l'oblige à ne point tromper l'emprunteur, et à ne lui point cacher les vices de la chose prêtée qu'il connoît, et que l'emprunteur ne connoît pas.

52. Suivant ces principes, si vous avez prêté une certaine quantité de mauvaise huile à quelqu'un qui ne s'y connoissoit pas, à la charge de vous en rendre autant, et que vous la lui ayez prêtée comme bonne, ou même que, sans assurer expressément qu'elle étoit bonne, vous lui en ayez dissimulé le vice, non seulement l'emprunteur ne sera pas obligé de vous rendre de bonne huile, n'étant obligé de vous en rendre que de la même qualité que celle qu'il a reçue; mais si l'usage qu'il a fait de cette huile, dont vous lui avez dissimulé le vice, lui a causé quelque préjudice, vous devez être tenu de ses dommages et intérêts.

Si vous lui avez prêté de bonne foi cette mauvaise huile que vous croyiez bonne, il ne sera à la vérité obligé de vous en rendre que de la même qualité; mais vous ne serez tenu d'aucuns dommages et intérêts pour le préjudice que l'usage qu'il a fait de cette huile lui a causé; car vous n'êtes obligé à rien autre chose qu'à apporter la bonne foi au contrat.

Si vous m'avez prêté une certaine quantité de choses *fongibles* que vous saviez ne vous pas appartenir, et que vous m'avez prêtées comme choses à vous appartenantes, et qu'après que j'ai fait des préparatifs pour l'usage que j'en voulois faire, lesquels m'ont constitué en dépense, ces choses, que je n'avois pas encore employées, aient été saisies et arrêtées sur moi par le propriétaire, à qui j'ai été obligé de les délaisser, vous serez tenu des dommages et intérêts que j'ai soufferts de cette éviction. Votre obligation ne naît pas en ce cas du prêt, car il n'y a pas eu proprement de contrat de prêt, faute de translation de propriété des choses prêtées, laquelle est de l'essence de ce contrat; mais elle naît du dol que vous avez commis en me disant que ces marchandises vous appartenoient.

Si vous me les aviez prêtées de bonne foi, croyant qu'elles vous appartenoient, vous ne seriez alors tenu envers moi d'aucuns dommages et intérêts.

SECONDE PARTIE.

DE L'USURE

Qui se commet dans le contrat de prêt de consomption.

53. Dans le contrat de prêt de consomption *mutuum*, on appelle *sort principal* la somme d'argent, ou la quantité de choses *fongibles* que l'emprunteur a reçues ; et on appelle *intérêts* ou *usures* tout ce que le prêteur exige de l'emprunteur de plus que le sort principal : *Usura est quidquid ultra sortem mutuatam exigitur.*

54. On distingue deux principales espéces de ces intérêts ou usures ; savoir, celles qu'on appelle *usuræ lucrativæ*, et celles qu'on appelle *usuræ compensatoriæ.*

Usuræ lucrativæ sont celles qui renferment un profit que le prêteur retire du prêt, et qu'il exige de l'emprunteur, comme une récompense du prêt qu'il lui a fait : *Lucrum suprà sortem exactum, tantùm propter officium mutuationis ;* ou en moins de paroles, *Lucrum ex mutuo exactum.*

Usuræ compensatoriæ sont celles qui sont dues par l'emprunteur, comme un dédommagement de la perte ou de la privation de profit qu'il a causée au prêteur : tels sont, par exemple, les intérêts qui sont dus par l'emprunteur d'une somme d'argent, du jour que par une interpellation judiciaire il a été mis en demeure de la rendre.

Ce sont les usures de la première espéce, *Usuræ lucratoriæ*, qu'on appelle proprement *usures*.

Celles de la seconde espéce, qu'on appelle *Usuræ compensatoriæ*, ne sont connues que sous le nom *d'intérêts*.

Les usures de la première espéce feront la matière des trois premières sections de cette seconde partie. Nous traiterons dans la première de l'injustice que renferme l'usure, et de la défense qui en est faite par l'Écriture, la tradition et les lois du royaume. Nous examinerons dans la seconde si la défense de l'usure doit souffrir exception dans les prêts de commerce qui se font aux marchands, et dans quelques autres cas. Dans la troisième, nous verrons ce que comprend la défense d'exiger rien au-delà du sort principal. La quatrième section traitera des *usures compensatoires*. La cinquième traitera de l'escompte.

SECTION PREMIÈRE.

De l'injustice que renferme l'usure ; de la défense qui en est faite par l'Écriture sainte, par la tradition et par les lois du royaume.

ARTICLE PREMIER.

De l'injustice que renferme l'usure.

55. C'est une régle de l'équité qui doit régner dans tous les contrats, que l'une des parties qui n'a pas intention de faire une donation à l'autre, ne peut être obligée à lui donner que l'équivalent de ce que l'autre de son côté lui a donné, ou s'est obligée de lui donner.

Si on l'oblige à donner plus, l'équité, qui consiste dans l'égalité, est blessée, et le contrat est inique.

Par exemple, un contrat de vente est inique, si la chose vendue que le vendeur s'oblige de donner à l'acheteur étoit de plus grande valeur que le prix qu'il a reçu de lui, ou, *vice versâ*, si le prix étoit de plus grande valeur que la chose. Il y auroit iniquité dans un bail à loyer, si la jouissance de l'héritage donné à loyer étoit de plus grande valeur que le loyer, ou, *vice versâ*, si le loyer étoit de plus grande valeur que cette jouissance; il y auroit iniquité dans un contrat aléatoire, si le risque dont je me charge étoit d'une plus grande valeur que le prix de ce risque que j'ai reçu, ou, *vice versâ*, si le prix du risque étoit de plus grande valeur que le risque.

Pour faire l'application de cette régle d'équité au contrat de prêt *mutuum*, et pour faire connoître que toute usure, c'est-à-dire tout ce qui est exigé par le prêteur dans ce contrat au-delà du sort principal, blesse cette régle d'équité, et renferme par conséquent une injustice, il ne faut que faire attention à la nature des choses *fongibles*, qui font la matière de ce contrat, et à la différence qui est entre ces choses et les choses *non fongibles*.

Les choses *non fongibles* sont susceptibles d'un usage qu'on peut faire de ces choses sans les détruire, *salvâ ipsarum substantiâ*. Cet usage qu'on peut, au moins par l'entendement, distinguer de la chose même, est appréciable, il a un prix distingué de celui de la chose; d'où il suit que lorsque j'ai donné à quelqu'un une chose de cette nature pour s'en servir, je puis en exiger de lui le loyer, qui est le prix de l'usage que je lui en ai accordé, outre la restitution de la chose qui n'a pas cessé de m'appartenir.

Au contraire, *les choses fongibles*, qui font la matière du prêt *mutuum*, étant de nature à se consommer par l'usage qu'on en fait, on n'y peut pas concevoir un usage de la chose outre la chose, et qui ait un prix outre celui de la chose; d'où il suit qu'on ne peut accorder à quelqu'un l'usage de ces choses sans lui céder entièrement la chose, et lui en transférer la propriété.

C'est pourquoi, lorsque je vous prête une somme d'argent pour vous en servir comme bon vous semblera, à la charge de m'en rendre autant, vous ne recevez de moi que cette somme d'argent, et rien de plus. L'usage que vous aurez de cette somme d'argent est renfermé dans le droit de propriété que vous acquérez de cette somme d'argent; ce n'est pas quelque chose que vous ayez outre la somme d'argent. Ne vous ayant donné que la somme d'argent, et rien de plus, je ne puis donc exiger de vous rien de plus que cette somme, sans violer la régle de l'équité ci-dessus rapportée, qui, dans tous les contrats, ne permet pas à l'une des parties d'exiger plus de l'autre que ce qu'elle lui a, de son côté, donné, ou s'est obligée de lui donner.

56. Saint Thomas, *quœst.* 78, art. 1, en sa seconde Seconde, emploie, pour faire voir l'injustice de l'usure, un argument assez semblable au nôtre. Il dit que les choses *fongibles*, qui font la matière du prêt *mutuum*, étant de nature à se consommer par l'usage qu'on en fait, elles n'ont pas un usage qui soit distingué de la

chose même ; d'où il conclut que recevoir quelque chose pour le prix de l'usage qu'on en accorde par le prêt *mutuum* est une injustice semblable à celle de celui qui vendroit pour un prix quelque chose qui n'existeroit pas. Il ajoute que l'usage de ces choses étant renfermé dans la chose même, et n'étant pas quelque chose qui en soit distingué, exiger des intérêts pour l'usage de ces choses outre le sort principal, c'est se faire payer deux fois d'une même chose : *Accipere usuram pro pecuniâ mutuatâ est secundùm se injustum, quia venditur id quod non est ; ad cujus evidentiam sciendum, quòd quædam res sunt quarum usus est ipsarum rerum consumptio...., In talibus non debet seorsùm computari usus rei à re ipsâ ; sed cuicumque conceditur usus, ex hoc ipso conceditur res. Si quis ergo seorsùm vellet vendere vinum, et seorsùm vendere usum vini, venderet eamdem rem bis, vel venderet id quod non est. Simili ratione, injustitiam committit qui mutuat vinum aut triticum, petens sibi dari duas recompensationes, unam quidem recompensationem æqualis rei, aliam verò pretium usûs, quod usura dicitur.*

Voyez aussi les arguments qu'emploie Domat, l. 1, tit. 6.

ARTICLE II.

De la défense qui est faite de l'usure par l'Écriture sainte et la tradition.

57. Nous trouvons la défense de l'usure dans le *Deutéronome*, ch. 23, v. 19 et 20. Il y est dit en termes formels : Vous ne prêterez point à usure à votre frère : *Non fœnerabis fratri tuo ad usuram pecuniam, nec*

fruges, nec quamlibet aliam rem ; sed .... Fatri tuo absque usurâ id quo indiget commodabis.

·La même défense se trouve dans le *Lévitique*, chap. 25, v. 36 et 37 : *Ne accipias usuras ab eo, nec ampliùs quàm dedisti .... Pecuniam tuam non dabis ei ad usuram, et frugum superabundantiam non exiges.*

58. Les partisans de l'usure opposent que ce précepte de la loi de Moïse, qui défend l'usure, n'obligeoit que les Juifs, et n'oblige point les chrétiens, la loi de l'Évangile ayant abrogé celle de Moïse.

La réponse à cette objection est qu'il faut distinguer dans la loi de Moïse les préceptes moraux, et les préceptes cérémoniaux et figuratifs. Ce sont ces derniers que la loi de l'Évangile a abrogés, la vérité de l'Évangile ayant fait cesser toutes les figures. Mais la loi de l'Évangile n'a point abrogé les préceptes moraux de la loi de Moïse ; elles les a plutôt confirmés et perfectionnés. Je ne suis pas venu, dit Jésus-Christ, pour abolir la loi, mais pour l'accomplir : *Non veni solvere legem, sed adimplere.* Or le précepte qui défend l'usure est du nombre des préceptes moraux, comme nous l'établirons par la suite ; il oblige donc les chrétiens aussi bien que les Juifs.

59. Les partisans de l'usure insistent et disent que si l'usure étoit injuste en soi et contraire au droit naturel, Moïse, dans le passage du Deutéronome ci-dessus cité, en défendant aux Juifs de prêter à usure à leur frère, ne leur auroit pas permis de le faire aux étrangers : *Non fœnerabis fratri tuo ..., sed alieno.* Il n'a donc pas défendu l'usure comme une chose in-

juste en soi, puisqu'elle étoit permise aux Juifs envers tout autre que leurs frères. Par conséquent cette défense n'est pas un précepte moral, mais un précepte purement politique, et qui ne regardoit que l'état temporel des Juifs.

A cette objection deux réponses. La première est que Moïse a permis aux Juifs ou plutôt toléré plusieurs choses, quoique contraires au droit naturel, pour éviter un plus grand mal, à cause de la dureté de leur cœur. C'étoit une imperfection de la loi de Moïse qui devoit être perfectionnée par l'Évangile. Nous en avons un exemple dans le divorce, que la loi de Moïse permettoit, en observant les formalités prescrites par la loi, quoique Jésus-Christ nous enseigne qu'il est contraire au droit naturel, et que Moïse ne l'avoit permis ou plutôt toléré que par condescendance. *Quid ergò*, disoient les Juifs, *Moyses mandavit dare libellum repudii et dimittere?* Jésus-Christ leur répond : *Quoniam Moyses ad duritiam cordis vestri permisit vobis dimittere uxores vestras; ab initio autem non fuit sic*, etc. Pareillement ce n'est que *ad duritiam cordis* que Moïse paroît permettre aux Israélites de prêter à usure aux étrangers; et ce qu'il dit doit être entendu en ce sens : Vous ne prêterez pas à usure; et si vous ne voulez pas renoncer entièrement à ce commerce injuste, au moins contentez-vous de prêter à usure à l'étranger, et ne prêtez pas à usure à vos frères.

Cette réponse est celle de saint Thomas, au lieu ci-dessus cité.

Saint Ambroise, dans son *commentaire sur le livre de*

Tobie, chap. 15, donne une autre réponse : il dit que l'étranger à qui Moïse dit aux Israélites de prêter à usure doit s'entendre de ces nations que Dieu leur avoit ordonné d'exterminer : *Legis verba considera : Fratri tuo non fœnerabis ad usuram, sed alienigenæ…. Quis erat tunc alienigena, nisi Amalech, nisi Amorrhæus, nisi hostes? Ibi, inquit, usuram exige…; ab hoc usuram exige quem non sit crimen occidere.*

Mais lorsque les restes de ces peuples, originairement soumis à l'anathème, ont été ou éteints, ou réfugiés dans les villes des Philistins, ou convertis au judaïsme, les prophétes ne mettent plus d'exception à la défense de prêter à usure.

60. David, dans le psaume 14, où il fait le portrait de l'homme juste, sans aucun rapport au culte judaïque, rapporte entre les qualités qui en font le caractère, et qui sont nécessaires pour entrer dans le ciel, celle de ne pas prêter son argent à usure : *Domine, quis habitabit in tabernaculo tuo, aut quis requiescet in monte sancto tuo ?…. Qui pecuniam suam non dedit ad usuram.*

Dans un autre endroit, David met l'usure au rang des injustices et de niveau avec les fraudes : *Non defecit de plateis ejus usura et dolus.*

Ezéchiel, chap. 18, rapporte aussi parmi les qualités de l'homme juste celle de ne pas prêter à usure : *Si fuerit justus…, et ad usuram non commodaverit, et amplius non acceperit, hic justus est, et vitâ vivet.*

61. On allégue aussi avec raison contre l'usure ce que Jésus-Christ dit dans l'Evangile de saint Luc : *Si mutuum dederitis his à quibus speratis recipere, qua*

vobis est gratia? nam et peccatores peccatoribus fœne-
rantur, ut recipiant æqualia : *verumtamen diligite ini-*
micos vestros, benefacite et mutuum date, nihil *indè*
sperantes. C'est-à-dire : « Si vous ne prêtez qu'à vos
amis, et à ceux de qui vous *espérez* qu'ils vous ren-
dront *la pareille*, quelle vertu y a-t-il en cela? les
pécheurs en font autant. Aimez même vos ennemis,
faites du bien, et prêtez même à ceux de qui vous *n'es-*
pérez aucun retour ni reconnoissance. » Jésus-Christ,
en cet endroit, perfectionne la loi de Moïse sur le prêt.
Il ne se contente pas qu'il soit gratuit, et que le prêteur
n'en exige pas des intérêts, à quoi se terminoit la loi
de Moïse ; il veut qu'il soit fait par un principe de
charité, *sans en attendre aucun retour* ni reconnoissance : il est donc bien éloigné d'abroger la défense
de l'usure, portée par la loi de Moïse.

62. Quand même ces textes ne paroîtroient pas suffisants aux partisans de l'usure pour les persuader que
la défense de l'usure dans la loi de Moïse est un précepte moral, l'autorité de l'Eglise, qui dans tous les
temps l'a regardée comme telle, ne doit leur laisser
aucun doute.

Pour établir le sentiment de l'Église sur ce point,
nous commencerons par les canons qui portent ordinairement le nom des apôtres : quoiqu'ils ne soient
pas véritablement d'eux, tous conviennent qu'ils sont
d'une très grande antiquité, et qu'ils contiennent la
discipline qui étoit observée dans l'Église durant les
premiers siècles. Or le quarante-quatrième de ces canons dit : *Episcopus, presbyter aut diaconus usuras à*
debitoribus exigens, aut desinat, aut certè damnetur.

Si les auteurs de ces canons n'eussent pas regardé l'usure comme mauvaise en soi, et défendue par un précepte de la loi divine qui obligeoit les chrétiens comme il avoit obligé les Juifs, pourquoi auroient-ils prononcé des peines contre les ecclésiastiques qui prêtoient à usure?

En vain les partisans de l'usure disent-ils que l'usure n'étoit pas défendue aux ecclésiastiques comme une chose mauvaise en soi, mais par une raison qui leur étoit particulière; savoir, qu'il ne leur étoit pas permis de s'embarrasser dans les affaires séculières (1). Je réponds que cette raison milite pour qu'un ecclésiastique ne puisse être ni banquier ni marchand; mais elle ne militeroit pas pour empêcher qu'il ne pût faire un emploi de son bien en billets à intérêt, si ces billets n'avoient rien de mauvais. Cet emploi le détourne moins de ses fonctions ecclésiastiques que s'il en faisoit l'emploi en fonds de terre, qui sont un genre de bien qui exige plus de soin que n'en exigent des billets. S'ils n'étoient donc pas en soi mauvais et injustes, on ne voit pas pourquoi il n'eût pas été permis à un ecclésiastique de placer son bien de cette manière, comme il lui est permis aujourd'hui de le placer en constitutions de rentes.

63. Quoique ce canon ne prononce des peines que contre les clercs, néanmoins l'usure leur étant défendue par ce canon, comme quelque chose de mauvais en soi, elle ne doit pas être plus permise aux laïques;

---

(1) Traité des prêts de commerce, imprimé à Lille, page 224, c. 2.

c'est ce qui paroît par le vingtième canon du concile d'Elvire.

Ce concile est très respectable : il est le plus ancien de ceux dont les canons nous sont parvenus, ayant été tenu vers l'an 305. Voici comme il s'exprime : *Si quis Clericorum detectus fuerit usuras accipere, placuit eum degradari : si quis etiam laïcus accepisse probetur usuras, et promiserit correctus se cessaturum, placuit ei veniam tribui ; si verò in ea iniquitate perseveraverit, ab ecclesiâ esse projiciendum.*

Le premier concile d'Arles, tenu l'an 314, condamne pareillement l'usure : il est dit au canon 12 : *De ministris qui fœnerant, placuit eos, juxtà formam divinitùs datam, à communione abstineri.*

Cette régle de la loi divine dont parle le canon par ces termes *juxtà formam divinitùs datam*, en conséquence de laquelle le concile veut qu'on punisse les ecclésiastiques qui prêtent à usure, ne peut être que le précepte qui défendoit l'usure aux Israélites, et la loi évangélique qui la défend aux chrétiens. Le concile reconnoît donc, en infligeant une aussi grande peine aux ecclésiastiques qui la transgressent, que ce précepte dans l'ancienne loi est un précepte moral, et que dans la nouvelle il n'oblige pas moins les chrétiens qu'il n'obligeoit les Juifs.

Les partisans de l'usure entendent ces termes *juxta formam divinitùs datam*, de ce précepte que nous trouvons dans saint Paul : *Nemo militans Deo implicat se negotiis sæcularibus.* Mais cette interprétation est fausse, et nous avons déja remarqué ci-dessus que les billets à intérêt étant un genre de biens qui

exige moins de soin qu'aucun autre, on ne peut pas
dire que celui qui place son bien de cette manière *se
implicat negotiis sæcularibus.*

64. Le concile général de Nicée, tenu en 325, s'exprime ainsi dans le canon 17 : *Quoniam plerique qui
in canone recensentur, avaritiam et turpem quæstum
sectantes obliviscuntur divinæ scripturæ dicentis:* Pecuniam suam non dedit ad usuram, *et fœnerantes centesimas exigunt; æquum censuit sancta synodus ut si
quis inventus fuerit post hanc definitionem usuras sumere ex mutuo, vel aliter eam rem consectari, vel sescupla exigere, vel omninò aliquid aliud excogitare
turpis lucri gratiâ, è clero deponatur.*

Le concile, en apportant, pour motif de son décret
contre les clercs qui prêtent à usure, la défense de
prêter à usure qui se trouve dans les livres saints,
obliviscuntur divinæ scripturæ dicentis : Pecuniam
suam non dedit ad usuram, ne déclare-t-il pas ouvertement qu'il regarde cette défense de prêter à usure,
non comme un précepte politique qui ne concernoit
que les Juifs, mais comme un précepte moral qui
oblige les chrétiens ?

Les objections que font les partisans de l'usure contre
ce canon sont des plus frivoles. L'auteur du *Traité des
Billets de commerce,* imprimé à Lille, oppose en premier lieu que le concile n'a défendu le prêt à intérêt
qu'aux clercs ; d'où il conclut qu'il est permis aux
laïques.

La conséquence est mal tirée. Le concile, en déclarant dans ce canon que le prêt à intérêt est défendu
par la loi divine dans les saintes écritures, déclare

suffisamment qu'il n'est pas plus permis aux laïques qu'aux clercs, les laïques n'étant pas moins soumis à la loi de Dieu que les clercs.

De ce que le concile n'a pas prononcé de peine contre les laïques qui prêteroient à intérêt, vouloir en conclure qu'il a permis aux laïques le prêt à intérêt, c'est comme si on vouloit conclure que toutes les autres espéces d'injustices qui se commettent dans le commerce, comme de vendre les choses au-delà de leur juste prix, de vendre pour bon ce qui est mauvais, etc., ne sont pas des injustices, et sont permises, parceque l'Église n'a pas jugé à propos de prononcer des peines contre ceux qui commettent ces injustices. L'Église, dans la punition des crimes par l'excommunication, épargne la multitude ; mais elle n'est pas censée pour cela permettre et autoriser les crimes et autres péchés contre lesquels elle ne prononce pas cette peine.

L'auteur oppose en second lieu que, le concile n'ayant prononcé des peines que contre les clercs qui exerceroient à l'avenir l'usure, il n'a pas cru coupables ceux qui l'avoient exercée auparavant.

Je réponds que le concile dit qu'en prêtant à intérêt ils commettoient un péché d'avarice, et faisoient un profit déshonnête, et condamné par la loi de Dieu : *Avaritiam et turpe lucrum sectantes obliviscuntur divinæ scripturæ dicentis, Qui pecuniam suam non dedit ad usuram.* N'est-ce pas dire bien clairement qu'ils étoient coupables ? S'il ne leur inflige pas des peines pour le passé, c'est que l'Église n'inflige pas des peines à tous les pécheurs, elle ne les inflige qu'à ceux qui sont contumaces.

L'auteur oppose en troisième lieu que le concile parle des clercs qui exigeoient l'usure *centésime* de l'argent qu'ils prêtoient; que cette usure, qui étoit d'un pour cent par mois, quoique permise par la loi, étoit regardée comme odieuse; qu'il y en avoit de plus modérées, comme celles de six, cinq ou quatre pour cent par an, qui étoient pratiquées par les honnêtes gens, et qu'on appeloit *usuræ modestæ*.

Je réponds que quoique le concile ait parlé des clercs qui exigeoient l'usure centésime, il n'a pas pour cela restreint la condamnation de l'usure à cette espéce d'usure, mais il les a condamnées toutes, les petites comme les grandes; car il dit indistinctement, *Si quis inventus fuerit post hanc definitionem usuras sumere;* et il se fonde sur la défense de l'usure qui est dans les livres saints, laquelle condamne indistinctement tout ce qui est exigé au-delà du principal.

65. Les conciles tenus depuis celui de Nicée ont pareillement condamné l'usure comme une chose condamnée par la loi de Dieu.

Dans le cinquième canon de la collection des conciles d'Afrique, l'archevêque Aurélius, en proposant de défendre l'usure aux clercs, s'exprime ainsi : *De quibus apertissimè divina scriptura sanxit, non est ferenda sententia, sed potiùs exequenda; proindè quod in laïcis reprehenditur, id multò magis debet in clericis prædamnari. Universum concilium dixit, Nemo contra prophetas, nemo contra Evangelium facit sine periculo.*

Le concile de Tours, tenu l'an 461, can. 13, dit : *Ne quis clericus qui negotiandi studium habere voluerit usuras accipiat, quia scriptum est, Qui pecuniam*

suam non dedit ad usuram: manifestum est enim bea-
titudinis non posse consequi gloriam, qui à præceptis
divinis deviaverit.

Nous avons, dans le sixième siècle, les conciles
d'Agde, de Tarragone, le troisième d'Orléans, qui
condamnent l'usure.

Dans le huitième siècle, le concile de Northum-
berland, tenu l'an 787, condamne les intérêts du prêt,
comme étant condamnés par la loi de Dieu; il est dit
au canon 17 : *Usuras prohibemus, dicente Domino ad
David, dignum fore habitatorem tabernaculi sui, qui
pecuniam suam non dederit ad usuram.*

En l'an 789, dans les capitulaires que Charlemagne
fit dans une assemblée des évêques et des grands du
royaume, tenue à Aix-la-Chapelle, nous trouvons, à
l'article cinquième, le dix-septième canon du concile
de Nicée, qui y est inséré tel qu'il a été ci-dessus rapporté.

Dans le neuvième siècle, les conciles de Reims,
de Mayence, de Châlons, tenus tous les trois en 812,
condamnent les usures, qu'ils appellent *turpia lucra.*

Celui d'Aix-la-Chapelle, tenu l'an 816, en présence
de Louis-le-Débonnaire, les condamne aussi, en re-
nouvelant le canon de Nicée.

Celui de Paris, de l'an 829, les condamne aussi,
comme condamnées par la loi de Dieu; il y est dit :
*Quidam clericorum et laïcorum, obliti præceptionis
Dominicæ quâ dicitur, Pecuniam tuam non dedisti ad
usuram,* etc.

Le concile de Meaux, de l'an 845, dit : *Episcopi se*

ipsos, et maximè ecclesiasticos, cunctosque christianos in suâ parochiâ, perpendentes statuta Nicæni concilii et cæterorum conciliorum, ab usuris sine excusatione compescant.

Celui de Pavie, de l'an 85o, can. 21, dit : *Quia terribiliter propheticus sermo minatur, ad usuram dantem et ampliùs accipientem non habitaturum in tabernaculo Altissimi...., censemus,* etc.

On trouve les mêmes défenses de l'usure dans les conciles des siècles suivants, notamment dans le second concile de Latran du douzième siècle, comme condamnée *in veteri et in novo Testamento.*

66 Les écrits des Pères concourent avec les conciles a établir la tradition de l'Église sur ce point.

Saint Grégoire de Nysse, *Epist. canon. ad Letoium Mitilen. episc.,* n. 5, dit : *Apud divinam Scripturam et usura et superabundantia sunt prohibitæ.*

Saint Jérôme, sur Ezéchiel, l. 6, cap. 18, condamne toute usure, comme défendue par les saintes Écritures, et il observe que l'usure consiste à recevoir quelque chose que ce soit outre le sort principal : *Putant quidam usuram tantùm esse in pecuniâ; quod prævidens Scriptura divina omni rei aufert superabundantiam, ut plus non accipias quàm dedisti.... Alii solent munuscula accipere, et non intelligunt usuram appellari et superabundantiam, quicquid illud est, si ab eo quod dederint, plus acceperint.*

Saint Ambroise, sur Tobie, ch. 13, regarde tout ce qui est exigé au-delà du sort principal comme défendu par la loi de Dieu : *Et esca usura est; et quodcumque sorti accedit, quod velis nomen imponas, usura est .... Audiant quid lex dicat : Neque usuram escarum accipies, neque omnium rerum quas fœneraveris fratri tuo ; fraus ista et circumscriptio legis est.*

Saint Augustin, sur le ps. 36, serm. 3, n. 6, dit : *Si quodlibet, si plusquàm dedisti expectas accipere, fœnerator es.... Nolo sitis fœneratores, et ideò nolo quia Deus non vult, etc.*

Saint Léon, *epistola prima ad episcop., cap. 3,* dit : *Nec hoc prætereundum esse diximus ; quosdam, turpis lucri cupiditate captos, usurariam pecuniam exercere...; quod vindicare acriùs in eos qui fuerint confutati decernimus.*

ARTICLE III.

De la défense de l'usure par les lois du royaume.

67. L'usure a toujours été défendue dans le royaume par les ordonnances de nos rois.

Ce ne sont pas seulement les usures énormes : toute usure, quelque modique qu'elle soit, est défendue par les ordonnances, avec cette seule différence, qu'il n'y a que les usures énormes qui donnent lieu à la poursuite criminelle. C'est ce que nous apprenons d'une déclaration du roi Philippe-le-Bel, donnée à Poissy le 8 décembre 1312, où il est dit : « Pour ce « que nous plus âprement poursuivons les plus grièves « usures..., nul homme de sain entendement ne devoit « entendre que voulsissions souffrir que nous avons « réprimé et défendu expressément; mais à ce que ne « se donne lieu de doute à aucuns simples ou mali- « cieux, nous déclarons que nous avons réprimé et

« défendu, et encore réprimons et défendons toutes
« manières d'usures, de quelque quantité qu'elles soient
« causées, comme étant de Dieu et des saints Pères dé-
« fendues; mais la peine de corps nous ne mettons
« mie, fors contre ceux qui les plus grosses usures rece-
« vront....; mais, pour ce, nous ne recevrons mie ex-
« pressément usures de menue quantité, ains voulons
« être donné simplement, et de pleine barre, défense
« à tous ceux à qui seront demandées, afin qu'ils ne
« les soient tenus de payer, et répétition de ceux qui
« les auront payées, de quelque manière ou quantité
« soient icelles usures, etc. »

L'ordonnance de Blois, art. 202, a renouvelé les
défenses de l'usure; il y est dit : « Faisons défenses à
« toutes personnes, de quelque sexe ou condition qu'el-
« les soient, d'exercer aucunes usures, prêts de deniers
« à profit ou intérêts...., encore que ce fût sous pré-
« texte de commerce public. »

Nonobstant ces ordonnances, l'usage des prêts à
intérêt étoit devenu si commun dans les provinces
de Berry et d'Anjou, pendant les troubles du royaume,
qu'il porta Henri IV à tirer un voile sur le passé, en
validant pour le passé dans ces provinces tous les intérêts illicitement stipulés et exigés par les prêteurs,
sans que les débiteurs pussent être reçus à en faire
l'imputation sur le principal; à la charge néanmoins
que le principal demeureroit aliéné pour l'avenir, et
le prêt converti en une constitution de rente. C'est ce
que portent les déclarations de ce prince, du 17 février
1605 pour le Berry, et du 14 mars 1606 pour l'Anjou.
Et, par l'arrêt d'enregistrement, la permission d'exiger

les intérêts courus par le passé, et qui seroient encore
dus, est restreinte aux veuves et aux mineurs.

Le prêt à intérêt étant défendu par les ordonnances,
quand même il ne seroit pas défendu par le droit naturel et par la loi divine, il ne seroit pas permis dans
le for de la conscience dans ce royaume; les sujets
étant obligés, dans le for de la conscience, d'obéir aux
lois du prince.

SECTION II.

*Si la défense du prêt à intérêt souffre exception à l'égard du prêt
de commerce, et dans quelques autres cas.*

ARTICLE PREMIER.

Si elle souffre exception à l'égard du prêt de commerce.

68. Plusieurs auteurs on prétendu que la défense
de stipuler et d'exiger des intérêts dans le contrat de
prêt d'argent devoit souffrir exception à l'égard des
prêts d'argent qui étoient faits à des commerçants qui
empruntoient pour employer dans leur commerce la
somme qui leur étoit prêtée, et l'y faire fructifier.

C'étoit l'opinion de Calvin dans ses Institutions : il
prétend que la défense de prêter à intérêt, qui se trouve
dans les livres saints, ne concerne que les prêts faits
aux pauvres.

En conséquence les lois civiles des états protestants
permettent le prêt à intérêt, pourvu que l'intérêt n'excéde pas le taux réglé par la loi.

Quelques docteurs catholiques ont aussi entrepris
de justifier le prêt à intérêt fait à des commerçants.
Il parut en 1684 une apologie de ces contrats, sous le

titre de *Traité de la pratique des billets et du prêt d'argent entre les négociants, par un docteur en théologie.* Cet ouvrage, imprimé à Mons, fit beaucoup de bruit, et donna lieu à plusieurs ouvrages qui furent faits pour le réfuter. En 1738, parut un nouveau *Traité des prêts de commerce, par un docteur de la faculté de théologie de Paris*, imprimé à Lille, par lequel on s'efforce de faire l'apologie de ces contrats. Nous rapporterons très sommairement, dans un premier paragraphe, les principaux moyens allégués pour légitimer l'usure du prêt de commerce, et, dans un second, les réponses qu'on y a faites.

§. I. Moyens allégués pour la légitimité des prêts à intérêt, appelés *prêts de commerce.*

69. Le fondement des moyens allégués en faveur des prêts de commerce consiste dans une distinction que fait l'auteur de la *Pratique des billets.*

Il dit que l'argent que l'on prête est susceptible de deux différentes espèces d'usage : il y a un usage de l'argent qui est un usage de consomption; il y en a un autre qui est un usage d'emploi et d'accroissement.

Lorsque l'argent est prêté pour l'usage de la première espèce, c'est-à-dire lorsqu'il est prêté à quelqu'un qui l'emprunte pour le dépenser et se procurer les choses dont il a besoin pour les nécessités de la vie, ces auteurs conviennent qu'il n'est pas permis au prêteur de stipuler ou d'exiger aucuns intérêts outre le sort principal, parcequ'en ce cas, la somme d'argent qui est prêtée étant consommée et détruite par l'emprunteur par cette espèce d'usage qu'il en fait, on ne peut pas concevoir un usage de cette somme que le prêteur lui ait donné outre cette somme. Le prêteur, en la prêtant pour cet usage, n'a donc rien donné à l'emprunteur outre cette somme ; il ne peut donc rien exiger de plus, l'équité qui doit régner dans les contrats ne permettant pas que l'un des contractants exige de l'autre plus qu'il ne lui a donné.

Les prêts qui sont faits aux pauvres ne sont faits que pour cette première espéce d'usage. On peut faire même à des riches de semblables prêts d'argent, lorsqu'il ne l'empruntent que pour le dépenser.

70. L'usage d'emploi et d'accroissement, qui est la seconde espéce d'usage dont, suivant ces auteurs, l'argent est susceptible, est l'usage qu'en fait un marchand en l'employant dans son commerce, et l'y faisant fructifier, *putà*, en achetant avec cet argent des marchandises sur lesquelles il y aura beaucoup à gagner.

Tel est aussi l'usage que fait de son argent celui qui l'emploie à acheter une terre, un office, ou d'autres choses qui lui produisent un revenu.

Lorsqu'on dit que l'argent est susceptible de cet usage d'accroissement, on ne considère pas l'argent physiquement. Des louis d'or, des écus, ne peuvent d'eux-mêmes rien produire. Mais l'argent, considéré moralement et par rapport à l'emploi qu'en sait faire la personne entre les mains de qui il est, est frugifère, et susceptible d'un usage d'accroissement, puisqu'un commerçant, par l'emploi utile qu'il sait faire de l'argent, lui fait produire dix, vingt ou trente pour cent de profit, et quelquefois plus.

Les prêts de commerce qui se font à des commerçants, disent ces auteurs, étant présumés faits pour cette seconde espéce d'usage, afin d'employer dans leur commerce la somme prêtée, et l'y faire fructifier; et cet usage, très différent en cela de l'usage de consomption, étant un usage qui est véritablement quelque chose de distingué de la somme prêtée, un usage appréciable, puisqu'il fait produire un profit à cette somme, le prêteur peut équitablement, outre la restitution de la somme prêtée, exiger de l'emprunteur des intérêts de cette somme, qui sont le prix de cet usage qu'il a accordé à l'emprunteur.

71. Ces auteurs ajoutent que, de même que je puis avec justice retirer un profit de mon champ qui seroit stérile entre mes mains, pour l'usage qu'en fait mon fermier de qui je reçois la ferme, qui est le prix de l'usage que je lui en ai accordé; de même je puis avec justice retirer un profit de mon argent pour l'usage que ce commerçant, à qui je l'ai prêté, en fait en le faisant fructifier, et exiger qu'il m'en paye un intérêt, qui est le prix de cet usage que je lui en ai accordé.

72. Ces auteurs ajoutent encore que ces prêts d'argent, faits à des commerçants, ne sont pas proprement des prêts *mutuum;* que le prêteur retient la propriété de la somme prêtée, non pas à la vérité *ipsorum corporum seu nummorum*, mais cette somme considérée seulement comme *valeur;* qu'il en accorde seulement l'usage à l'emprunteur, lequel, après qu'il s'en sera servi, doit rendre cette somme au prêteur qui est censé en être le propriétaire, avec l'intérêt pour le prix de l'usage qu'il en a accordé. En considérant de cette manière le contrat, c'est, disent ces auteurs, plutôt *loca-*

tio, un bail à intérêt, que ce n'est *mutuum*. L'argent, à la vérité, et les autres choses de même nature, ne sont pas susceptibles de louage, lorsqu'on ne considère dans ces choses que leur usage de consomption ; mais elles en sont susceptibles par rapport à leur usage *d'emploi et d'accroissement*, de même que toutes les autres choses, puisque par cet usage on les fait fructifier, et on en retire un profit de même que de toutes les autres choses.

73. A l'égard des textes de l'Ecriture sainte, des conciles et des Pères, qui défendent de rien exiger de plus que la somme prêtée, ces auteurs disent que tous ces textes ne doivent s'entendre que des prêts qui sont faits pour un usage de pure consomption, et qu'on ne doit pas les étendre aux prêts de commerce, qui sont faits pour un usage *d'emploi et d'accroissement*.

La défense de prêter à usure, qui est rapportée au livre de l'Exode, ch. 22, v. 25, et placée au nombre des préceptes que Moïse propose de la part de Dieu aux Israélites, n'est, disent ces auteurs, que dans le cas des prêts qui sont faits aux pauvres : *Si pecuniam mutuam dederis populo meo* pauperi *qui habitat tecum, non urgebis eum quasi exactor, nec usuris opprimes.*

Il en est de même de celui qui est rapporté au Lévitique, ch. 25, v. 25 et 26 : *Si attenuatus fuerit frater tuus et infirmus manu..., ne accipias usuras ab eo, nec ampliùs quàm dedisti.... Pecuniam tuam non dabis ad usuram, et frugum superabundantiam non exiges.*

N'étant parlé dans ces deux textes que du prêt qui est fait aux pauvres, il s'ensuit, suivant ces auteurs, que ce n'est que dans le prêt qui est fait aux pauvres que Dieu défend de recevoir rien au-delà du principal, parceque le prêt qui leur est fait est fait pour un usage de consomption ; mais que cette défense ne doit pas s'étendre aux prêts qui sont faits aux riches pour un usage d'emploi et d'accroissement.

74. Les apologistes du prêt de commerce répondent de même au passage du Deutéronome, chap. 23, v. 19 et 20, où il est dit : *Non fœnerabis fratri tuo.... absque usurâ id quo indiget commodabis.* La défense, disent-ils, de prêter à usure, est jointe dans cet endroit du Deutéronome au précepte de prêter à ses frères ce dont ils ont besoin, *id quo indiget commodabis.* Or ce précepte ne peut concerner que les indigents et les pauvres : donc il ne s'agit dans cet endroit du Deutéronome que des prêts faits aux pauvres : donc la défense qui y est faite de prêter à usure ne concerne que les prêts faits aux pauvres. D'ailleurs les préceptes rapportés dans le Deutéronome, qui furent proposés aux Israélites lorsqu'ils étoient sur le point d'entrer dans la terre promise, n'étant que la récapitulation et la confirmation de ceux qui avoient été déja donnés à leurs pères à Sinaï, et qui sont rapportés dans l'Exode et le Lévitique, et ceux-ci n'ayant défendu l'usure que dans les prêts qui sont faits aux pauvres, il s'ensuit, disent ces auteurs, que la défense de l'usure qui se trouve dans le Deutéronome ne concerne pareillement que les prêts qui se font aux pauvres.

75. La défense qui est faite par la loi de Dieu de rien exiger au-delà de la somme prêtée ne concernant, selon ces auteurs, que les prêts qui sont faits aux pauvres, et par conséquent ceux qui sont faits

pour un usage de pure consomption, ils en ont tiré cette conséquence, que ce qui est dit dans les psaumes et dans Ézéchiel, que l'homme juste est celui qui ne prête point son argent à intérêt, doit s'entendre en ce sens, qu'il ne prête point son argent à intérêt aux pauvres, et pour un usage de pure consomption; car la loi n'ayant, selon ces auteurs, défendu d'exiger des intérêts que dans ce cas, il suffit, pour être à cet égard homme juste et observateur de la loi, de ne pas prêter à intérêt aux pauvres. David et les prophètes n'ont rien recommandé de plus que l'observation de la loi de Moïse, comme l'a remarqué M. Bossuet.

76. Ces auteurs répondent pareillement au passage de S. Luc que le précepte que Jésus-Christ y fait de prêter par un pur motif de charité sans aucune vue intéressée, telle que celle de recevoir la pareille dans l'occasion, ne concerne que les prêts que les riches doivent faire aux pauvres, et que cela n'a aucune application aux prêts de commerce.

77. Ils répondent de même aux conciles et aux écrits des Pères, en disant que les conciles et les Pères, en condamnant l'usure, n'ont entendu condamner que l'intérêt du prêt d'argent fait aux pauvres pour un usage de pure consomption, et non l'intérêt du prêt de commerce, fait pour un usage d'emploi et d'accroissement.

Ils tirent un argument négatif du concile de Trente: ils disent que Calvin ayant enseigné dans ses Institutions que le prêt à intérêt n'étoit injuste que lorsqu'il étoit fait aux pauvres, si le concile eût regardé cette doctrine comme une erreur, il n'auroit pas manqué de la condamner comme il a condamné toutes les erreûrs de Calvin : donc, le concile n'ayant pas condamné cette doctrine de Calvin, on en doit conclure qu'il ne l'a pas regardée comme une erreur.

§. II. *Réponses aux moyens en faveur des prêts à intérêt.*

78. La distinction entre les prêts d'argent faits pour un usage de pure consomption, et ceux faits pour un usage d'emploi et d'accroissement, fait tout le fondement de ce qu'on allègue pour la légitimité de l'intérêt dans les prêts qu'on appelle *prêts de commerce :* cette distinction est impossible dans la pratique, et elle n'a d'ailleurs par elle-même aucune solidité.

1° Elle est impossible dans la pratique ; car, suivant les auteurs de cette distincion, le prêt à intérêt n'étant licite que lorsqu'il est fait pour un usage d'emploi et d'accroissement, pour que je puisse licitement prêter à intérêt mon argent, il faudroit que je susse que je prête mon argent pour cet usage. Or c'est ce que ne savent jamais ceux qui prêtent leur argent à intérêt ; car ceux qui l'empruntent ne disent pas l'usage qu'ils en veulent faire.

Dira-t-on qu'il suffit que je sache que l'emprunteur est un commerçant riche, pour que je doive présumer qu'il emprunte mon argent pour le faire fructifier dans son commerce, et par conséquent pour un usage *d'emploi et d'accroissement?* C'est ce qu'on ne peut pas dire ; car lorsque les commerçants, même ceux qui sont riches, empruntent de l'argent à intérêt, ce n'est pas toujours pour le faire fructifier dans leur commerce qu'ils font ces emprunts, *putà,* pour acheter une partie de marchandises sur laquelle ils aperçoivent un profit considérable à faire ; c'est le plus souvent pour acquitter des lettres de change dont ils sont débiteurs. Or c'est un usage de pure consomption : le commerçant qui emploie la somme qu'il a empruntée à payer la lettre de change dont il est débiteur n'acquiert, par cet usage qu'il en fait, que la libération d'autant, et rien de plus. Le prêt fait à ce commerçant pour cet usage est donc un prêt pour lequel, même selon les principes des apologistes de l'usure, il n'est pas permis de retirer des intérêts : donc je ne puis pas licitement prêter mon argent à intérêt, même à un commerçant riche, parceque, ignorant l'usage qu'il compte en faire, je ne puis pas savoir si le prêt que je fais sera employé à un usage *d'accroissement*, pour lequel il me soit permis d'exiger des intérêts. Donc la distinction entre les prêts faits pour un usage *de pure consomption*, et ceux faits pour un usage *d'emploi et d'accroissement*, est une distinction impossible dans la pratique.

79. Je dis en second lieu qu'elle n'a aucune solidité, et que le profit que peut faire le commerçant sur l'argent que je lui ai prêté n'est pas une raison pour que je puisse exiger de lui des intérêts.

La raison est que, l'équité ne permettant pas que dans les contrats l'une des parties exige de l'autre plus que le juste équivalent de ce qu'elle lui a donné, il suffit que, par le prêt que je fais d'une somme d'argent à ce commerçant, je ne lui donne que la somme prêtée, et rien de plus, comme nous l'avons établi *supra*, n. 55 et 56, pour que je ne puisse licitement rien exiger de plus que cette somme, quelque profit qu'il puisse tirer de l'usage qu'il en fera; de même que, dans les contrats de vente et de louage, je ne puis pas licitement vous vendre une chose au-delà de son juste prix, ni vous la louer au-delà du juste prix de son loyer, quelque profit que vous deviez faire sur cette chose ou sur l'usage de cette chose.

Le droit qu'on a de se servir d'une somme d'argent n'étant pas quelque chose qu'on ait outre cette somme, et étant renfermé dans le droit de propriété de cette somme, comme nous l'avons observé *dicto loco*, ce seroit vouloir me faire payer deux fois le prix d'une même chose, si, après m'être fait payer de la somme prêtée à ce commerçant par le paiement qu'il me fait d'une pareille somme, je voulois encore, par des intérêts que j'exigerois de lui, me faire payer de l'usage qu'il en a eu.

80. Quelque profit qu'il ait pu faire par l'usage qu'il a fait de la somme prêtée, c'est un profit qu'il a fait sur ce qui lui appartenoit, dont il ne doit rien à personne, puisque le droit de faire tel usage que bon lui sembleroit de la somme prêtée étoit essentiellement renfermé dans la propriété de cette somme qu'il avoit acquise par le prêt que je lui avois fait.

Ce commerçant ayant par le prêt acquis la propriété des deniers que je lui ai prêtés, si, depuis le prêt, ils étoient péris par une force majeure, lui seul en auroit souffert la perte; je n'en aurois rien supporté, et je n'aurois pas moins été en droit de lui demander la restitution d'une somme pareille à celle que je lui avois prêtée : donc, puisque le risque des deniers prêtés regarde l'emprunteur seul, le profit qu'il peut faire par l'usage qu'il en fera doit pareillement le regarder seul, suivant cette régle d'équité, *Ubi periculum, ibi et lucrum.*

81. Les partisans des prêts à intérêt, pour en soutenir la légitimité, disent que ces prêts sont une espéce de contrat de louage; que le prêteur retient la propriété de la somme qu'il a prêtée, non pas à la vérité des mêmes espéces *in individuo,* mais de la valeur qu'il a prêtée, dont ces espéces ne sont que le signe.

De là ils concluent qu'outre la restitution de la somme prêtée, qui doit être rendue au prêteur, puisque cette somme lui appartient, le prêteur peut encore exiger les intérêts de cette somme; parceque, continuant toujours, depuis le prêt, d'être le propriétaire de la somme prêtée, l'usage d'emploi et d'accroissement dont elle est susceptible est quelque chose qui lui appartient; et que, cet usage étant d'ailleurs appréciable, il peut accorder cet usage à l'emprunteur pour un prix qui consiste dans les intérets qu'il stipule.

Nous avons déja, par avance, détruit ce raisonnement, *suprà,* part. 1, chap. 1, art. 1, §. 3, et nous y avons établi qu'on ne pouvoit, sans renverser toutes les notions et les idées des choses, supposer que celui qui prête une somme d'argent à quelqu'un pour la dépenser demeure propriétaire de cette somme, et que la propriété n'en est pas transférée à l'emprunteur, qui ne peut avoir le droit de la dépenser qu'autant que la propriété lui en a été transférée. Ce principe étant détruit, tout le raisonnement des partisans du prêt à intérêt tombe; car, la propriété de la somme prêtée étant transférée à l'emprunteur, c'est à lui qu'appartient l'usage de cet argent, qui est inséparable de la propriété *:* le prêteur, à qui il n'appartient plus, ne peut donc licitement le faire payer à l'emprunteur par des intérêts qu'il exige de lui.

82. Les partisans des prêts de commerce, ou prêts à intérêt, diront peut-être que notre argument contre la légitimité de ces intérêts, porte sur un faux principe. Notre principe est que le prêteur ne donne par ce prêt à l'emprunteur que la somme pretée, et rien de plus. Or, diront-ils, ce principe est faux; car, par le prêt, le prêteur se prive, en faveur de l'emprunteur, du profit qu'il eût pu faire sur la somme prêtée, par l'usage d'accroissement dont elle est susceptible, pendant le temps pour lequel il l'a prêtée. Il donne donc à l'emprunteur, outre la somme prêtée, ce profit dont il se prive en sa faveur, et par conséquent il peut pour cela en recevoir des intérêts.

A cela je réponds que si effectivement le prêteur, pour faire le prêt à son ami, s'étoit privé d'un profit certain et constant qu'il eût fait sur cet argent par l'emploi qu'il comptoit en faire s'il ne lui eût pas prêté, il pourroit en ce cas licitement exiger des intérêts qui l'en dédommageassent : ces intérêts sont les intérêts compensatoires, dont nous traiterons en la section quatrième, *usuræ compensatoriæ;* ce ne sont pas les intérêts dont il est ici question. Ordinairement, dans les prêts à intérêt, qu'on appelle *prêts de commerce,* le prêteur ne se prive, pour faire le prêt, d'aucun profit qu'il dût faire sur la somme prêtée : il ne la prête que parcequ'il n'a pas d'autre usage à en faire; s'il avoit quelque usage à en faire qui dût lui être avantageux,

il ne la prêteroit pas. Il ne se prive donc d'aucun profit par le prêt qu'il en fait; il ne donne donc rien de
plus à l'emprunteur que la somme prêtée; et il ne peut
par conséquent exiger rien de plus que la restitution
de cette somme.

83. Contre ce que nous avons dit que la propriété
de la somme prêtée étant par le prêt transférée à l'emprunteur, l'usage de cette somme lui appartenoit, et
qu'en conséquence le prêteur ne pouvoit pas licitement
lui faire payer par des intérêts le prix de cet usage,
on fait cet argument : Lorsque j'ai vendu à quelqu'un
une terre ou une maison, ou quelque autre héritage,
dont je l'ai mis en possession dès l'instant du contrat;
quoique j'aie transféré à l'acheteur la propriété de l'héritage, il me doit néanmoins les intérêts du prix jusqu'au paiement, pour la jouissance qu'il a de l'héritage
avant d'en avoir payé le prix : donc pareillement, dans
le prêt, quoique j'aie par le prêt transféré à l'emprunteur la propriété de la somme que je lui ai prêtée, je
puis stipuler de lui des intérêts pour la jouissance de
cette somme que je pouvois ne lui pas prêter.

Je réponds qu'il n'y a aucune parité. Un héritage est
une chose frugifère, dont la jouissance est quelque
chose d'appréciable, et de séparable de la propriété.
Le vendeur s'étant, en faveur de l'acheteur, privé de
cette jouissance de l'héritage qu'il avoit droit de retenir jusqu'au paiement du prix, en doit être récom-
pensé : il a donné à l'acheteur, outre l'héritage, cette
jouissance de l'héritage qu'il pouvoit retenir jusqu'au
paiement; il doit recevoir le prix de l'un et de l'autre.
Mais dans le prêt d'argent, la somme de deniers qui

est prêtée est une chose qui n'est pas frugifère, dont l'usage naturel et ordinaire n'est qu'un usage de consomption inséparable de la propriété de la chose : on ne peut donc pas dire du prêteur d'une somme d'argent, comme nous le disons du vendeur qui a vendu un héritage à crédit, qu'outre la chose, il s'est privé de la jouissance de la chose; qu'outre la chose, il a donné la jouissance de la chose, qu'il eût pu retenir en donnant la chose; car la jouissance d'une somme d'argent, et l'usage qu'on en fait, n'étant pas quelque chose qu'on ait outre la somme d'argent; en prêtant la somme d'argent, il n'a donné à l'emprunteur que cette somme, et rien de plus, et par conséquent il ne peut rien exiger de plus.

Si la somme prêtée, entre les mains du commerçant à qui elle a été prêtée, est devenue susceptible d'un usage d'accroissement, ce n'est que *ex accidenti* : le commerçant ne tient cela que de sa propre industrie; il ne tient point cela du prêteur, qui ne lui a donné que la somme d'argent et rien de plus. On peut même dire que si ce commerçant, en se servant dans son commerce de la somme qui lui a été prêtée, a fait quelque profit, ce profit est le fruit de son industrie plutôt que de cette somme d'argent; cette somme n'a été qu'un instrument dont il s'est servi, et qui lui étoit à la vérité nécessaire; mais la cause productive du profit qu'il a fait est son industrie. Or, de même qu'un sculpteur qui a fait une statue, qu'il a vendue un prix immense, ne doit néanmoins au coutelier qui lui a vendu des ciseaux, dont il s'est servi pour la faire, que le prix ordinaire des ciseaux, quoiqu'il n'eût pu faire

la statue sans des ciseaux; de même, quelque gain que
ce commerçant ait fait en se servant dans son commerce de la somme qui lui a été prêtée, quoiqu'elle
lui ait été nécessaire pour faire le profit qu'il a fait, il
ne doit néanmoins rien de plus que cette somme qui
lui a été prêtée, parceque le prêteur ne lui a donné
rien de plus.

84. A l'égard des réponses que font les partisans des
billets à intérêt aux autorités des saintes Écritures et
de la tradition, elles ne me paroissent pas soutena-
bles. Ils disent que Dieu, par la loi de Moïse, n'a défendu l'usure que dans les prêts qui sont faits aux
pauvres, et non dans ceux qui sont faits aux riches
pour un usage d'emploi et d'accroissement. Mais cette
distinction est une distinction inconnue dans toute
l'antiquité. Ils tirent argument de ce que dans l'Exode
il est dit : *Si pecuniam mutuam dederis populo meo
pauperi, etc.*, et dans le Lévitique : *Si attenuatus fuerit
frater tuus, etc.*

 La réponse est que ces termes doivent être entendus *enuntiavè, secundùm id quod magis communiter
accidit*, parceque ce sont plus communément les pauvres qui empruntent : on ne doit pas les entendre *res-
trictivè*, ces textes devant être interprétés par les autres
textes de l'Écriture qui proscrivent indistinctement
l'usure dans le prêt, sans distinguer s'il est fait à des
pauvres ou à des riches.

A l'égard du texte du Deutéronome, où il est dit,
Fratri tuo id quo indiget absque usurâ commodabis,
c'est mal à propos que les apologistes de l'usure prétendent tirer argument de ces termes, *id quo indiget*,

pour soutenir qu'il n'est parlé dans ce texte que des prêts faits aux pauvres et aux indigents ; car ces termes, *id quo indiget commodabis*, signifient, vous lui prêterez ce dont il a besoin ; ce qui convient aussi bien aux prêts faits aux riches qu'à ceux faits aux pauvres : car les riches, comme les pauvres, n'empruntent que ce dont ils ont besoin.

Le célèbre Grotius n'a point connu ces distinctions : il regarde tout intérêt de prêt comme défendu par la loi de Dieu, à moins qu'il ne fût purement compensatoire d'un préjudice réel que le prêteur auroit souffert du prêt ; et il décide en conséquence que la loi de la Hollande, qui permet le prêt à intérêt, ne peut rendre légitime l'intérêt dans le for de la conscience : *Leges humanæ*, dit-il, *quæ concedunt aliquid stipulari pro usu pecuniæ, ut apud Hollandos .... si quidem verè stant intra compensationem ejus quod abest, non pugnant cum naturali aut divino jure : sin eum modum excedunt, impunitatem dare possunt, jus dare non possunt;* de Jur. bel. et pac., lib. 2, cap. 12.

L'interprétation que donnent les partisans des prêts à intérêt aux textes des livres saints doit d'autant moins être reçue, qu'il n'est pas permis d'interpréter les saintes Écritures selon son sens particulier, et qu'elles doivent être entendues dans le sens dans lequel la tradition de l'Église les a toujours entendues. Or il paroît par les canons des conciles, et par tous les monuments de la tradition qui ont été ci-dessus rapportés entre bien d'autres, que la défense qui est faite de l'usure dans les livres saints a toujours été regardée comme une défense générale ; et on ne voit aucun vestige de la distinction qu'on veut faire aujourd'hui entre les prêts qui sont faits aux riches, et ceux qui sont faits aux pauvres, ni entre ceux qui sont faits pour un usage *de pure consomption*, et ceux qui sont faits pour un usage *d'emploi et d'accroissement.*

Il est vrai que les Pères de l'Église, dans leurs homélies, prêchent principalement contre les usures qu'on exerce envers les pauvres, parceque ce sont les plus criantes ; mais aucun d'eux n'a restreint la défense de l'usure aux prêts qui sont faits aux pauvres. Au contraire, saint Ambroise, *lib. de Tobiá*, cap. 14, n. 49, rapporte pour exemple de prêts usuraires défendus par la loi de Dieu, des prêts faits à des marchands : *Plerique refugientes præcepta legis, quùm dederunt pecuniam* negotiatoribus, *non in pecuniá usuras exigunt, sed de mercibus eorum emolumentum percipiunt : audiant quid lex dicat, etc.*

L'argument négatif, tiré de ce que le concile de Trente n'a pas condamné la doctrine de Calvin sur le prêt à intérêt, ne prouve rien. Le concile s'est attaché à examiner la foi de l'Église sur le dogme ; il n'a condamné que les différentes erreurs qui s'étoient répandues sur le dogme. Mais s'il n'a pas fait de canon contre les erreurs de Calvin sur la morale, et principalement contre sa doctrine sur l'usure, il ne s'ensuit pas qu'il l'ait approuvée. Le catéchisme de ce concile, p. 3, ad 7 *decal. præcept.*, §. 20, condamne expressément tout intérêt qu'on exige du prêt : il dit que, *qui fœnerantur, bis idem vendunt, aut vendunt quod non est,* suivant l'idée et les expressions de saint Thomas.

85. A l'égard des lois et ordonnances du royaume qui défendent de prêter à intérêt, les partisans de l'usure n'ont pas encore pu persuader aux juges que les prêts faits aux commerçants en dussent être exceptés. C'est pourquoi, dans les prêts à intérêt que les usuriers font aux commerçants, ils ne manquent pas, pour tromper les juges, de faire comprendre l'intérêt avec le sort principal, dans la somme que l'emprunteur reconnoît par son billet avoir reçue. Par exemple, lorsqu'un usurier compte à un commerçant une somme de 1,000 l., qu'il s'oblige de rendre dans six mois, il lui fait reconnoître par son billet qu'il a reçu une somme de 1,025 liv. Si néanmoins l'emprunteur vouloit se dispenser de payer l'intérêt, il seroit reçu dans les tribunaux à déférer au prêteur le serment, s'il n'est pas vrai qu'il ne lui a compté réellement que la somme de 1,000 liv.; et sur le refus que le prêteur feroit de rendre ce serment, l'emprunteur, en affirmant n'avoir reçu que cette somme, seroit déchargé du surplus.

Les lois du royaume ne permettant pas d'exiger des intérêts dans aucun prêt, quelle que soit la qualité de celui à qui le prêt est fait, il n'en faut pas davantage, quand même ces intérêts ne seroient pas condamnés comme ils le sont par la loi divine, pour qu'on ne puisse en conscience prêter à intérêt, même aux commerçants; car les lois civiles obligent dans le for de la conscience.

ARTICLE II.

Si la défense du prêt à intérêt souffre exception à l'égard
des deniers pupillaires.

86. C'est une erreur qui a eu, pendant un très long
temps, cours dans plusieurs lieux, et sur-tout dans des
villes de commerce, que la défense du prêt à intérêt
devoit souffrir exception à l'égard des deniers des mineurs. Cette erreur étoit fondée sur l'inconvénient qu'il
y avoit, sur-tout à l'égard des enfants des commerçants,
à faire de leur argent un autre emploi ; car les tuteurs,
en faisant emploi des deniers de leurs mineurs en acquisition d'héritages ou de rentes, mettent leurs mineurs, lorsqu'ils sont parvenus à l'âge de majorité,
dans l'impuissance de suivre l'état de leurs pères, et
d'entreprendre un commerce, faute d'avoir en argent
comptant les fonds nécessaires : ils sont obligés de revendre les héritages et rentes que leurs tuteurs leur
ont achetés ; mais souvent on est très long-temps sans
pouvoir trouver à les revendre, et on ne les revend
qu'avec beaucoup de perte.

Pour remédier à cet inconvénient, on avoit cru que
les deniers des mineurs pouvoient être exceptés de la
loi qui défend le prêt à intérêt, et en conséquence l'u-
sage s'étoit introduit dans plusieurs lieux de donner
à intérêt les deniers des mineurs jusqu'au temps de
leur majorité. On faisoit intervenir l'autorité du juge ;
on crioit à l'audience qu'une certaine somme de deniers, appartenante à un tel mineur, étoit à donner à
intérêt jusqu'au temps de sa majorité ; et le juge ad-

jugeoit cette somme à la personne qui offroit la meilleure condition pour le mineur; laquelle personne s'obligeoit, par l'adjudication qui lui en étoit faite, à rendre la somme au mineur lors de sa majorité, et à en payer l'intérêt par chacun an jusqu'au paiement; et on l'obligeoit à donner bonne et suffisante caution.

Quoique cet abus eût été réprimé par un arrêt de la cour du 13 juin 1539, que rapporte l'auteur de la Bibliothéque du droit français, sur le mot *usure;* par cet arrêt le lieutenant-général d'Orléans, qui avoit adjugé à intérêt une somme de deniers d'un mineur, à la charge de la lui rembourser à sa majorité, fut décrété d'ajournement personnel : néanmoins, malgré cet arrêt, l'abus des baux à intérêt des deniers des mineurs, à la charge de rendre la somme à la majorité du mineur, s'étoit de nouveau introduit à Orléans, et il n'a cessé que depuis un arrêt du 7 septembre 1726, qui a fait défenses au prevôt d'Orléans de faire de pareilles adjudications ; voyez notre *traité du contrat de Constitution de rente,* n. 44.

C'est avec grande raison que le parlement a proscrit cet abus. Les inconvénients que nous avons ci-dessus exposés ne pouvoient pas être une raison suffisante pour dispenser les tuteurs des mineurs de l'observation des lois divines et humaines, qui défendent le prêt à intérêt. Ces lois, étant des lois générales, obligent toutes les personnes, les mineurs aussi bien que les majeurs. Aucune puissance ne peut dispenser de ce que la loi divine défend; quelque favorable que pût paroître la cause pour laquelle la dispense seroit demandée. C'est pourquoi le pape Alexandre III, cap. 4, *extrà de usuris*, dit fort bien : *Quùm usurarum crimen utriusque Testamenti pagina detestetur, super hoc dispensationem aliquam fieri posse non videmus : quia quùm Scriptura sacra prohibeat pro alterius vitâ mentiri, multò magìs prohibendus est quis, ne etiam pro redimendâ vitâ captivi, usurarum crimine involvatur.* A plus forte raison, la conservation des deniers des mineurs orphelins ne doit pas être une raison suffisante pour les dispenser de la loi qui défend l'usure.

SECTION III.

Que comprend la défense de l'usure.

Nous verrons, 1° ce qu'il faut pour qu'il y ait usure; 2° nous rapporterons différents exemples de profits usuraires; 3° nous verrons quel est l'effet des lois qui ont défendu l'usure, et quelles sont les peines qu'elles prononcent contre les usuriers.

ARTICLE PREMIER.

Ce qu'il faut pour qu'il y ait usure.

87. L'usure, suivant la définition que nous en avons donnée *suprà*, n. 53, est le profit que le prêteur exige de l'emprunteur au-delà du sort principal pour le prêt qu'il lui a fait; *Lucrum suprà sortem exactum, tantùm propter officium mutuationis,* ou *lucrum ex mutuo exactum.*

Il suit de là que, pour qu'il y ait usure, il faut trois choses.

1° Il faut qu'il soit intervenu un contrat de prêt; 2° il faut que le prêteur retire un profit du prêt; 3° il faut qu'il ait été exigé de l'emprunteur.

§. I. Il faut qu'il soit intervenu un contrat de prêt.

88. Ce n'est proprement que dans le contrat de prêt que se commet l'usure proprement dite; les autres contrats sont bien susceptibles de différentes injustices; et en général, dans tous les contrats, il y a injustice lorsque l'une des parties exige de l'autre quelque chose de plus que le juste équivalent de ce que par le contrat elle lui a donné ou s'est obligée de lui donner (*suprà*, n. 55); et ces espèces d'injustices, qui se commettent dans les autres contrats, sont aussi quelquefois, dans un sens impropre, *lato et improprio sensu*, appelées *usures*. Mais l'usure proprement dite, qui est celle dont nous traitons, ne se commet que dans le contrat de prêt; c'est ce qui résulte de la définition que nous en avons donnée; *Lucrum ex* mutuo *exactum*.

Il n'est pas néanmoins nécessaire que ce soit un contrat de prêt formel et explicite; il suffit que l'intention secréte des parties ait été de faire un contrat de prêt usuraire, quoiqu'elles l'aient déguisé sous la fausse apparence d'autres contrats. Ces contrats, en ce cas, qui ne sont intervenus que pour couvrir et déguiser le contrat de prêt que les parties avoient intention de faire, sont réputés n'être dans la vérité qu'un contrat de prêt; et le lucre que l'une des parties en retire est une véritable usure.

On peut donner pour exemple le contrat *Mohatra*, dont nous avons parlé dans notre *traité du Contrat de*

vente, n. 38, par lequel, pour déguiser le prêt usuraire d'une somme d'argent que j'ai intention de vous
faire, je vous vends une certaine chose, pour une certaine somme que vous vous obligez de me payer au
bout d'un certain terme, *putà*, pour une somme de
600 livres, payables dans six mois; ensuite je vous
rachéte cette chose ou par moi-même, ou par une personne interposée, pour une somme moindre, *putà*,
pour une somme de 540 liv., que je vous paye comptant; ces contrats ne passent que pour un contrat de
prêt d'une somme de 540 livres; et le lucre que je fais
d'une somme de 60 livres est une vraie usure.

Nous avons rapporté dans notre *traité du Contrat
de société*, n. 22, un autre exemple de contrats simulés, pour couvrir et déguiser un prêt usuraire : c'est le
cas vulgairement appelé par les casuistes *le cas des
trois contrats*.

89 De là la division des usures en usures *formelles*
et usures *palliées*.

On appelle usures *formelles*, le profit que le prêteur
exige au-delà du sort principal, par un contrat de prêt
formel et explicite : comme lorsque je vous prête vingt
écus, à la charge que vous me rendrez vingt-un écus
au bout d'un certain temps; ou douze mines de blé, à
la charge que vous m'en rendrez treize : l'écu ou la
mine de blé que j'exige de plus que ce que je vous ai
prêté est une usure formelle.

On appelle usure *palliée* le profit qui est fait par
ces contrats simulés qui servent à déguiser un contrat
de prêt usuraire. Par exemple, dans l'espéce du contrat *Mohatra*, rapportée ci-dessus, le profit que je fais

d'une somme de soixante livres, en vous vendant à terme pour 600 livres, ce que je rachète de vous au comptant pour 540 livres est une usure palliée.

Ces usures palliées ne sont pas moins défendues ni moins criminelles que les usures formelles : elles le sont même davantage, puisque l'usurier ajoute au péché de l'usure celui du mensonge et de l'hypocrisie.

90. Ce qu'un créancier exige de son débiteur, pour une prorogation du terme qu'il lui accorde pour le paiement d'une somme d'argent, doit aussi passer pour une usure proprement dite ; car cette convention renferme, *per fictionem brevis manûs*, une espéce de prêt implicite : le créancier est censé, *per fictionem brevis manûs*, recevoir de son débiteur la somme qui lui est due, et la lui remettre incontinent, pour que le débiteur ne la rende qu'après l'expiration de la prorogation du terme avec l'intérêt convenu. Cette prorogation de terme étant quelque chose d'équivalent à un prêt, l'intérêt ou tout autre profit, quel qu'il soit, que le créancier retire de cette prorogation, est en quelque façon *lucrum ex mutuo exactum*, et par conséquent une usure proprement dite. Il en seroit autrement néanmoins si ce que le créancier a exigé pour la prorogation du terme n'étoit pas un profit, mais un dédommagement du préjudice qu'auroit causé au créancier la prorogation du terme.

91. *Vice versâ*, lorsque le débiteur d'une somme d'argent, qui en fait le paiement à son créancier avant le terme auquel elle étoit payable, retient quelque chose sur cette somme pour l'intérêt du temps à cou-

rir depuis le jour du paiement qu'il en fait jusqu'au jour auquel elle étoit payable; quoiqu'il ne souffre rien de cette avance qu'il fait à son créancier, cet intérêt que ce débiteur retient pour la récompense de l'anticipation du paiement, qu'on appelle *escompte*, est une véritable usure, semblable à celle qu'un prêteur exige pour la récompense du prêt; cette anticipation de paiement étant en cela semblable au prêt. Nous traiterons *ex professo* de cette matière de l'escompte, dans la dernière section de cette partie.

92. On avoit autrefois douté si le contrat de constitution de rente étoit un contrat usuraire. Les décisions des papes se sont accordées avec les lois des princes pour déclarer que ce contrat est licite et n'est aucunement infecté d'usure, pourvu néanmoins qu'on y observe les règles que prescrivent les lois pour la légitimité de ce contrat : sur quoi voyez ce que nous avons dit en notre *traité du Contrat de constitution*, chap. 2.

Lorsque quelqu'une de ces règles a été ouvertement violée, le contrat de constitution de rente passe pour un prêt à intérêt, et il est nul; et non seulement les arrérages ne peuvent être exigés, mais le constituant qui les a payés peut les diminuer sur la somme qu'il a reçue pour le prix de la constitution, et même les répéter jusqu'à concurrence de ce qu'ils excéderoient cette somme, comme nous l'avons expliqué dans le traité ci-dessus mentionné.

Cela sur-tout doit avoir lieu lorsque par le contrat de constitution il n'y a pas une parfaite aliénation de la somme qui a été payée pour le prix de la rente, qu'on a coutume d'appeler *le principal de la rente;* c'est-à-dire lorsque le créancier à qui la rente a été constituée a retenu le droit d'exiger un jour cette somme principale du débiteur de la rente; car en ce cas le contrat de constitution ne peut passer que pour un véritable prêt usuraire de cette somme.

93. Cette aliénation du principal de la rente, requise pour la légitimité du contrat de constitution, ne doit se considérer que de la part du créancier à qui la rente a été constituée. Il suffit, pour que le contrat soit légitime, qu'il ne puisse, ni par lui-même, ni par aucune personne par lui interposée, exiger le rachat de la rente: car quoique le débiteur puisse être obligé un jour à ce rachat par un tiers; quoique le créancier à qui la rente a été constituée ait eu, dès le temps du contrat, connoissance que le constituant, débiteur de la rente, pourroit un jour être contraint par ce tiers au rachat de la rente, et qu'il ait eu en conséquence une certitude morale que la rente qu'on lui constituoit lui seroit remboursée, le contrat de constitution n'en est pas moins légitime, pourvu que ce ne soit pas le créancier de la rente qui ait le droit d'exiger ce rachat.

C'est ce qui paroît évidemment par l'exemple d'un contrat de constitution dans lequel intervient un tiers qui se rend, pour le constituant, caution de la prestation de la rente, et qui stipule que le constituant le fera, au bout d'un certain temps, décharger de son cautionnement. Quoique dans cette espèce le créancier soit assuré de recevoir le remboursement de sa rente, auquel la caution ne manquera pas d'obliger le débi-

teur de la rente, pour être déchargée de son cautionnement; néanmoins, comme ce n'est pas le créancier
qui a le droit de l'exiger, personne ne doute de la légitimité du contrat de constitution ; voyez notre *traité
des Obligations*, n. 444. On peut encore apporter plusieurs autres exemples auxquels notre principe reçoit
application; *putà*, lorsqu'un titulaire de bénéfice ob-
tient une ordonnance du juge qui lui permet de
prendre une certaine somme d'argent à constitution
de rente, pour faire des réparations considérables aux
biens de son bénéfice, auxquelles quelque accident de
force majeure a donné lieu. Quoique l'ordonnance
porte que le titulaire du bénéfice sera tenu de rembourser au bout d'un certain temps, sur les épargnes
qu'il doit faire du tiers des revenus du bénéfice qui est
destiné à la charge des réparations, la somme qu'il
prendra à constitution, et qu'en conséquence celui qui
donnera à ce titulaire à constitution de rente la somme
que ce bénéficier a été autorisé de prendre soit assuré de recevoir dans un certain temps le rachat de
sa rente, néanmoins personne ne doute que, dans
cette espéce, le contrat de constitution que ce titulaire
a passé à celui qui a fourni la somme pour cet emploi
ne soit très légitime : car si ce bénéficier peut être
contraint, au bout d'un certain temps, de racheter la
rente, ce n'est que par le ministère public qu'il y peut
être contraint : ce n'est pas le créancier à qui la rente
a été constituée qui a le droit d'exiger ce rachat; ce
qui suffit pour qu'il y ait une véritable aliénation de
la somme qu'il a payée pour le prix de la rente.

Il en est de même du cas auquel un tuteur, pour

une cause urgente, a été autorisé, par une ordonnance du juge, à prendre à constitution en son nom de tuteur, pour son mineur, une certaine somme d'argent. Quoique par une clause de cette ordonnance il soit dit qu'il sera tenu d'en faire le remboursement au bout d'un certain temps, sur les revenus du mineur qu'il aura touchés, le contrat de constitution qu'il passera, en exécution de cette ordonnance, au profit de celui qui lui fournira la somme, n'en sera pas moins légitime. Il suffit pour cela que ce ne soit pas le créancier à qui la rente a été constituée qui ait le droit d'exiger le remboursement.

94. Notre principe ainsi développé sert à décider une question sur une espèce qui m'a été proposée, et dans laquelle des casuistes avoient cru trouver de l'usure. Il s'agissoit de billets d'emprunt sur la compagnie des Indes. Cette compagnie, suivant ce qui m'a été exposé, a été autorisée par un édit (que je n'ai pas vu, et dont je ne sais pas la date) à faire un emprunt de dix millions, à la charge d'en rembourser une certaine partie tous les ans, sur les profits que feroit la compagnie, jusqu'au remboursement de la somme entière, qui devoit s'achever au bout d'un certain temps. Cet emprunt étoit partagé en billets, qui étoient chacun de 1,000 livres ou de 500 livres, par lesquels la compagnie promettoit un intérêt de cinq pour cent par an de la somme de 1,000 livres (ou de 500 livres) qu'elle reconnoissoit avoir reçue, jusqu'au rachat qu'elle feroit de cette somme. Ces billets étoient numérotés; et pour satisfaire à la clause de l'édit qui en ordonnoit le remboursement, on tiroit tous les ans au

sort les numéros des billets qui devoient être remboursés.

Ces billets ont paru usuraires à quelques casuistes, parceque, le créancier du billet étant assuré par l'édit qu'il seroit remboursé de la somme qu'il payoit pour le prix du billet, ces billets paroissoient renfermer un prêt à intérêt plutôt qu'une constitution de rente, n'y ayant pas, selon eux, d'aliénation du principal. Je pense qu'on doit décider au contraire que ces billets renferment un contrat de constitution de rente très légitime. La raison est que ce n'est pas envers les créanciers de ces billets que la compagnie s'oblige au rachat; elle ne contracte cette obligation qu'envers le roi, qui met cette condition à la permission qu'il lui accorde de faire l'emprunt: il n'y a que le roi qui puisse contraindre la compagnie à ce rachat, de même qu'il peut en proroger le terme, ou même l'en dispenser tout-à-fait. Ce ne sont donc pas les créanciers des billets qui ont le droit d'exiger le rachat; ce qui suffit, selon les principes que nous avons exposés, pour que ces billets contiennent une aliénation du principal, et qu'ils soient de légitimes contrats de constitution de rente.

§. II. Il faut, pour qu'il y ait usure, que ce que le prêteur exige, au-delà de la somme prêtée, soit un lucre et un profit qu'il retire du prêt, *lucrum ex mutuo exactum*.

95. De ce principe on tire deux corollaires.

Le premier corollaire est que si ce que le prêteur a exigé au-delà de la somme prêtée n'étoit qu'un dédommagement du préjudice qu'il auroit souffert du prêt, ce ne seroit pas une usure, mais un intérêt compensatoire, dont nous traiterons dans la section suivante.

De là naît la décision de la question si c'est un contrat usuraire que celui par lequel je vous prête un tonneau de vin, dans un temps où les vins sont à très vil prix, à la charge que vous m'en rendrez un dans un certain temps auquel il est moralement certain que le prix des vins sera beaucoup plus cher. La raison de douter est qu'en exigeant de vous un tonneau de vin d'un prix plus cher que n'étoit celui que je vous ai prêté, j'exige de vous plus que ce que je vous ai prêté. La raison de décider qu'il n'y a pas d'usure est que je ne retire aucun profit du prêt que je vous ai fait par la plus value de votre tonneau de vin; car, si je ne vous eusse pas prêté le mien, et que je l'eusse gardé, j'aurois profité, sur le tonneau de vin que je vous ai prêté, de l'augmentation du prix des vins; ce que celui que vous me rendez vaut aujourd'hui de plus que ne valoit lors du prêt celui que je vous ai prêté, ne fait que m'indemniser du profit que j'y aurois fait si je ne vous l'eusse pas prêté: je ne retire donc aucun profit du prêt que je vous ai fait; le contrat ne renferme donc aucune usure.

96. Le second corollaire qui naît du principe que l'usure doit être un lucre que le prêteur retire du prêt, est qu'il n'y a que le profit dont le prêt est la cause principale qui soit une usure; celui dont le prêt n'a été que la condition, et qui a une autre cause principale, n'est pas une usure. Par exemple, si quelqu'un m'a légué un certain héritage à condition que je prêterois à ses héritiers après sa mort une certaine somme

pour acquitter les dettes de sa succession, le legs que
je recueillerai après avoir satisfait à la condition, et
fait le prêt ordonné par le testament, est un lucre qui
n'est pas une usure; car le prêt que j'ai fait n'est que
la condition qui y a donné lieu, la cause principale
est le testament: ce n'est pas *lucrum ex mutuo*, c'est
lucrum ex testamento.

97. Pareillement, le profit dont le prêt n'a été que
l'occasion n'est pas un profit usuraire. Par exemple,
quoique le prêt que j'ai fait à mon métayer pour le
mettre plus en état de mieux cultiver ma terre me
procure un profit qui consiste en ce que ma terre en
sera mieux cultivée, ce profit n'est pas une usure; le
prêt n'en a été que l'occasion. Cette culture n'est pas
quelque chose que j'exige de lui pour le prêt, ni
comme la récompense du prêt; il me doit cette culture par le contrat du bail à ferme que je lui ai fait de
ma terre, et je lui en paye le prix par la jouissance de
ma terre que je lui donne par ce bail.

Nous avons rapporté dans notre *traité des Obligations*, n. 618, un autre exemple de profit dont le prêt
n'a été que l'occasion; voyez-le.

§. III. Pour qu'il y ait usure, il faut que l'intérêt, ou autre
profit que le prêteur a retiré du prêt, ait été exigé.

98. C'est ce qui résulte de la définition de l'usure,
lucrum ex mutuo exactum. C'est pourquoi si celui à
qui j'ai prêté une somme d'argent, après me l'avoir
rendue, veut de son bon gré me faire un présent
pour me témoigner sa reconnoissance; quoique je
fisse mieux de le refuser, je puis néanmoins très lici-

tement l'accepter : ce qui m'a été donné n'est pas une usure ; car, ne l'ayant pas exigé, ce n'est pas *lucrum ex mutuo exactum.*

99. Pour que le présent que le prêteur a reçu de l'emprunteur soit réputé lui avoir été fait librement, et ne soit pas en conséquence infecté du vice d'usure, il faut que l'emprunteur ne l'ait fait que dans le temps qu'il a rendu la somme prêtée, ou après : s'il l'avoit fait auparavant, il seroit présumé ne l'avoir fait que pour que le prêteur ne le pressât pas pour le paiement, et par conséquent ne l'avoir pas fait avec liberté entière ; ce qui suffit pour que ce présent que le prêteur a reçu soit regardé en quelque façon comme exigé, et par conséquent comme infecté du vice d'usure.

Cela doit néanmoins beaucoup dépendre des circonstances. Si celui à qui j'ai prêté une somme d'argent étoit dans l'usage, dès avant que je lui eusse fait aucun prêt, de me faire de petits présents à certains jours, *putà,* le jour de ma fête ou le jour des étrennes, et que, depuis le prêt que je lui ai fait, quoiqu'avant la restitution de la somme prêtée, il m'ait fait, aux jours accoutumés, un petit présent semblable à ceux qu'il étoit dans l'usage de me faire, je ne crois pas que dans ces circonstances le présent doive être présumé fait par l'emprunteur dans la vue de n'être pas pressé pour le paiement, ni par conséquent qu'il doive passer pour usuraire.

Cela dépend aussi beaucoup de la qualité des personnes, et de celle des choses données en présent. Par exemple, si un gentilhomme qui a emprunté une somme d'argent de son ami lui a fait présent de quelques pièces de gibier de sa chasse, ou de quelques corbeilles de beaux fruits de son jardin, je ne crois pas qu'un tel présent, qu'il seroit incivil de refuser, doive passer pour usuraire, quoiqu'il ait été fait avant la restitution de la somme prêtée.

100. Au contraire, quoique le présent n'ait été fait que lors ou depuis la restitution de la somme prêtée, il ne laisse pas quelquefois d'être usuraire. Cela est évident, lorsqu'il avoit été promis : car, quoique la promesse que l'emprunteur m'a faite ne fût pas obligatoire, et que je n'eusse pu le contraindre à me donner ce que je lui ai fait promettre de me donner, néanmoins on ne peut pas dire qu'il m'a donné de son bon gré ce qu'il m'a donné, puisqu'il ne me l'a donné que pour tenir la promesse que je lui avois fait faire, à laquelle il croyoit ne pouvoir pas décemment manquer. J'ai véritablement exigé de lui ce qu'il m'a donné, par la promesse que je lui ai fait faire de me le donner ; c'est *lucrum ex mutuo exactum*, et par conséquent une véritable usure.

101. Si lors du prêt j'avois seulement dit à l'emprunteur que je le laissois le maître de la récompense qu'il me donneroit pour le service que je lui rendois, la récompense que je recevrois de lui seroit encore en ce cas une usure ; car je l'ai exigée de lui, en lui déclarant, lors du prêt que je lui ai fait, que j'entendois en recevoir une récompense : je n'ai laissé à sa discrétion que la mesure de la récompense, mais j'ai exigé la récompense ; c'est *lucrum ex mutuo exactum*.

102. Quand je n'aurois stipulé expressément aucune

récompense pour les prêts que j'ai faits, il suffit que j'aie par quelque fait donné à entendre aux emprunteurs que je m'attendois à recevoir d'eux une récompense, pour que celle que je recevrai d'eux soit une véritable usure; car je suis censé l'avoir exigée d'eux, en leur donnant, quoique tacitement, à entendre que je ne leur faisois le prêt que parceque je m'attendois qu'ils me la donneroient.

Supposons, par exemple, qu'un propriétaire de moulin fût dans l'usage de prêter à ses pratiques, et de recevoir des présents de ceux à qui il faisoit ces prêts, sans qu'il y en eût aucune convention. Si, quelqu'un de ceux à qui il prêtoit ne lui ayant pas donné de récompense, il en avoit témoigné du mécontentement, et n'avoit plus voulu lui prêter, il auroit par là donné suffisamment à entendre à ceux à qui il avoit coutume de prêter qu'il s'attendoit à une récompense pour les prêts qu'il faisoit, et par conséquent celle qu'il recevoit d'eux devroit être regardée comme une récompense *exigée*, et une véritable usure.

103. Les théologiens vont bien plus loin. Il suffit, suivant eux, que le prêteur, en prêtant son argent, se soit attendu à recevoir une récompense du prêt, quoiqu'il n'en ait rien témoigné à l'emprunteur, pour que, par cette intention, il se soit rendu coupable d'usure, et pour que la récompense que l'emprunteur lui donneroit ensuite de son bon gré soit une usure que le prêteur ne puisse en conscience ni recevoir ni retenir.

Ils appellent cette récompense, à laquelle le prêteur s'est attendu, une usure *mentale*, qu'ils disent être condamnée par ce précepte de Jésus-Christ, rapporté dans l'Évangile de saint Luc : *Mutuum date, nihil indè sperantes.* C'est pourquoi ils ne se contentent pas de définir l'usure, *lucrum ex mutuo exactum,* comme la définissent les jurisconsultes ; ils ajoutent à cette définition ces termes, *vel speratum,* ou ceux-ci, *vel intentum.*

Je ne suis pas théologien, et il ne m'appartient pas de combattre les opinions des théologiens ; je ne puis néanmoins m'empêcher de dire que j'aurois bien de la peine à regarder comme une usure criminelle un présent qu'un riche, à qui vous avez prêté une somme d'argent, vous fait très librement et de son bon gré, pour vous en témoigner sa reconnoissance, quoique vous vous y soyez attendu, sans néanmoins avoir jamais fait paroître ni donné à entendre en aucune manière que vous vous y attendiez. Je ne vois pas que cela soit condamné par le passage de saint Luc, sur lequel les théologiens se fondent, et que nous avons rapporté *suprà,* n. 61. Jésus-Christ, dans cet endroit, commande aux chrétiens d'observer la loi d'une manière plus parfaite que ne le faisoient les Juifs : ceux-ci se contentoient de l'observer littéralement. Lorsqu'ils prêtoient, ils n'exigeoient rien au-delà de la somme prêtée ; mais ils ne prêtoient que par des vues intéressées, et qu'à ceux de qui ils espéroient recevoir la pareille dans l'occasion : *Fœnerantur ut recipiant æqualia.* Jésus-Christ nous commande de prêter par principe de charité, et par conséquent de prêter même à ceux de qui nous n'avons aucune reconnoissance à attendre, et même, dans un cas de besoin pressant, à ceux qui pourront n'être pas en état de nous rendre ce que nous leur avons prêté. Voilà, je crois, le sens de ce précepte, *Mutuum date, nihil indè sperantes.* On contrevient à ce précepte, lorsqu'on est dans la disposition de volonté de ne pas prêter à ceux de qui on n'a aucune reconnoissance à attendre, quoiqu'on en ait la commodité. Mais je ne vois pas que par ce précepte il soit défendu à celui qui prête à un riche de s'attendre à une récompense, et de la recevoir, pourvu qu'il ne l'exige pas, et qu'il ne fasse pas même connoître qu'il s'y attend.

On ne s'est jamais avisé de faire un crime à un paysan qui a trouvé une chose précieuse que j'avois égarée, de s'être attendu à une récompense, et de l'avoir reçue, pourvu qu'il ne l'ait pas exigée, et qu'il ait été dans la disposition de me la rendre quand même je ne lui donnerois aucune récompense. Il est cependant moins en droit d'en attendre une que celui qui me fait un prêt, puisque la restitution de ma chose, qu'il a trouvée, m'est due en rigueur de justice, au lieu qu'un prêt qu'on fait est un bienfait qu'on n'étoit pas obligé de faire.

§. IV. Différents exemples de profits usuraires.

104. On appelle *profits usuraires*, non seulement les intérêts que le prêteur exige de la somme prêtée, et toutes les choses qu'il se fait donner outre le sort principal, mais en général tout profit, quel qu'il soit, qu'il exige pour le prêt qu'il a fait.

C'est pourquoi le prêteur n'est pas exempt d'usure, quoiqu'il n'exige qu'une somme ou une quantité pareille à celle qu'il a prêtée, pour peu qu'il retire d'ailleurs quelque profit du prêt.

Par exemple, si je vous ai prêté un tonneau de mon vin de Saint-André, à la charge qu'après la vendange vous me rendrez un tonneau de votre vin de Saint-Denys; le vin de Saint-Denys étant plus précieux que celui de Saint-André, je serois coupable d'usure si je ne vous faisois pas raison de ce qu'un tonneau de vin de Saint-Denys vaut de plus qu'un tonneau de vin de Saint-André : car sans cela la plus value du tonneau de vin de Saint-Denys seroit un profit que je retirerois du prêt, et par conséquent un profit usuraire.

Serois-je obligé de vous faire cette raison, si, le prix des vins étant diminué, le tonneau de vin de Saint-Denys, que vous me rendrez, n'étoit pas de plus grande valeur que mon tonneau de Saint-André lorsque je vous l'ai prêté? Je réponds que j'y suis obligé même dans ce cas. La raison est que, ne vous ayant pas vendu, mais vous ayant prêté un tonneau de vin, vous avez, par le prêt, contracté l'obligation, non de me rendre la somme que valoit mon tonneau de vin lorsque je vous l'ai prêté, mais de me rendre un autre tonneau de vin de la même qualité. Il n'importe donc quel ait été le prix de mon tonneau de vin lorsque je vous l'ai prêté; car ce n'est pas de ce prix que vous êtes mon débiteur. Si le prix des vins étoit augmenté, vous ne me devriez pas moins un tonneau de vin, et je profiterois de l'augmentation : par la même raison, je dois supporter la diminution; et quoique le prix des vins soit diminué, vous ne me devez toujours qu'un tonneau de vin de la qualité de celui que je vous ai prêté. Je ne puis donc licitement en exiger de vous un d'une qualité supérieure, sans vous faire raison de la plus value.

Par la même raison, si je vous avois prêté des tonneaux de vin en fûts vieux, à la charge que vous m'en rendrez d'autres en fûts neufs, je dois vous faire raison de ce que les fûts neufs, dans lesquels vous me rendrez le vin que je vous ai prêté, valent plus que les vieux, quand'même, lors du prêt, les vieux fûts auroient valu autant que valent les neufs lorsque vous m'aurez rendu les tonneaux.

105. La défense de l'usure comprend non seulement le profit que le prêteur feroit en exigeant que l'emprunteur lui donne quelque chose outre la somme prêtée, elle comprend pareillement celui qui consiste à exiger qu'outre la restitution de la somme prêtée, l'emprunteur fasse quelque chose pour lui.

Il faut néanmoins, à l'égard des services que le prêteur exigeroit de l'emprunteur outre la restitution de la somme prêtée, distinguer ceux qui sont appréciables, et ceux qui ne le sont pas.

Lorsque le service exigé de l'emprunteur est appréciable, et qu'il l'a rendu, le prêteur doit imputer et diminuer sur la somme prêtée, qui doit lui être rendue, celle à laquelle est appréciable le service que l'emprunteur lui a rendu. Par exemple, si j'ai prêté une somme d'argent à un laboureur, à la charge qu'il me feroit une voiture ; ou à un jardinier, à la charge qu'il me tailleroit mes arbres, il n'est pas douteux que je dois diminuer à ce laboureur, sur la somme prêtée, le prix de la voiture qu'il m'a faite; et au jardinier, le prix des journées qu'il a employées à tailler mes arbres.

106. Lorsque le service que le prêteur a stipulé de l'emprunteur, par le prêt qu'il lui a fait, n'est pas ap-

préciable à prix d'argent, le prêteur n'a pas à la vérité
d'action pour contraindre l'emprunteur à lui rendre ce
service, et ne peut même en conscience l'exiger; mais
si l'emprunteur le lui a rendu, le prêteur n'est pas tenu
de lui faire pour ce service aucune diminution sur la
somme prêtée : car dès qu'on suppose que ce service
n'est pas appréciable, il s'ensuit qu'il ne peut y avoir
aucun prix, aucune somme dont le prêteur puisse être
obligé de faire raison à l'emprunteur pour ce service.

Observez qu'il dépend souvent de l'état et de la qualité de la personne de l'emprunteur si le service que
j'ai exigé de lui, par le prêt que je lui ai fait, est ou
n'est pas appréciable.

Par exemple, si j'ai prêté une somme d'argent à un
musicien de profession, à la charge de la rendre dans
un certain temps, et en outre de m'enseigner les premiers principes de la musique; ce service, de la part de
ce musicien de profession, est un service appréciable
à prix d'argent; et je suis obligé de lui faire diminution,
sur la somme que je lui ai prêtée, du prix des leçons
qu'il m'aura données, sur le pied qu'elles lui sont
payées par ses autres écoliers. Si au contraire celui de
qui j'ai stipulé le même service, par le prêt que je lui
ai fait, quoique savant dans la musique, n'est pas néanmoins musicien de profession, mais d'un état qui ne
lui permet pas de pouvoir décemment se faire payer
des leçons musique qu'il donne à ses amis; ce même
service que j'ai stipulé de lui pour le prêt que je lui ai
fait, eu égard à l'état et à la qualité de sa personne,
n'est pas un service appréciable : je ne puis pas, à la
vérité, tant qu'il ne m'a pas encore rendu ce service,

exiger de lui qu'il me le rende; mais après qu'il me l'a rendu, je ne suis pas tenu de lui faire, pour ce service, aucune diminution sur la somme que je lui ai prêtée.

107. N'étant pas obligé de payer à l'emprunteur le prix des leçons de musique qu'il m'a données, parce-qu'elles ne sont pas appréciables, eu égard à la qualité de sa personne, et qu'il ne pourroit pas décemment en recevoir le prix, ne suis-je pas obligé de donner aux pauvres le prix qu'elles m'auroient coûté si elles m'eussent été données par un maître de musique? La raison de douter est qu'en exigeant, par le prêt que j'ai fait à l'emprunteur, qu'il m'enseignât la musique, j'ai épargné la somme que j'eusse été obligé de donner à un maître pour en apprendre les principes. Or cette épargne est un profit appréciable que j'ai retiré du prêt, et par conséquent une usure qu'il ne m'est pas permis en conscience de retenir.

Nonobstant ces raisons, je crois qu'il faut décider au contraire que je ne suis sujet, dans cette espéce, à aucune restitution; et la raison est que le profit qui résulte de cette épargne est un profit que je ne retire qu'indirectement du prêt. Ce profit n'est pas quelque chose que j'aie exigé de l'emprunteur, à qui il étoit indifférent que les leçons qu'il me donnoit me procurassent, ou non, cette épargne : ce n'est donc pas une usure. Tout ce que j'ai exigé de l'emprunteur sont les leçons de musique qu'il m'a données : ces leçons n'étant point, eu égard à la qualité de l'emprunteur qui me les a données, quelque chose d'appréciable, on ne peut pas dire que j'aie exigé du prêt rien d'appré-

ciable, et par conséquent aucune usure sujette à restitution.

Un profit que le prêteur peut retirer à l'occasion du
prêt qu'il a fait n'est usuraire qu'autant que c'est aux
dépens de l'emprunteur qu'il fait ce profit : car l'usure
n'est mauvaise et n'est défendue qu'autant qu'elle renferme une injustice envers l'emprunteur, et un tort
que le prêteur lui fait dans ses biens, soit en exigeant
quelque chose des biens de l'emprunteur que l'emprunteur ne lui doit pas, soit en privant l'emprunteur
de quelque chose qui lui seroit dû. Or le prêteur, en
se faisant donner des leçons de musique par l'emprun
teur son ami, lorsqu'ils se trouvoient ensemble, ne lui
a causé aucun tort ; il n'a rien exigé des biens de l'em
prunteur, et il n'a privé l'emprunteur de rien qui lui
fût dû, puisqu'il n'en a rien coûté à l'emprunteur pour
donner ces leçons de musique, et qu'il n'étoit pas d'é-
tat à s'en faire payer. On ne peut donc pas dire que
le prêteur, en donnant ces leçons, ait commis une
usure, ni par conséquent qu'il soit sujet à aucune restitution.

108. Un autre exemple de profit usuraire est la
jouissance ou l'usage que le prêteur conviendroit qu'il
pourroit avoir de la chose qui lui a été donnée en nantissement par l'emprunteur : car cette jouissance ou cet
usage est quelque chose que le prêteur recevroit outre
la restitution qui doit lui être faite de la somme prêtée ; c'est un profit qu'il retireroit du prêt, *lucrum ex
mutuo exactum*, et par conséquent une usure.

C'est pourquoi lorsque la chose donnée en nantissement est une chose frugifère, le prêteur, pour n'être

pas coupable d'usure, doit tenir à l'emprunteur un compte exact de tous les fruits qu'il a perçus de cette chose, et lui faire diminution, sur la somme prêtée, du prix de ces fruits, sous la déduction des impenses qu'il a faites.

A l'égard des choses non frugifères, le prêteur qui les a reçues en nantissement doit les garder soigneusement, et il ne doit pas s'en servir. S'il s'en est servi, et que l'usage qu'il en a eu soit appréciable, il doit faire diminution à l'emprunteur du prix de l'usage qu'il en a eu.

Si l'usage est appréciable, lorsque la chose étoit de nature à pouvoir être louée par le débiteur qui l'a donnée en nantissement, en ce cas on estimera ce que vaut le loyer de cette chose pour le temps que le prêteur s'en est servi, et le prêteur devra faire à l'emprunteur diminution, sur le sort principal, de la somme à laquelle on aura estimé le loyer.

Lorsque la chose n'étoit pas de nature à être louée par le débiteur qui l'a donnée en nantissement; si elle étoit de celles qui s'usent et se déprécient par l'usage qu'on en fait, le prêteur qui s'en est servi pendant un temps un peu considérable doit faire diminution sur le sort principal de ce dont on estimera qu'elle a été dépréciée par l'usage qu'il en a fait. On peut apporter pour exemple le cas auquel un bourgeois de condition honnête auroit donné des draps ou du linge de table en nantissement d'une somme d'argent qui lui auroit été prêtée. Si le prêteur s'étoit servi de ces choses, je ne pense pas que l'emprunteur dût être écouté à en demander le loyer; mais il doit l'être à demander ce

dont on estimera qu'elles ont été dépréciées par l'usage
que le prêteur en a fait.

Si la chose n'étoit ni de nature à être louée, ni de
nature à se déprécier sensiblement par l'usage, l'usage
que le prêteur auroit fait de cette chose, quoique sans
droit, n'étant pas en ce cas appréciable, ne l'oblige-
roit pas à faire aucune diminution sur le sort principal.

109. Est-ce une convention usuraire que celle par
laquelle, en vous prêtant de l'argent sans intérêt, je
vous fais promettre de me rendre la pareille dans l'occasion, lorsque je me trouverai avoir besoin d'argent,
et que vous vous trouverez avoir la commodité de m'en
prêter? Les casuistes décident que cette convention est
usuraire. Leur raison est que, par cette convention,
le prêteur exige et se fait promettre par l'emprunteur
quelque chose outre la restitution de la chose prêtée.
Or l'usure consiste à exiger et à se faire promettre
quelque chose outre la somme prêtée : d'où ils concluent que cette convention est usuraire, et qu'un
prêteur se rend coupable d'usure en faisant cette convention. C'est la décision de saint Antonin, archevêque
de Florence, en son traité *de Usuris*, ch. 2, n. 14,
qui se trouve dans la grande collection de Venise.

Cette décision me paroît mériter explication. Je con-
viendrai volontiers que je ne puis pas imposer à celui
à qui je prête une somme d'argent une obligation formelle et parfaite de me rendre la pareille lorsque j'aurai moi-même besoin d'argent et qu'il se trouvera avoir
la commodité de m'en prêter. Je conviens que la promesse qu'il m'en auroit faite ne peut me donner au-

cun droit dans le for extérieur, ni aucune action pour le contraindre à l'accomplir, ni même pour lui déférer le serment décisoire sur le fait de savoir s'il ne se trouve pas avoir la commodité de me prêter l'argent que je lui demande. La raison est qu'en imposant à celui à qui j'ai fait le prêt une obligation formelle et parfaite de me rendre la pareille dans l'occasion, au lieu d'un devoir de reconnoissance volontaire, c'est exiger de lui plus qu'il ne me doit, et par conséquent c'est une injustice.

Mais si, en prêtant une somme d'argent à mon ami, je lui dis : *Je veux bien vous prêter la somme que vous me demandez; mais c'est à condition que vous me rendrez la pareille dans l'occasion; promettez-le-moi. Je n'entends pas néanmoins vous imposer sur cela aucune obligation formelle et parfaite : je m'en rapporte aisément à votre honneur et à votre probité* : je ne vois pas qu'en prêtant de cette manière je sois un usurier, ni que je commette aucune injustice. Il me semble qu'il est facile de répondre au raisonnement des casuistes. Il y a, disent-ils, usure, lorsqu'on se fait promettre quelque chose outre le sort principal. J'en conviens, pourvu que ce ne soit pas quelque chose que l'emprunteur me devroit, quand même je ne le lui aurois pas fait promettre : car il n'y a d'injustice dans une convention que lorsque l'une des parties se fait promettre par l'autre plus qu'elle ne lui doit. Elle ne peut être ni injuste, ni par conséquent usuraire, lorsqu'elle ne se fait promettre que ce qui lui est dû, et de la manière dont il lui est dû. Or la convention dont il est question est dans ce cas. En faisant un prêt à quelqu'un,

je lui fais un bienfait qui mérite sa reconnoissance :
en lui faisant promettre qu'il me rendra la pareille dans
l'occasion, lorsqu'il en aura la commodité, je ne lui
fais promettre que ce que la reconnoissance qu'il me
doit exige de lui, et à quoi il ne pourroit pas manquer, sans se rendre coupable d'ingratitude, quand
même il ne l'auroit pas promis. Je ne lui fais donc
promettre que ce qui m'est dû; et en ne lui imposant
pas une obligation parfaite, mais en me rapportant sur
cela à son honneur et conscience, non seulement je
n'exige de lui et je ne lui fais promettre que ce qu'il
me doit, mais je ne l'exige et je ne le lui fais promettre
que de la manière dont il me le doit : je ne commets
donc à son égard aucune injustice, ni par conséquent
aucune usure.

N'y ayant pas d'usure, lorsque je vous prête mon
argent, de vous faire promettre, de la manière dont
nous l'avons dit, que vous me rendrez la pareille dans
l'occasion, c'est une conséquence que je puis très licitement, et sans me rendre coupable d'usure, solliciter,
dans l'occasion, l'exécution de votre promesse, et recevoir de vous la pareille que vous avez promis de me
rendre.

A propos de ces prêts faits à la charge de rendre la
pareille dans l'occasion, je me souviens d'avoir ouï dire
à une personne qui est encore vivante, que, dans sa jeu-
nesse, quoique le commerce fût encore plus considérable à Orléans qu'il ne l'est aujourd'hui, le prêt à intérêt étoit entièrement inconnu aux marchands d'Orléans, et qu'ils se prêtoient réciproquement l'argent dont
l'emprunteur avoit besoin, à la charge de le rendre au

temps auquel le prêteur prévoyoit qu'il en auroit lui-même besoin, et à la charge de se rendre la pareille dans l'occasion. Il y avoit alors un accord tacite entre les marchands d'Orléans de s'aider ainsi mutuellement. Les casuistes nous persuaderont-ils que ces bonnes gens étoient des usuriers, et que cet accord tacite qui subsistoit entre eux, qui étoit une chose si louable, et si utile au bien public, étoit un accord criminel et usuraire? C'est rendre odieuse la théologie morale que de lui prêter de pareilles décisions.

110. Les casuistes ont imaginé une autre espéce qui a rapport à la précédente. Ils supposent que le propriétaire d'un moulin, en prêtant du grain à de pauvres paysans, leur fait promettre qu'ils lui donneront ou lui conserveront leur pratique, aux offres de leur faire une aussi bonne condition que celle que leur feroient les autres meuniers; et en supposant qu'il est entièrement indifférent à ces paysans de porter leur blé à moudre au moulin de celui qui leur a fait le prêt, ou à d'autres, les casuistes demandent si cette convention est usuraire. Ils décident pour l'affirmative, parceque, disent-ils, il y a usure toutes les fois que le prêteur exige, par le prêt, quelque chose outre la restitution de la somme prêtée, et que c'est de la part du prêteur exiger quelque chose des emprunteurs que d'exiger qu'ils lui donnent ou qu'ils lui conservent leur pratique. Ils portent si loin la rigueur de leur décision, qu'ils vont jusqu'à dire que le profit que le propriétaire du moulin a retiré de la pratique de ces paysans est un profit usuraire qu'il ne peut retenir en conscience; qu'il n'est pas obligé de le restituer à ces paysans, par-

ceque ces paysans, en lui donnant ou lui conservant leur pratique, n'ont souffert aucun tort, ne lui ayant payé pour la mouture de leur blé que ce qu'ils auroient été obligés de payer à d'autres meuniers, s'ils eussent porté leurs grains à d'autres moulins; mais qu'il est obligé de le restituer aux pauvres. C'est la décision de saint Antonin, en son traité *de Usuris*, cap. 2, n. 19, qui cite d'autres auteurs. Cette décision ne me paroît pas juste. Je conviens que la convention ne doit pas être obligatoire dans le for extérieur, parceque le propriétaire du moulin n'a pas dû, par le prêt qu'il a fait à ces paysans, leur faire une obligation précise de ce qui ne doit être de leur part qu'un devoir de reconnoissance volontaire. Mais la convention, par rapport à la chose en elle-même qui en fait l'objet, ne renferme aucune injustice; car c'est une chose juste qu'ils donnent ou conservent leur pratique à leur bienfaiteur, préférablement à d'autres, lorsqu'ils n'en souffrent aucun préjudice. Le profit que celui qui a fait le prêt a retiré de leur pratique n'est donc point un profit injuste, qu'il ne puisse retenir en conscience.

Les saintes Écritures, les conciles, la tradition, les ordonnances de nos rois, condamnent l'usure comme une injustice semblable au vol, par laquelle le prêteur cause à l'emprunteur un tort dans ses biens, en exigeant de lui quelque chose, ou en le privant de quelque chose qui lui est dû. Les casuistes conviennent que dans l'espéce dont il est question le prêteur n'a causé aucun tort aux emprunteurs : il n'a donc pas commis d'usure. Une usure qui ne fait de tort à personne est quelque chose qui implique contradiction; c'est un

hircocerve qui n'a jamais subsisté que dans l'imagi-
nation des casuistes.

§. V. De l'effet des lois qui défendent l'usure, et des peines
qu'elles prononcent contre les usuriers.

111. Les lois divines et humaines ayant condamné
l'usure, c'est une conséquence que toutes les conventions par lesquelles le prêteur stipule des intérêts, ou
quelque autre chose outre la somme prêtée, sont nulles,
et ne produisent aucune obligation, suivant cette régle:
*Pacta quæ contrà leges fiunt, nullam vim habere indu-
bitati juris est; l. 6, cod. de pact.*

Ces conventions ne produisent pas même d'obligation naturelle; et le débiteur qui a promis les intérêts
usuraires non seulement ne peut être contraint dans
le for extérieur à les payer, mais il n'y est pas même
tenu dans le for de la conscience: car quand on supposeroit que l'emprunteur, par la promesse qu'il a faite
de payer ces intérêts, auroit contracté une obligation de
les payer, cette obligation seroit détruite par celle que
le créancier auroit contractée de son côté de l'en décharger. Or on ne peut pas douter que le créancier, par l'injustice qu'il a commise d'exiger de l'emprunteur la
promesse de payer les intérêts usuraires, n'ait contracté envers lui l'obligation de réparer cette injustice,
et par conséquent de le décharger de cette promesse:
d'où il suit que l'obligation qu'on supposeroit résulter
de la promesse de l'emprunteur ne subsiste pas, et que,
même dans le for de la conscience, il n'est pas obligé à
payer les intérêts usuraires qu'il a promis de payer.

112. *Quid*, si l'emprunteur s'y étoit obligé par la reli-

gion du serment? Même en ce cas il ne pourroit être contraint, dans le for extérieur, à ces intérêts : mais y seroit-il obligé dans le for de la conscience? Voyez sur cette question notre *traité des Obligations*, part. 1, ch. 1, sect. 1, art. 8.

Dans le sentiment de ceux qui pensent que le serment, quoique extorqué par violence, oblige dans le for de la conscience, il faut dire, à plus forte raison, que le serment que l'usurier a extorqué de l'emprunteur, par le besoin pressant où il étoit, sans employer d'ailleurs aucune violence extérieure, doit obliger l'emprunteur dans le for de la conscience. Mais dans le sentiment de ceux qui pensent que le serment extorqué par violence n'est pas obligatoire, les raisons sur lesquelles ils se fondent, et que nous avons rapportées dans notre traité, militent également pour décider que celui extorqué par l'usurier, quoique sans avoir employé aucune violence, n'est pas non plus obligatoire.

113. Les intérêts et autres profits usuraires que l'emprunteur a promis n'étant pas dus, non seulement on ne peut lui en demander le paiement; mais, lorsqu'il les a payés, le paiement qu'il en a fait s'impute sur le principal, et diminue de plein droit d'autant la dette du principal.

Enfin, lorsque le principal a été payé en entier avec les intérêts, le prêteur, qui a reçu les intérêts outre le principal, est obligé de restituer ces intérêts à l'emprunteur qui les lui a payés; à moins que l'emprunteur, de son bon gré, ne voulût bien faire remise de cette restitution au prêteur qui la lui auroit offerte.

Cette obligation passe aux héritiers du prêteur, pour la part dont ils sont héritiers ; cap. 9, *extrà de usuris*.

114. Lorsque c'est un tuteur qui a fait un prêt à intérêt des deniers de ses mineurs, l'emprunteur n'ayant pu être obligé par ce prêt à plus qu'au paiement de la somme principale, le mineur ne peut lui en demander davantage. Mais lorsque l'emprunteur a payé au tuteur tant les intérêts que le principal, la restitution des intérêts, qui lui est due dans le for de la conscience, ne lui est due que par le tuteur qui lui a fait le prêt ; elle ne lui est pas due par le mineur, quoique le tuteur ait compté au mineur des intérêts. La raison est que le tuteur ayant dû faire fructifier les deniers de son mineur par un autre emploi permis qu'il en devoit faire, faute de l'avoir fait, il en doit les intérêts à son mineur. Le mineur, en recevant le reliquat du compte, dans lequel ces intérêts étoient employés, n'a reçu que ce qui lui étoit dû. Il n'a pas entendu approuver le prêt à intérêt que son tuteur a fait : il a reçu les intérêts de ses deniers, non parceque son tuteur les a reçus du débiteur à qui il les a prêtés, mais parceque son tuteur lui doit des intérêts de ses deniers, quand même il n'en auroit fait aucun emploi : il n'est donc sujet à aucune restitution. Si l'emprunteur, en payant ces intérêts, a souffert une injustice, ce n'est pas le mineur qui l'a commise, puisque ce n'est pas lui qui a fait le prêt, ni qui a exigé les intérêts.

On ne peut pas dire que le mineur doive être tenu du fait de son tuteur, qui a fait le prêt et exigé les intérêts, par la règle que le fait du tuteur est le fait du mineur ; car cette règle n'est vraie que lorsque ce que le tuteur a fait est quelque chose que l'administration de la tutéle l'a obligé de faire: mais l'administration de la tutéle n'obligeoit pas le tuteur à faire des prêts usuraires des deniers de son mineur, que les lois lui défendoient de faire.

115. Il nous reste à parler des peines que les lois prononcent contre les usuriers. L'ordonnance de Blois, art. 202, défend les usures sur peine, pour la première fois, d'amende honorable, bannissement, et condamnation de grosses amendes, dont le quart sera adjugé au dénonciateur; et, pour la seconde, de confiscation de corps et de biens (c'est-à-dire d'une peine qui fasse encourir la mort civile, telle que sont la condamnation aux galères à perpétuité, ou le bannissement du royaume à perpétuité).

L'ordonnance étend cette peine aux proxenètes, médiateurs et entremetteurs des contrats usuraires.

Observez que, quoique l'ordonnance de Blois et les autres lois antérieures et postérieures condamnent toutes les usures, les petites aussi bien que les grandes, néanmoins ces peines n'ont lieu que pour les usures énormes, n'y ayant que ces usures énormes que le ministère public poursuive extraordinairement.

La distinction que nous faisons à cet égard entre les usures énormes et les petites usures est constante dans l'usage; et elle se trouve d'ailleurs autorisée par l'ordonnance de Philippe-le-Bel, de 1313, rapportée ci-dessus, n. 67.

Les notaires qui passent les contrats usuraires sont aussi sujets à des peines. L'ordonnance de Louis XII porte: « Défendons à tous notaires de recevoir aucuns

« contrats usuraires, sur peine de privation de leurs
« états, et d'amende arbitraire. »

Cette peine n'a lieu qu'à l'égard des contrats qui
contiendroient des usures énormes. Pour les autres, les
notaires ne sont sujets qu'à des peines plus légères,
telles qu'une interdiction pour quelques mois, ou
quelque aumône.

116. Les canons ont aussi prononcé des peines contre les usuriers; savoir, celle de la déposition contre
les clercs, et celle de l'excommunication contre les
laïques, comme nous l'avons vu *suprà*.

A l'égard de celle que les décrétales y ont ajoutée,
en déclarant nuls les testaments des usuriers, elle est
manifestement abusive. Jésus-Christ ayant déclaré que
son royaume n'étoit pas de ce monde, la puissance
ecclésiastique est toute spirituelle, et elle ne s'étend
point aux choses séculières : elle ne peut par conséquent infirmer les testaments des usuriers.

SECTION IV.

Des intéréts conpensatoires.

117. L'usure, comme nous l'avons déja dit, *étant
lucrum ex mutuo*, il n'y a d'intérêts et de profits usuraires que ceux qui renferment un lucre que le prêteur
retire du prêt. Mais quand ce que le prêteur exige de
l'emprunteur au-delà du sort principal ne renferme
qu'un simple dédommagement du préjudice que le
prêteur a souffert du prêt, ce n'est point une usure ;
c'est ce qu'on appelle *des intéréts compensatoires,* que
le prêteur peut licitement recevoir.

Le préjudice que le prêteur souffre du prêt naît ou du retard que l'emprunteur a apporté à lui rendre la somme prêtée, ou du prêt même.

La loi civile a pourvu au dédommagement qui étoit dû au prêteur, de même qu'à tout autre créancier de somme d'argent, pour le préjudice que lui auroit causé le retard du paiement. Nous avons parlé de ce dédommagement dans notre *traité des Obligations*, depuis le n. 169 jusqu'à la fin de l'article : nous y renvoyons.

C'est à ces intérêts compensatoires qu'a rapport ce que dit Ulpien en la loi 12, §. 1, ff. *de verb. sign.: Minùs solvit qui tardiùs solvit, nam et tempore minùs solvitur*. Ce n'est qu'eu égard à ce que le créancier a souffert, ou manqué de gagner par le retard apporté au paiement de la dette, que le débiteur *qui tardiùs solvit* paroît *minùs solvere*, et qu'il doit en conséquence dédommager le créancier ; mais lorsque le retard n'a causé aucun préjudice au créancier, le créancier en ce cas *tantumdem recipit quantùm dedit, quamvis debitor tardiùs solvat;* et on ne peut dire en ce cas que *minùs solvit qui tardiùs solvit*.

118. Le préjudice que le prêteur souffre du prêt naît quelquefois du prêt même; et il consiste, ou dans un dommage que le prêt a causé au prêteur, ou dans un profit dont le prêt l'a privé.

On peut donner pour exemple du dommage que le prêt a causé au prêteur le cas auquel, mon ami m'ayant prié de lui prêter une somme d'argent dont il avoit un pressant besoin, j'ai été obligé, pour faire cette somme que je n'avois pas, de vendre à la hâte plusieurs effets pour un prix au-dessous de leur juste valeur, lesquels je n'aurois pas vendus sans cela. La perte que je souffre sur les effets que j'ai vendus est un dommage que je souffre du prêt que j'ai fait à mon ami, ne l'ayant souffert que pour lui faire ce prêt; c'est *damnum ex mutuo emergens.*

Dans ce cas, et dans tous les autres semblables qu'on peut imaginer, les théologiens et les jurisconsultes s'accordent à convenir que le prêteur peut licitement se faire promettre par l'emprunteur et recevoir de lui, outre la restitution du sort principal, un dédommagement de la perte que le prêt lui a causée; c'est ce qu'ils appellent le cas de *damnum emergens.*

Cela est fondé sur cette régle d'équité : *Est iniquum damnosum cuique esse officium suum;* l. 7, ff. *testam. quemadm. aper.* Si le prêt et les autres devoirs d'amitié doivent être gratuits, s'il n'est pas permis d'en exiger une récompense ; d'un autre côté, il n'est pas juste qu'il nous en coûte pour rendre service à nos amis; et l'équité veut que, lorsqu'il nous en a coûté quelque chose du nôtre, celui à qui nous avons rendu le service nous en dédommage.

Ce dédommagement que le prêteur peut exiger n'est point contraire au principe que le prêteur ne peut exiger plus que ce qu'il a donné; car il doit être censé avoir donné à l'emprunteur, outre la somme qu'il lui a prêtée, la valeur de la perte que lui a causée le prêt, puisque c'est pour rendre service à l'emprunteur qu'il a bien voulu souffrir cette perte : l'emprunteur lui en doit donc un dédommagement. Saint Thomas, 2 *quœst.,* art. 1, *ad.* 1, regarde ce dédommagement comme juste : *Diçendum quòd ille qui mutuum dat, potest absque peccato in pactum deducere cum eo qui mutuum accipit recompensationem damni per quod sibi subtrahitur aliquid quod debet habere; hoc enim non est vendere usum pecuniæ, sed damnum vitare.*

Au reste, ce dédommagement n'est licite que jusqu'à concurrence de la perte que le prêteur a réellement soufferte du prêt.

119. Le préjudice que le prêt a causé au prêteur peut aussi consister dans la privation d'un profit dont le prêt a privé le prêteur; c'est ce qu'on appelle le cas de *lucrum cessans.*

Si ce profit est un profit que j'aurois certainement fait avec mon argent, si je ne l'avois pas prêté à mon ami, et dont je ne me suis privé que pour lui faire plaisir, je puis licitement convenir que mon ami m'indemnisera de ce profit que j'ai sacrifié, et que j'ai manqué de faire pour lui prêter la somme dont il avoit besoin.

Cela est fondé sur la maxime d'équité ci-dessus rapportée, *Est iniquum damnosum cuique esse officium suum*, et sur ce qu'on peut dire véritablement que le prêteur a donné à l'emprunteur, outre la somme prêtée, la valeur du profit qu'il eût fait avec cette somme, puisque ce n'est que pour lui faire plaisir et pour la lui prêter qu'il s'est volontairement privé de ce profit.

On peut apporter plusieurs exemples de ce cas. J'avois entre les mains une somme de mille écus que j'étois sur le point d'employer au rachat d'un principal de rente de pareille somme dont j'étois débiteur : vous me priez de vous prêter cette somme, dont vous me dites avoir un très grand besoin; je vous l'ai prêtée, et au moyen de ce prêt je n'ai plus de quoi faire le rachat de la rente. Il est évident que dans ce cas le prêt que je vous ai fait me prive du profit de la libération de la rente que je m'étois proposé de racheter : vous devez donc m'indemniser, en me faisant raison des arrérages que je serai obligé de payer jusqu'à ce que vous m'ayez rendu la somme que je vous ai prêtée, laquelle m'est nécessaire pour racheter la rente que je dois.

Voici un autre exemple. Lorsque vous m'avez demandé une somme de mille écus à emprunter, dont vous m'avez dit avoir un pressant besoin, j'étois dans la disposition et volonté de faire emploi de cette somme en l'acquisition d'un certain héritage qui étoit alors à vendre, et qui me convenoit beaucoup. Sensible au besoin que vous aviez de cette somme, je vous l'ai prêtée, et, ne l'ayant plus, je n'ai pu faire l'acquisition de cet héritage; c'est un profit dont j'ai été privé par le prêt que je vous ai fait, et dont il est équitable que vous me récompensiez, en me tenant compte du revenu que m'auroit produit cet héritage, jusqu'à la restitution que vous me ferez de la somme prêtée.

120. Dans les espèces que nous venons de rapporter, le profit dont le prêteur s'est privé pour faire le prêt étoit un profit certain, c'est-à-dire qu'il eût certainement fait, si, pour faire plaisir à son ami, il ne se fût pas mis, par le prêt qu'il lui a fait, hors d'état de le faire. Si le profit dont le prêteur s'est privé étoit seulement très vraisemblable, sans être certain, le prêteur peut-il de même licitement se faire dédommager, par

l'emprunteur, de ce profit dont il s'est privé pour lui faire le prêt? Supposons, par exemple, que lorsque vous m'avez demandé une certaine somme d'argent à emprunter, j'étois sur le point de l'employer à l'acquisition d'une certaine partie de marchandises qui étoit à vendre au comptant, sur laquelle il y avoit un profit à faire très vraisemblable. Si, pour vous faire plaisir, et pour vous prêter la somme dont vous aviez besoin, je me suis mis dans le cas de ne pouvoir faire cette emplette, puis-je licitement demander un dédommagement du profit que m'auroit procuré cette emplette, et dont je me suis privé pour vous faire le prêt? Le sentiment commun est que je le puis, de telle manière néanmoins que le dédommagement ne soit pas de tout le profit qu'il y a eu à faire, mais seulement de la somme à laquelle on appréciera l'espérance que j'avois de faire ce profit lors du prêt; car le profit dont je me suis privé pour vous faire le prêt, et dont le dédommagement m'est dû, n'étoit pas un profit qui fût absolument certain; il n'étoit qu'en espérance : or un profit en espérance, quelque probable que soit l'espérance, ne peut jamais être de la même valeur que le profit lorsqu'il est né et certain.

121. Si le profit que le prêteur attendoit de l'emploi qu'il s'étoit proposé de faire de son argent, supposé qu'il ne l'eût pas prêté, n'étoit ni certain ni très vraisemblable, si ce n'étoit qu'un profit incertain, le prêteur ne pourroit en exiger aucun dédommagement. C'est de ce profit incertain qu'on doit entendre ce que dit Saint Thomas, *Secunda secundæ, quæst.* 76, art. 2, *ad* 1 : *Recompensationem damni quod consideratur in*

*hoc quod de pecuniâ non lucratur, non potest in pac-
tum deducere; quia non debet vendere id quod nondùm
habet, et potest impediri multipliciter ab habendo.*

122. Pour que le prêteur puisse licitement recevoir
quelque chose *ultra sortem ratione lucri cessantis*, il
faut non seulement que lors du prêt il eût une occasion
de faire un autre emploi de la somme prêtée, qui dût
lui procurer un profit ou certain ou très vraisemblable : il faut encore qu'il ait été véritablement dans la
disposition de faire cet emploi ; que ce n'ait été que
pour faire plaisir à son ami qu'il se soit privé de le faire;
et qu'à ne consulter que son intérêt particulier, il eût
mieux aimé faire cette acquisition que de faire le prêt
avec l'intérêt que l'emprunteur s'obligeoit de lui payer
pour dédommagement.

Mais lorsque le prêteur qui a prêté son argent à intérêt n'a pas été dans la disposition de volonté d'en faire
un autre emploi, ou que c'est pour son intérêt particulier qu'il a préféré de prêter son argent à intérêt à tout
autre emploi qu'il eût pu faire, les intérêts qu'il reçoit
sont usuraires : il ne peut en rien retenir, *ratione lucri cessantis*, sous prétexte qu'il pouvoit faire d'autres
emplois de la somme prêtée, qui lui eussent procuré
un profit, et qu'il ne dépendoit que de lui de placer
cette somme en une constitution de rente qui lui eût
produit des intérêts ; car on ne peut pas dire que le
prêteur se soit privé du profit qu'eussent pu lui procurer les autres emplois qu'il pouvoit faire de son argent,
puisqu'il n'a jamais eu la volonté de les faire. Il ne
peut pas dire que *officium suum non debet sibi esse damnosum*, puisque ce n'est pas pour faire plaisir à l'em-

prunteur, mais par cupidité et pour son intérêt particulier qu'il a préféré le prêt qu'il lui a fait à tout
autre emploi qu'il pouvoit faire de son argent.

123. Dans les cas où le prêteur peut licitement prétendre un dédommagement, *ratione damni ex mutuo
emergentis, aut lucri cessantis*, il ne lui est dû que lorsque l'emprunteur s'y est soumis : il faut que le prêteur
ait fait, lors du prêt, connoître à l'emprunteur la perte
qu'il souffroit, et le profit dont il le privoit par le prêt
qu'il lui faisoit, et qu'il lui ait déclaré qu'il lui faisoit
le prêt à la charge qu'il l'en dédommageroit; sans cela,
le dédommagement n'est pas dû par l'emprunteur, qui
n'eût peut-être pas voulu accepter le prêt à la charge
de ce dédommagement.

124. Tout ce que nous venons de dire sur les cas
auxquels le prêteur peut licitement recevoir quelque
chose *ultra sortem, ratione damni emergentis aut lucri
cessantis*, n'a lieu que pour le for de la conscience.
Dans le for extérieur, un prêteur ne seroit pas recevable à demander rien au-delà du sort principal, sous
prétexte de la perte que lui auroit causée le prêt, ou
du profit dont elle l'auroit privé. La raison est que, s'il
y étoit écouté, on ouvriroit la porte aux usures. On
auroit un moyen de les pallier toutes, en supposant
faussement dans tous les prêts à intérêt quelque perte
que le prêt auroit causée au prêteur, ou quelque profit dont elle l'auroit privé. D'ailleurs les hommes n'é-
tant pas ordinairement assez charitables pour prêter
leur argent à leurs amis, lorsqu'ils en ont besoin eux-
mêmes pour leurs propres affaires, il y a lieu de présumer que ce qu'un prêteur allègue sur le préjudice

prétendu que lui a causé le prêt n'est allégué que pour couvrir l'usure qu'il en retire.

125. Les intérêts que les monts-de-piété se font payer pour les sommes qu'ils prêtent sont une espéce d'intérêts compensatoires, qui ne sont pas par conséquent usuraires; ils sont même autorisés dans le for extérieur. On vient d'établir un de ces monts-de-piété en France, ce qu'on avoit tenté inutilement dans le siécle qui a précédé celui-ci. Il y en a beaucoup en Italie.

Ces monts-de-piété consistent dans un gros fonds d'argent destiné à faire des prêts d'argent aux particuliers du lieu où le mont-de-piété est établi, qui se présentent pour emprunter les sommes dont ils ont besoin.

Les administrateurs du mont-de-piété prêtent à ces particuliers, pour un temps limité, les sommes dont ils ont besoin, sous des gages suffisants pour répondre de la somme prêtée; ils les remettent aux administrateurs du mont-de-piété, qui s'en chargent sur leurs registres. A défaut par les emprunteurs d'avoir rendu, dans le temps prescrit, la sómme qui leur a été prêtée, les administrateurs sont autorisés à vendre les gages, en observant les formalités requises par les lois du lieu: sur le prix de ces gages, ils retiennent ce qui est dû au mont-de-piété, et rendent le surplus du prix aux propriétaires des gages, au cas qu'il en reste.

Les administrateurs de plusieurs de ces monts-de-piété exigent des emprunteurs, outre la restitution du principal, un intérêt modique des sommes qui leur sont prêtées. Ces intérêts sont destinés à subvenir aux

frais nécessaires pour l'entretien du mont-de-piété ;
tels que sont les appointements qu'il faut donner aux
commis qui tiennent les livres, le loyer des magasins
où on loge les gages, etc. Cela leur est permis, lorsque
ces établissements n'ont pas des biens immeubles qui
leur aient été donnés par leur fondation, ou depuis,
dont les revenus puissent subvenir à ces frais; pourvu
que ces intérêts soient modiques, et qu'ils n'excé-
dent pas ce qui est nécessaire pour y subvenir; car en
ce cas, il est évident que ces intérêts ne sont pas des
intérêts lucratoires, mais des intérêts purement compensatoires, lesquels ne sont par conséquent infectés
d'aucun vice d'usure.

Si les intérêts exigés des différents emprunteurs
excédoient ce qui est nécessaire pour subvenir à ces
frais, les administrateurs devroient leur rendre l'excédant.

126. Il y a une autre espèce d'intérêts compensatoires que le prêteur peut licitement exiger de l'emprunteur, *ratione periculi sortis à mutuante suscepti.*

Tels sont les intérêts que le prêteur, dans le *contrat
de prêt à la grosse aventure*, stipule de l'emprunteur
pour le prix des risques de la mer, par rapport aux
effets sur lesquels le prêt est fait, dont le prêteur se
charge à la décharge de l'emprunteur : voyez sur cette
matière, notre *traité du Prêt à la grosse aventure.*

Ces intérêts ne sont rien moins qu'usuraires : ils ne
sont pas la récompense du prêt, ils ont une autre cause
qui est extrinséque au prêt; ils sont le prix du risque
dont le prêteur veut bien se charger à la décharge de
l'emprunteur, sur qui ce risque devoit naturellement

Traité de l'usure.   14

tomber. Le prêteur n'étoit pas obligé de se charger de ce risque pour en décharger l'emprunteur; il peut donc licitement exiger le prix de ce risque, qui est quelque chose d'appréciable.

127. Il en est bien autrement du risque que court le prêteur de perdre la somme qu'il a prêtée, par l'insolvabilité de celui à qui il l'a prêtée. Il n'est pas permis au prêteur de rien exiger de l'emprunteur pour raison de ce risque : ce risque étant une suite naturelle du prêt, dont il est inséparable, ce seroit alors exiger quelque chose *ultrà sortem propter mutuum*, ce qui est une usure. Bien loin que la pauvreté de l'emprunteur, qui fait craindre qu'il ne devienne insolvable, puisse être une raison pour exiger de lui des intérêts, au contraire c'est une raison pour rendre plus criminels les intérêts du prêt qui lui est fait: sa pauvreté est une raison qui doit porter à lui subvenir, et non à l'opprimer. Si la crainte de l'insolvabilité de l'emprunteur étoit une raison pour exiger de lui des intérêts, il s'ensuivroit la plus grande absurdité; c'est que plus un homme seroit pauvre, plus il seroit permis de l'accabler d'usures.

SECTION V.

De l'escompte.

128. On appelle *escompte* la déduction que fait celui qui paye une somme avant l'échéance du terme auquel elle est payable, d'une partie de cette somme, pour lui tenir lieu de l'intérêt de la somme payée, depuis le jour du paiement jusqu'à celui de l'échéance du terme auquel cette somme étoit payable.

Par exemple, si, en vous payant aujourd'hui une somme de 1,000 livres qui vous étoit due, mais qui n'étoit payable que dans un an, je retiens sur cette somme une somme de 5o livres pour me tenir lieu de l'intérêt de cette somme depuis le jour du paiement que je vous en fais d'avance jusqu'à celui de l'échéance du terme auquel elle étoit payable, cette somme de 5o livres que je retiens, en ne vous payant que 95o livres pour les 1,000 livres, est ce qu'on appelle *l'escompte de la somme qui est payée d'avance.*

Il y a une très grande ressemblance entre cet escompte et l'intérêt du prêt. De même qu'il n'est pas permis au prêteur d'une somme d'argent d'exiger rien au-delà de la somme prêtée, lorsque ce qu'il reçoit au-delà de la somme prêtée n'est autre chose que *lucrum ex mutuo exactum,* de même celui qui paye d'avance à un créancier la somme d'argent qui lui est due ne peut licitement rien retenir de cette somme, lorsque ce qu'il retient n'est autre chose qu'un profit et une récompense de l'avance qu'il fait, *lucrum ex prærogatâ solutione exactum.* Il y a entière parité de raison. S'il n'est pas permis au prêteur d'une somme d'argent de rien exiger de plus que la somme prêtée, c'est que par le prêt qu'il fait il ne donne rien de plus que la somme prêtée, et que l'équité ne permet pas de recevoir plus qu'on n'a donné. Pareillement, celui qui paye par avance à un créancier la somme qui lui est due ne donne néanmoins au créancier, en lui faisant ce paiement d'avance, rien de plus que la somme qui lui est due; et par conséquent il ne lui est pas plus permis de retenir quelque chose pour l'avance qu'il fait, qu'à un prêteur d'exiger quelque chose pour l'avance qu'il fait.

Vous direz : Celui qui paye d'avance donne au créancier quelque chose de plus que la somme qui lui est due; car il lui donne *commodum repræsentationis*, par rapport auquel il est dit, *plus etiam tempore solvitur*. La réponse est que ce *commodum repræsentationis* est de même nature, et est entièrement semblable au *commodum ex mutuo* que le prêteur d'une somme d'argent procure à l'emprunteur. C'est pourquoi, de même que le prêteur d'une somme d'argent ne peut licitement tirer aucun profit du *commodum ex mutuo* qu'il procure à l'emprunteur, pareillement celui qui paye d'avance à un créancier la somme qui lui est due ne peut licitement tirer aucun profit du *commodum repræsentationis* qu'il lui procure.

129. L'escompte n'est illicite que lorsqu'il renferme un profit que celui qui paye d'avance retire de l'avance qu'il fait, lorsqu'il est *lucrum ex prærogatâ solutione;* ce qui arrive lorsque l'anticipation du paiement ne cause aucune perte à celui qui fait le paiement d'avance, et ne le prive d'aucun gain. Mais lorsque le paiement que quelqu'un fait d'avance à un créancier cause quelque perte à celui qui fait le paiement, ou le prive de quelque gain qu'il eût fait sur la somme qu'il paye d'avance, celui qui paye d'avance peut en ce cas retenir licitement, sur la somme qu'il paye, un escompte jusqu'à concurrence de la perte que lui cause l'anticipation du paiement, ou du gain dont elle le prive. Cet escompte en ce cas est licite; car ce n'est pas *lucrum ex prærogatâ solutione*, c'est un juste dédomma-

gement de la perte que l'anticipation du paiement cause à celui qui paye d'avance, ou du gain dont elle le prive; c'est *justa recompensatio damni ex prærogatâ solutione emergentis, aut lucri cessantis* : et ce dédommagement est très permis; car si, d'un côté, l'équité ne permet pas que nous exigions un profit pour le plaisir que nous faisons à quelqu'un, lorsqu'il ne nous en coûte rien pour le lui faire, d'un autre côté elle veut que, s'il nous en coûte quelque chose pour le faire, nous en soyons dédommagés. *Iniquum est damnosum cuique esse officium suum*, l. 7, ff. *Testam. quemad. aper.* En cela l'escompte est semblable à l'intérêt du prêt, qui n'est illicite et usuraire que lorsqu'il renferme un profit que le prêteur retire du prêt, lorsqu'il est *lucrum ex mutuo exactum;* et qui au contraire est permis lorsqu'il ne renferme qu'un juste dédommagement de la perte que le prêt cause au prêteur, ou du gain dont elle le prive, comme nous l'avons vu en la section précédente.

130. Il y a une autre espéce d'escompte qui se pratique assez souvent entre marchands par ceux qui achétent au comptant des créances qui ne sont payables qu'au bout d'un certain terme.

La créance d'une somme ne peut être licitement vendue pour une moindre somme, lorsque le vendeur garantit la solvabilité du débiteur, sur-tout lorsqu'il s'oblige de l'acquitter lui-même sur le premier refus qu'en feroit le débiteur; voyez le *traité du Contrat de vente,* n. 577. Néanmoins lorsque la créance n'est payable qu'au bout d'un certain terme, il arrive souvent, entre marchands, que l'acheteur fait diminution au vendeur d'une partie de la somme pour l'escompte, c'est-à-dire pour l'intérêt que la somme auroit produit depuis le paiement que fait l'acheteur jusqu'au jour de l'échéance du billet. Par exemple, si je vous achète au comptant un billet de 1,000 livres qui n'est payable que dans un an, je fais déduction, sur la somme de 1,000 livres, d'une somme de 50 liv. pour l'escompte ou l'intérêt d'un an de cette somme, jusqu'à l'échéance du billet, et en conséquence je ne vous compte pour le prix du billet que la somme de 950 livres.

Lorsque l'acheteur a acheté le billet pour le garder dans son porte-feuille jusqu'au temps de l'échéance, et que l'avance qu'il a faite de son argent au vendeur ne lui a causé aucune perte, et ne l'a privé d'aucun gain, il n'est pas douteux que l'escompte du billet est aussi illicite et usuraire que l'est l'intérêt que le prêteur d'une somme d'argent exige de l'emprunteur.

Il est même encore plus usuraire que l'intérêt du prêt, lorsque le prêteur ne l'exige qu'au taux de l'ordonnance; car l'acheteur d'un billet de 1,000 livres qui n'est payable que dans un an, en faisant payer au vendeur un escompte de 50 livres, et en ne lui comptant en conséquence qu'une somme de 950 liv., exige de lui, pour cette somme de 950 liv. qu'il lui compte, un intérêt plus fort que celui de l'ordonnance; puisque l'intérêt de cette somme, suivant le taux de l'ordonnance, n'est que de 47 livres 10 sols, et que d'ailleurs l'acheteur se fait payer d'avance de l'escompte, au lieu qu'un prêteur ne se fait payer de l'intérêt qu'à l'échéance du terme.

Mais lorsque le billet payable au bout d'un certain

temps, que j'achéte de vous au comptant, doit me servir incontinent à payer mon créancier, à qui je dois pareille somme, ou à payer le prix des marchandises dont je me propose de faire emplette, et que je suis moralement certain que mon créancier ou celui qui me vendra les marchandises ne le prendra en paiement que sous la déduction de l'escompte ordinaire, en ce cas je puis licitement, en vous achetant au comptant ce billet, retenir l'escompte : car l'escompte n'est pas en ce cas *lucrum ex prærogatâ solutione;* il n'est qu'un juste dédommagement de l'escompte que je serai moi-même obligé de payer pour me servir de votre billet, que je ne vous ai acheté au comptant que pour vous faire plaisir : et ce dédommagement peut être licitement exigé; car, comme nous l'avons déja observé ci-dessus, s'il n'est pas permis de retirer du profit d'un plaisir qu'on fait à son prochain, il est permis de se faire dédommager de ce qu'il en coûte pour le faire.

C'est par cette raison qu'on peut excuser l'escompte qui se pratique entre marchands dans les foires de Lyon et autres; car le marchand qui retient un escompte sur le prix d'un billet payable au bout d'un certain temps, qu'il prend en paiement, compte le commercer incontinent, et le donner lui-même en paiement à un autre marchand, qui lui retiendra un pareil escompte; et c'est en compensation de celui qu'on lui retiendra qu'il a fait payer un escompte à celui de qui il a reçu le billet.

131. Il y a une autre espéce d'escompte qui est licite; c'est dans le cas auquel l'acheteur d'un héritage ou d'une autre chose frugifère, qui ne doit entrer en pos-

session de la chose vendue qu'au bout d'un certain temps, en paye néanmoins le prix d'avance au vendeur. L'acheteur peut licitement retenir l'escompte, qui consiste dans les intérêts du jour du paiement anticipé qu'il en fait, jusqu'au jour qu'il entrera en possession de l'héritage. Le vendeur doit en ce cas les intérêts du prix pour les fruits de l'héritage qu'il perçoit; car de même que dans le cas inverse l'acheteur qui est entré en possession et jouissance de l'héritage vendu avant que d'en avoir payé le prix doit les intérêts du prix pour les fruits qu'il perçoit, n'étant pas juste qu'il ait tout à-la-fois la jouissance de la chose et du prix; de même, dans cette espèce, le vendeur qui reçoit d'avance le prix de l'héritage vendu, dont il retient la jouissance, doit, pour les fruits qu'il perçoit, les intérêts du prix qu'il a reçus, ne devant pas avoir tout à-la-fois la jouissance de la chose et du prix.

TROISIÈME PARTIE.

DU QUASI-CONTRAT APPELÉ PROMUTUUM,
ET DE L'ACTION CONDICTIO INDEBITI.

SECTION PREMIÈRE.

Du *promutuum*.

Nous verrons, dans un premier article, ce que c'est que le quasi-contrat *promutuum;* quels sont les rapports qu'il a avec le contrat *mutuum*, et en quoi il en diffère. Nous verrons, dans un second article, quelle est l'obligation qui en naît.

ARTICLE PREMIER.

Ce que c'est que le quasi-contrat *promutuum;* quels sont ses rapports avec le contrat *mutuum*, et en quoi il en diffère.

132. On appelle *promutuum* le quasi-contrat par lequel celui qui reçoit une certaine somme d'argent, ou une certaine quantité de choses fongibles, qui lui a été payée par erreur, contracte envers celui qui la lui a payée par erreur l'obligation de lui en rendre autant.

C'est le paiement qui est fait par erreur qui forme ce quasi-contrat : on l'appelle *promutuum*, à cause des rapports qu'il a avec le contrat *mutuum*.

133. Ces rapports consistent en ce que, 1° il faut

pour l'un et pour l'autre la tradition d'une certaine somme, ou d'une certaine quantité de choses fongibles.

2° De même que le *mutuum* n'est parfait que lorsque la propriété de cette somme ou quantité a été transférée à l'emprunteur, ou lorsqu'à défaut de cette translation de propriété, l'emprunteur l'a consommée de bonne foi; de même, lorsque je vous ai payé une certaine somme ou une certaine quantité que je croyois par erreur vous devoir, le *promutuum* n'est point parfait, et ne produit point en vous l'obligation de me rendre une pareille somme ou quantité, si je ne vous ai pas transféré la propriété des espéces, ou si, à défaut de translation de propriété, vous ne les avez pas consommées : en attendant vous êtes seulement sujet à la revendication des espéces de la part de ceux à qui elles appartiennent.

3° Le principal rapport qu'a le *promutuum* avec le *mutuum* consiste dans la parfaite ressemblance des obligations qui en naissent: car de même que par le contrat *mutuum* l'emprunteur qui a reçu une certaine somme d'argent, ou une certaine quantité de choses fongibles, est obligé envers le prêteur de qui il l'a reçue à lui rendre une pareille somme ou quantité; de même par le *promutuum*, celui qui a reçu par erreur le paiement d'une certaine quantité de choses fongibles qui ne lui étoit pas due est obligé envers celui de qui il l'a reçue, et qui la lui a payée par erreur, à lui rendre une pareille somme ou une pareille quantité : c'est pourquoi la loi 5, §. 3, ff. *de oblig. et act.*, dit que celui *qui non debitum accepit per errorem sol-*

ventis, obligatur quasi ex mutui datione, *et eâdem actione tenetur quâ debitores creditoribus.*

134. Nonobstant ces rapports, le *promutuum* est très différent du *mutuum*.

Le *mutuum* est un contrat; c'est par le consentement des parties qu'est formée l'obligation qu'il produit : le prêteur ne prête que dans l'intention que l'emprunteur s'obligera envers lui à lui rendre une somme ou une quantité pareille à celle qu'il lui prête, et l'emprunteur consent et se soumet à s'y obliger. Au contraire, le *promutuum* n'est pas un contrat, c'est un quasi-contrat; il est rapporté parmi les quasi-contrats, au tit. des Instit. *de oblig. quæ ex quasi-contr. nasc.*, §. 7, et dans la loi 5, ff. *de oblig. et act.*, ci-dessus. Il n'intervient aucun consentement des parties pour former l'obligation qui en naît. Celui qui, par erreur, paye à quelqu'un ce qu'il ne lui doit pas, croyant le lui devoir, n'a pas intention de lui faire contracter aucune obligation; et celui qui reçoit n'a pas pareillement intention d'en contracter aucune.

On ne doit pas même, comme quelques uns l'ont pensé, supposer un pacte tacite entre les parties, de rendre, au cas que la chose ne fût pas due; car la persuasion en laquelle on suppose que les parties étoient que la chose étoit due exclut ce pacte tacite. Gaïus, en parlant du *promutuum*, dit : *Non potes intelligi is qui ex eâ causâ tenetur, ex contractu, obligatus esse; qui enim solvit per errorem, magìs distrahendæ obligationis animo quàm contrahendæ dare videtur;* d. l. 5, ff. *de oblig. et act.*

L'obligation qui naît du *promutuum* est donc formée sans qu'il intervienne, pour la former, aucun consentement des parties. C'est l'équité qui la forme, et qui ne permet pas que celui qui a reçu le paiement de ce qui ne lui étoit pas dû s'enrichisse aux dépens de celui qui le lui a payé par erreur : *Jure naturæ æquum est neminem cum alterius detrimento fieri locupletiorem;* l. 206, ff. *de R. J.*

ARTICLE II.

De l'obligation qui naît du *promutuum*.

135. Du *promutuum* naît l'obligation de rendre une somme ou quantité pareille à celle qui a été payée par erreur comme due, quoiqu'elle ne le fût pas.

136. C'est celui à qui la somme ou quantité a été payée qui contracte cette obligation, et il la contracte envers celui qui l'a payée.

La somme ou quantité est censée m'avoir été payée, et je contracte l'obligation de rendre pareille somme ou quantité, soit que je l'aie reçue par moi-même, soit qu'elle ait été reçue en mon nom par un autre qui avoit qualité de la recevoir pour moi, ou à qui j'avois donné ordre de la recevoir, suivant la régle, *Quod jussu alterius solvitur, pro eo est quasi ipsi solutum esset;* l. 180, ff. *de R. J.*

Il en est de même lorsque j'ai ratifié la réception qui en avoit été faite en mon nom par quelqu'un : *Nam ratihabitio mandato comparatur;* l. 12, §. 4, ff. *de solut.*

137. Pareillement, vous êtes censé m'avoir payé la somme ou quantité qui ne m'étoit pas due, et c'est

envers vous que je contracte l'obligation de rendre une pareille somme ou pareille quantité, soit que vous me l'ayez payée par vous-même, soit que vous me l'ayez payée par un autre qui me l'a payée en votre nom.

138. L'objet de cette obligation est une somme ou quantité pareille à celle qui a été reçue ; en quoi cette obligation ressemble à celle de *mutuum*.

Celui qui a payé par erreur ne peut répéter que la somme : il n'en peut prétendre aucuns intérêts ; l. 1, *cod. de condict. indeb.*

139. Suivant les principes du droit romain, de cette obligation naissoient deux actions, dont celui qui avoit payé par erreur avoit le choix.

La première est celle qu'on appelle *condictio certi*, qui est la même qu'avoit le prêteur dans le *mutuum*, et en général la même qu'avoient tous ceux qui étoient, *ex quâcumque causâ*, créanciers de quelque chose de certain et de déterminé. C'est de cette action que Gaïus entend parler, lorsqu'il dit : *Qui non debitum accipit... eâdem actione tenetur quâ debitores creditoribus ;* l. 5, §. 3, ff. *de oblig. et act.*

La seconde est l'action qu'on appelle *condictio indebiti*, dont nous allons parler dans la section suivante.

La distinction de ces différentes actions qui ont un même objet n'est pas d'usage dans notre droit françois.

SECTION II.

De l'action appelée *condictio indebiti.*

140. L'action qu'on appelle *condictio indebiti* est celle qui a lieu toutes les fois que quelqu'un a payé par

erreur à un autre, non seulement une certaine somme d'argent, ou une certaine quantité de choses fongibles, qui est le cas du *promutuum*, mais généralement quelque chose que ce soit, qu'il croyoit par erreur devoir.

Cette action naît de l'obligation que celui qui a reçu quelque chose qui ne lui étoit pas due a contractée, par le paiement qui lui en a été fait, de la rendre à celui qui la lui a payée par erreur. Le paiement qui lui en a été fait est un quasi-contrat, qui forme en lui cette obligation.

Le fondement de cette obligation est cette régle de l'équité naturelle : *Jure naturæ æquum est neminem cum alterius detrimento et injuriâ fieri locupletiorem;* l. 206, ff. *de R. J.* Cette régle ne permet pas que celui qui a reçu une chose qui ne lui étoit pas due s'enrichisse par ce paiement aux dépens de celui qui lui a fait ce paiement par erreur; et elle oblige en conséquence à lui rendre ce qu'il lui a ainsi payé par erreur.

141. De là il suit, 1° que l'action *condictio indebiti* est une action personnelle, puisqu'elle naît de l'obligation personnelle que contracte celui à qui on a payé par erreur une chose qui ne lui étoit pas due.

De là il suit, 2° que l'action *condictio indebiti* ne se donne contre celui à qui le paiement a été fait par erreur que jusqu'à concurrence de ce qu'il a profité et s'est enrichi par le paiement qui lui a été fait par erreur; car son obligation, d'où naît l'action *condictio indebiti*, n'a pour fondement que la régle d'équité qui ne permet pas qu'il s'enrichisse aux dépens de celui qui a fait le paiement.

142. Pour qu'il y ait lieu à l'action *condictio inde-*

biti, il faut, 1° que ce qui est payé ne soit pas dû ;
2° qu'il n'y ait eu aucun sujet réel de payer ; 3° que le
paiement ait été fait par erreur. Nous discuterons ces
trois points dans les trois premiers articles. Nous verrons dans les suivants qui sont ceux qui ont cette action, et qui sont ceux qui en sont tenus ; quel est l'objet de cette action ; et enfin si elle peut quelquefois
avoir lieu contre des tiers détenteurs de la chose payée
par erreur.

ARTICLE PREMIER.

Il faut que ce qui est payé ne soit pas dû.

On peut supposer plusieurs cas dans lesquels on
paye ce qui n'est pas dû, et dans lesquels en conséquence il y a lieu à l'action *condictio indebiti*.

PREMIER ET SECOND CAS.

143. On paye ce qui n'est pas dû, et il y a lieu à la
répétition et à l'action *condictio indebiti*, non seulement lorsqu'il n'a jamais existé aucun titre de la dette
qu'on croit acquitter, mais aussi lorsque le titre est un
titre nul, dont on a découvert la nullité depuis le paiement : *Ex omnibus causis quæ jure non valuerunt, vel
non habuerunt effectum, secutâ per errorem solutione,
condictioni locus erit ;* l. 54, ff. *de condict. indeb.*

On peut apporter pour exemple le cas d'un héritier
qui paye des legs portés par le testament du défunt.
Le testament, qui étoit le titre de la dette que l'héritier
croyoit acquitter, se trouve nul, *putà*, par la révoca-
tion qui en a été faite par un autre testament dont

l'héritier n'avoit pas alors connoissance; ou de nul effet par les dettes de la succession, qui en ont absorbé les biens, et n'ont pas laissé de quoi acquitter les legs. L'héritier, en acquittant ces legs, se trouve avoir payé ce qui n'étoit pas dû, et il y a lieu à l'action *condictio indebiti. Si quid ex testamento solutum sit, quod posteà falsum vel ruptum apparuerit, repetetur; vel si post multum temporis emerserit æs alienum, etc.* l. 2, §. 1, ff. *de condict. indeb.*

Voici un autre exemple. Vous m'avez vendu une chose dont je vous ai payé le prix : j'ai depuis découvert que la chose que vous m'avez vendue étoit une chose qui m'appartenoit, et par conséquent que la vente que vous m'en avez faite étoit nulle; je vous ai en ce cas payé ce qui n'étoit pas dû, et il y a lieu à la répétition. *Servum meum insciens à te emi, pecuniamque tibi solvi, eam me à te repetiturum, et eo nomine condictionem mihi esse omnimodò puto, sive scivisses meum esse, sive ignorasses;* l. 37, ff. *d. tit.*

TROISIÈME CAS.

144. Je suis censé avoir payé ce qui n'est pas dû, quoique, selon la subtilité du droit, je puisse paroître en être débiteur, lorsque j'avois une exception péremptoire pour m'en défendre : *Indebitum solutum accipimus, non solùm si omninò non debeatur, sed et si per aliquam exceptionem peti non poterat; quare hoc quoque repeti potest, nisi sciens se tutum exceptione solvit;* l. 26, §. 3, ff. *d. tit.*

Par exemple, si je vous ai payé une certaine somme, portée en une promesse de mon père, dont je suis l'héritier, et que j'aie découvert depuis que vous aviez extorqué de mon père cette promesse par dol ou par violence, quoique, selon la subtilité du droit, je puisse paroître débiteur de cette promesse, néanmoins dans la vérité, j'ai payé une chose non due, au moyen de l'exception péremptoire de dol ou de violence que j'avois pour m'en défendre.

145. Notre principe n'a pas lieu indistinctement à l'égard de toutes les exceptions péremptoires : il faut en excepter celles qui laissent subsister avec elles une obligation naturelle de ce qui a été payé ; car, comme nous le verrons au paragraphe suivant, cette obligation naturelle suffit pour exclure la répétition de ce qui a été payé.

C'est le jurisconsulte Marcellus qui insinue cette distinction entre les exceptions péremptoires qui détruisent toute obligation, et celles qui laissent subsister une obligation naturelle, lorsqu'il dit : *Desinit debitor esse qui nactus est exceptionem justam, nec ab æquitate naturali abhorrentem;* l. 66, ff. *de R. J.*

On peut apporter pour exemple d'une exception péremptoire qui laisse subsister une obligation naturelle, la prescription trentenaire que j'ai acquise contre une dette dont je suis véritablement débiteur.

Il en est de même de l'exception *rei judicatæ*, qui résulte d'un jugement en dernier ressort, qui, faute de preuves que mon créancier n'a recouvrées que depuis le jugement, m'a donné congé de la demande d'une somme dont j'étois véritablement débiteur. Cette exception laissant subsister l'obligation naturelle, si je paye, je ne serai pas censé avoir payé une chose non due, et il n'y aura pas lieu à la répétition : *Judex si malè absolvit, et absolutus suâ sponte solverit, repetere non potest;* l. 28, ff. *de condict. indeb.*

Cela doit avoir lieu quand même le débiteur, lors du paiement, n'auroit pas encore eu connoissance du jugement qui lui donnoit congé de la demande, et qui lui avoit procuré l'exception *rei judicatæ :* car ce n'est pas la connoissance du jugement rendu à son profit, qu'il avoit lors du paiement, qui l'exclut de la répétition de la somme qu'il a payée ; c'est son obligation naturelle, que le jugement n'a pas détruite, et qui subsiste, soit qu'il ait ignoré le jugement, soit qu'il en ait eu connoissance.

QUATRIÈME CAS.

146. On a payé une chose non due, non seulement lorsque rien de ce qu'on a payé n'étoit dû, mais aussi lorsqu'on a payé plus qu'il n'étoit dû ; et il y a lieu en conséquence à la répétition de l'excédant par l'action *condictio indebiti : Si quid probare potueris patrem tuum, cui heres exstitisti, ampliùs debito creditori suo persolvisse, repetere potes;* l. 1 , *cod. de condictione indeb.*

Je suis censé avoir payé plus que je ne devois, et il y a lieu en conséquence à la répétition, lorsque par erreur j'ai omis de faire quelque déduction ou quelque rétention sur la chose payée, que j'avois droit de faire. Javolenus rapporte cet exemple : *Si is qui hereditatem vendidit et emptori tradidit, id quod sibi mortuus debuerat non retinuit, repetere poterit, quia plus*

debito solutum per condictionem rectè recipietur; l. 45,
ff. *d. tit.*

Voyez un autre exemple en la loi 40, §. 1, ff. *d. tit.*

147. Pomponius nous rapporte un exemple d'une
rétention qu'on a omis de faire sur la chose payée :
Quùm iter excipere deberem, fundum liberum per er-
rorem tradidi; incerti condicam, ut iter mihi conceda-
tur; l. 22, §. 1, *d. tit.*

N'eussé-je omis que de me faire donner une caution
que j'avois droit de me faire donner en payant, je suis
censé avoir, pour cela seul, payé plus que je ne devois,
et je puis répéter cette caution par l'action *condictio*
indebiti. Nous en trouvons un exemple dans la loi 39,
ff. *d. tit.* : *Si qui à fideicommissario sibi cavere poterat*
non caverit, quasi indebitum plus debito eum solutum
repetere posse divi Severus et Antoninus rescripserunt.

CINQUIÈME CAS.

148. C'est payer une chose non due, non seulement
que de payer ce qui n'a jamais été dû, mais aussi que
de payer ce qui a cessé d'être dû.

C'est pourquoi il n'est pas douteux que si, dans l'i-
gnorance où j'étois du paiement que mon codébiteur
avoit fait de la somme entière dont j'étois codébiteur
solidaire avec lui, j'ai payé cette somme une seconde
fois, j'en ai la répétition, parceque j'ai payé ce qui n'é-
toit plus dû.

Quid, si nos deux paiements étoient de même date?
En ce cas, nos deux paiements faisant le double de ce
qui étoit dû, nous avons payé plus qu'il n'étoit dû, et
nous devons avoir par conséquent, chacun pour moi-

tié, la répétition de l'excédant. C'est ce qu'enseigne Celsus : *Si duo rei qui decem debebant, viginti pariter solverint, Celsus ait singulos quina repetituros; quia quùm decem deberent, viginti solvissent, et quod ampliùs ambo solverint, ambo repetere possunt;* l. 19, §. 4. La loi 20 ajoute : *Si reus et fidejussor solverint pariter, in hâc causâ non differunt à duobus reis promittendi.* Je crois néanmoins que, pour éviter le circuit d'actions, on doit accorder à la caution la répétition de tout ce qui a été payé de trop; et le créancier, en le lui restituant, sera déchargé envers le débiteur principal.

149. Lorsque deux différentes choses étoient dues sous une alternative, par deux débiteurs solidaires, dont chacun en a payé une; si les paiements sont de différente date, il est évident que c'est le second qui est un paiement de chose non due. Mais si les paiements sont de même date, chacun des deux débiteurs n'a pas, comme dans l'espéce précédente, la répétition pour moitié de ce qu'il a payé; car le créancier doit avoir en entier l'une des deux choses. C'est pourquoi, dans ce cas, le créancier a le choix de rendre celle des deux choses qu'il voudra; et en la rendant à celui qui l'a payée, il sera quitte tant envers lui qu'envers celui qui lui a payé celle qu'il retient : *Hoc casu,* dit Paul, *electio est creditoris cui velit solvere, ut alterius repetitio impediatur;* l. 21, ff. d. tit.

SIXIÈME CAS.

150. C'est payer une chose non due que de la payer avant l'accomplissement de la condition sous laquelle

elle est due: car, comme nous l'avons vu en **notre** *traité des Obligations*, n. 218, ce qui est dû sous condition n'est pas encore dû: *Tantùm spes est debitum iri.*

C'est pourquoi il y a lieu en ce cas à la répétition de ce qui a été payé, tant que la condition n'est pas accomplie. Mais si, avant que la répétition ait été exercée, la condition vient à s'accomplir, il n'y a plus lieu, parceque, l'accomplissement des conditions ayant un effet rétroactif, on est alors censé avoir payé une chose due. C'est ce qu'enseigne Pomponius: *Sub conditione debitum per errorem solutum, pendente quidem conditione, repetitur; conditione autem existente repeti non potest;* l. 16, ff. *d. tit.*

151. Il n'en est pas du terme de paiement comme de la condition. Le terme n'empêche pas que la dette n'existe; il en diffère seulement l'exigibilité: c'est pourquoi le paiement, quoique fait avant le terme, n'est pas un paiement de chose non due, et ne donne pas lieu par conséquent à la répétion: *In diem debitor adeò debitor est, us ante diem solutum repetere non possit;* l. 10, ff. *d. tit.*

Une condition qui doit certainement s'accomplir n'est pas proprement une condition, et n'a l'effet que d'un terme de paiement: c'est pourquoi, *Si sub eâ conditione debetur quæ omnimodo exstitura est, solutum repeti non potest;* l. 18, ff. *d. tit.*

152. On ne peut pas à la vérité répéter la somme ou la chose qui a été payée avant l'échéance du terme du paiement; mais celui qui a payé par erreur avant le terme ne peut-il pas au moins répéter la valeur du bénéfice que celui à qui le paiement a été fait a dû

ressentir de l'anticipation du terme? Non; ce seroit exiger un escompte. L'escompte n'étant pas plus licite que l'intérêt du prêt, et ne pouvant être licitement stipulé, comme nous l'avons vu *suprà*, il ne peut pas, à plus forte raison, être demandé lorsqu'il n'a pas été promis.

SEPTIÈME ET HUITIÈME CAS.

153. C'est payer une chose non due, lorsqu'on la paye à un autre qu'à celui à qui elle est due, ou lorsqu'un autre que celui qui la doit la paye, comme s'en croyant par erreur le débiteur: *Indebitum est non tantùm quod omninò non debetur, sed et quod alii debetur si alii solvatur; aut si id, quod alius debeat, alius, quasi ipse debeat, solvat;* l. 65, §. *fin.* ff. *d. tit.*

On peut apporter pour exemple de la première partie de cette régle le cas auquel j'ai payé à celui qui se disoit faussement être fondé du pouvoir de mon créancier, l. 8, *cod. de condict. indeb.,* ou qui se disoit faussement son héritier; l. 26, §. 11, ff. *d. tit.*

On peut apporter pour exemple de la seconde partie le cas auquel j'aurois payé la dette de celui dont je m'étois faussement persuadé être l'héritier, et par conséquent le débiteur de son créancier. C'est le cas que Pomponius rapporte en la loi 19, §. 1, ff. *d. tit.:* *Quamvis debitum sibi quis recipiat, tamen si is qui dat non debitum dat, repetitio competit; veluti si is qui, heredem se falsò existimans, creditori hereditario solverit.*

Mais lorsque le paiement a été fait pour le véritable débiteur, et en son nom, quoique ce ne soit pas le débiteur qui l'ait fait, il n'y a pas lieu à la répétition.

C'est de ce cas qu'il faut entendre ce que dit Paul : *Repetitio nulla est ab eo qui suum recepit, tametsi ab alio quàm à vero debitore solutum est;* l. 44, ff. *d. tit.*

NEUVIÈME CAS.

154. Enfin c'est payer ce qui n'est pas dû, que de payer par erreur une autre chose que celle qui est due. Par exemple : *Si putem me Stichum aut Pamphilum debere, quàm Stichum debeam, et Pamphilum solvam, repetam quasi indebitum solutum; nec enim pro eo quod debeo videor id solvisse;* l. 19, §. 3, ff. *d. tit.*

Il en seroit autrement si, sachant ne devoir que Stichus, j'avois, du consentement de mon créancier, payé Pamphilus à sa place.

DIXIÈME CAS.

155. Il dépend quelquefois d'un événement futur, si le paiement qui a été fait a été d'une chose non due, et si en conséquence il y a lieu on non à la répétition. C'est ce qui arrive dans le cas des dettes alternatives. Par exemple, si dans nos colonies j'étois débiteur de dix écus, ou du nègre Jacques, et que je paye une partie de l'une de ces deux choses, *putà*, cinq écus; ce paiement dépendra de celui que je ferai par la suite : car si par la suite je paye les cinq écus restants, le paiement que j'ai fait des premiers cinq écus se trouvera avoir été valable; mais si je paye le nègre, le paiement que j'ai fait en premier lieu des cinq écus se trouvera être le paiement d'une chose non due, et j'aurai, pour le répéter, l'action *condictio indebiti. Posterior solutio comprobabit priora quinque utrùm de-*

bita, an indebita solverentur; l. 26, §. 13, ff. *de condict. indeb.*

Voyez dans notre *traité des Obligations*, n. 255 et 257, deux autres cas de répétition dans l'espéce des dettes alternatives,

ARTICLE II.

Il faut qu'il n'y ait eu aucun sujet réel de payer la chose non due qui a été payée.

156. L'action *condictio indebiti* est une branche de l'action générale *condictio sine causâ*, qui donne la répétition de tout ce qui a été donné ou payé sans aucun sujet réel : il suffit donc qu'il y ait eu un sujet réel et probable de payer la chose non due qui a été payée, pour qu'il ne puisse y avoir lieu à la répétition de ce qui a été payé.

Suivant ce principe, il n'y a pas lieu à la répétition lorsque la chose qui a été payée étoit à la vérité une chose non due dans le for extérieur, mais due dans le for de l'honneur et de la conscience : car quoique, dans le sens propre des termes, une chose ne soit *due* que lorsqu'elle est due en vertu d'une obligation civile, suivant cette définition de la loi 108, *de verb. signif.*, *Debitor intelligitur is à quo invito exigi pecunia potest;* et qu'en conséquence la chose qui n'étoit due que dans le for de la conscience et en vertu d'une obligation purement naturelle, fût dans la rigueur une chose non due, néanmoins on ne peut pas douter que cette obligation naturelle, dont s'est voulu acquitter celui qui l'a payée, n'ait été un sujet réel et probable d'en faire un paiement; ce qui suffit pour exclure la répétition.

C'est pourquoi Julien dit : *Licèt minùs propriè debere dicantur naturales debitores, per abusionem intelligi possunt debitores, et qui ab his pecuniam recipiunt, debitum sibi recepisse; l. 16, §. 3, in fin. ff. de fidej.*

On peut apporter pour exemples de paiements de dettes naturelles le cas auquel on paye une dépense de cabaret; celui auquel une femme devenue veuve, ou son héritier, paye ce qu'elle s'étoit obligée de donner étant sous puissance de mari, sans être autorisée; celui auquel quelqu'un paye une dette contre laquelle la prescription trentenaire étoit acquise. Dans tous ces cas, quoique ce qui a été payé ne fût pas dû dans le for extérieur, néanmoins on ne peut répéter ce qui a été payé, parcequ'il y a eu un sujet réel de faire le paiement.

157. Du principe qu'il n'y a pas lieu à la répétition de ce qui a été payé, lorsqu'il y a eu un sujet réel et probable de faire le paiement, il suit encore que si, pour éviter une contestation née ou prête à naître entre vous et moi, sur ce que vous prétendiez, quoique mal à propos, que j'étois votre débiteur d'une chose, je vous en paye par forme de transaction une partie, quoique dans la vérité je ne vous dusse rien, il n'y aura pas lieu à la répétition de ce que je vous ai payé, quoique sans devoir, parceque j'ai eu un sujet réel de faire ce paiement, savoir celui d'éviter de faire un procès.

C'est ce qu'enseigne Paul, en la loi 65, §. 1, ff. *de cond. indeb.· Quod transactionis nomine datur, licèt res*

*nulla media fuerit, non repetitur; nam hoc ipsum quòd
à lite disceditur causa videtur esse.*

Cette décision de Paul a lieu, pourvu que cette transaction ne soit pas infectée de quelque vice qui la rende nulle, comme elle le seroit si vous aviez employé de mauvaises manœuvres pour me faire transiger, ou si la transaction n'étoit intervenue qu'après un jugement en dernier ressort, que nous ignorions, qui, ayant nettement décidé la question, l'empêchoit d'être susceptible de transaction; d. l. 65, §. 1; l. 23, §. ff. *de cond. indeb.*

Le jugement en dernier ressort qui m'a donné congé de la demande d'une certaine somme d'argent, que vous aviez formée contre moi, n'empêche pas que le paiement que je vous ai fait depuis ne soit valable, soit que j'eusse connoissance du jugement, soit que je l'ignorasse, comme nous l'avons vu *suprà*, n. 140. Pourquoi ce jugement empêchera-t-il plutôt la validité de la transaction que j'ai faite depuis, sur ce qui faisoit l'objet de la contestation, dans l'ignorance où nous étions qu'elle fût décidée? La raison de différence est évidente. Le paiement que je fais d'une somme d'argent depuis le jugement qui avoit donné congé de la demande qui m'en avoit été faite, fait présumer en moi une obligation naturelle de cette somme, que le jugement n'a pas détruite, n'y ayant que l'obligation civile que le jugement puisse détruire; et cette obligation naturelle est une cause suffisante pour rendre valable le paiement qui a été fait de cette somme. Mais une transaction ne peut avoir pour cause que l'ambiguité et l'incertitude du droit qui fait la matière de la contestation, et la fin qu'on veut mettre au procès auquel cette incertitude donne ou peut donner lieu. La transaction est essentiellement *de re incertâ et dubiâ :* donc, lorsqu'un jugement a levé l'incertitude et mis fin au procès, il ne reste plus de matière à transaction ; d'où il suit que celle qui est faite depuis le jugement, dans l'ignorance où étoient les parties qu'il fût intervenu, est nulle, faute d'une matière qui fût susceptible de transaction ; et par conséquent le paiement qui s'est fait en vertu de cette transaction est nul, comme fait sans cause.

158. La clause qui est en fin d'un acte de compte, par laquelle il est dit qu'au moyen de la solde les parties se tiennent respectivement quittes, et qu'elles ne pourront de part ni d'autre se faire aucunes contestations, ne doit pas faire passer cet acte pour une transaction, ni par conséquent empêcher la répétition de ce que l'une des parties auroit, par cet acte, payé à l'autre sans le devoir. C'est ce qu'enseigne Scævola : *Quæsiit an pactum quod in parationibus adscribi solet in hunc modum, ex hoc contractu nullam inter se controversiam ampliùs esse, impediat repetitionem? Respondit nihil proponi cur impediret;* l. 67, §. 3, ff. *de cond. indeb.*

159. Si je ne puis répéter ce que j'ai payé sans le devoir, lorsque je l'ai payé en vertu d'une transaction, à plus forte raison lorsque c'est en vertu d'un jugement qui m'y a condamné, quoique injustement; car ce jugement forme une obligation civile en ce cas : *Propter autoritatem rei judicatæ repetitio cessat;* l. 29, §. 5, ff. *mand.* C'est pourquoi Antonin dit : *Pecuniæ indebitæ*

per errorem, non ex causâ judicati *solutæ, esse repeti-tionem jure condictionis non ambigitur;* l. 1, *cod. de condict. indeb.*

ARTICLE III.

Il faut que la chose non due qui a été payée l'ait été par erreur.

160. Il n'y a lieu à l'action *condictio indebiti*, pour la répétition de ce qu'on a payé sans le devoir, que lorsque c'est par erreur qu'on a payé. Si, lors du paie-ment que j'ai fait d'une chose, je savois ne la pas de-voir, je n'en ai aucune répétition : *Si quis indebitum per errorem solvit, per hanc actionem condicere po-test ; sed si sciens se non debere solvit, cessat repetitio;* l. 1, §. 1, ff. *de condict. indeb. Indebitum solutum sciens non rectè repetit,* l. 9, *cod. d. tit.*

C'est une conséquence de ce qui a été établi en l'article précédent, qu'il n'y a pas lieu à la répétition de ce qu'on avoit payé sans le devoir, lorsqu'il y avoit eu un sujet réel de faire le paiement; car celui qui paye ce qu'il ne doit pas, ayant connoissance qu'il ne le doit pas, a intention d'exercer une libéralité envers celui à qui il le paye, laquelle libéralité est un sujet réel et probable de faire ce paiement. Le paiement renferme une véritable donation entre vifs de la chose qui a été payée, qui reçoit son entière perfection par la tradition réelle qui en est faite, les donations des meubles n'é-tant pas sujettes à d'autres formes.

161. *Quid,* lorsqu'il est incertain si celui qui a payé ce qu'il ne devoit pas ignoroit ou savoit qu'il ne le de-

voit pas? Il faut, dans le doute, présumer qu'il l'ignoroit, et lui en accorder la répétition ; c'est le cas de la
régle de droit : *In re obscurâ melius est favere repeti-
tioni, quàm adventitio lucro;* l. 41, §. 1, ff. *de R. J.*

162. Il nous reste à observer que l'erreur qui a fait
accorder la répétition de ce qu'on a payé sans le devoir doit être une erreur de fait ; car on n'est pas écouté
à alléguer une ignorance de droit, qui ne se présume
pas, et qui n'est pas excusable, parceque dans les affaires qu'on a, on doit se consulter et se faire instruire.
C'est ce que décide la loi 10, *cod. de jur. et fact. ignor.*:
*Quùm quis jus ignorans indebitam pecuniam solverit,
cessat repetitio; per ignorantiam enim facti tantùm, indebiti soluti repetitionem competere tibi notum est.*

On peut apporter pour exemple de cette distinction
entre l'ignorance ou l'erreur de fait, et l'ignorance et
l'erreur de droit, le paiement qu'un héritier a fait des
legs qui entamoient ou la quarte falcidienne dans les
pays de droit écrit, ou dans nos provinces les réserves
coutumières : en ce cas, ce qu'il a payé de trop est
payé par erreur de fait, et l'héritier en a la répétition.
Mais si l'héritier, lorsqu'il a payé les legs en entier,
avoit une connoissance suffisante des forces de la succession pour savoir que ces legs entamoient ou la falcidienne ou les réserves coutumières, il n'est pas écouté,
pour répéter ce qu'il a payé de trop, à dire que lorsqu'il a fait le paiement il ne connoissoit pas ses droits,
et ne savoit pas que la loi lui avoit réservé une quarte
falcidienne, ou dans nos provinces les réserves coutumières. *Sciant,* disent, dans cette espéce, les empereurs Sévère et Antonin, *ignorantiam facti, non ju-*

ris, prodesse, nec stultis solere succurri, sed errantibus;
l. 9, §. 5, ff. *de jur. et fact. ignor.*

ARTICLE IV.

Qui sont ceux qui ont l'action *condictio indebiti.*

163. C'est celui qui a payé qui a l'action *condictio indebiti*, pour répéter ce qu'il a payé par erreur, soit qu'il ait payé par lui-même, soit qu'un autre ait payé pour lui.

Suivant ce principe, si mon tuteur et mon procureur ont payé pour moi ou en mon nom quelque chose qu'ils croyoient par erreur que je devois, c'est moi, au nom duquel le paiement a été fait, qui suis censé avoir payé, et j'ai l'action *condictio indebiti* pour le répéter : *Quùm indebitum impuberis nomine tutor numeravit, impuberis condictio est;* l. 57, ff. *de cond. indeb. Si, per ignorantiam facti, non debitam quantitatem pro alio solvisti,... hanc ei cujus nomine soluta est restitui, eo agente, (præses) providebit;* l. 6, *cod. d. tit.*

Ni mon tuteur, ni mon procureur, qui ont fait le paiement pour moi et en mon nom, n'auroient pas l'action *condictio indebiti*, quand même ils auroient fait ce paiement de leurs propres deniers, parceque, l'ayant fait en mon nom, ce ne sont pas eux qui sont censés avoir payé : *Julianus ait neque tutorem, neque procuratorem, solventes repetere posse ; neque interesse suam pecuniam an pupilli vel domini solvant;* l. 6, §. ff. *fin. d. tit.*

164. Quoique celui qui a payé de ses propres deniers, en mon nom, ce que je ne devois pas, n'ait pas

de son chef l'action *condictio indebiti* pour répéter la somme qu'il a payée, parceque, le paiement ayant été fait en mon nom, c'est moi, plutôt que lui, qui suis censé l'avoir payée; néanmoins, comme en ce cas celui qui a payé de ses propres deniers pour moi auroit action contre moi pour les répéter de moi s'il l'avoit fait par mon ordre, et moi contre celui à qui on les avoit payés pour moi, ce qui fait un circuit d'actions; les jurisconsultes romains, quoique attachés à la subtilité, ont cru qu'on pouvoit la négliger en ce cas, et que, pour éviter ce circuit d'actions, on pouvoit accorder à celui qui a payé de ses propres deniers pour moi l'action *condictio indebiti*, pour les répéter *rectâ viâ,* de celui à qui ils ont été payés indûment : *Tàm benignius quàm utilius est rectâ viâ ipsum qui nummos dedit suum recipere;* l. 53, ff. *d. tit.*

165. Lorsque c'est sans mon ordre que quelqu'un a payé de ses propres deniers, en mon nom, une somme que je ne devois pas, et que je désavoue ce paiement qu'il a fait pour moi mal à propos, on doit à plus forte raison lui accorder directement l'action *condictio indebiti* contre celui qui a reçu la somme; car on ne peut lui subvenir autrement, puisqu'il ne peut la répéter de moi, qui désavoue le paiement qu'il a fait sans mon ordre.

On ne peut pas dire que celui qui a fait ce paiement en mon nom de ses deniers puisse demander que, si je ne veux pas lui rendre la somme, je lui céde au moins l'action *condictio indebiti;* car, au moyen du désaveu que je fais du paiement qu'il a fait en mon nom, ce n'est pas moi qui ai payé, et je n'ai pas par conséquent l'action *condictio indebiti* : c'est donc à lui qu'il faut donner cette action directement contre celui qui a reçu indûment la somme . C'est de cette manière qu'il faut entendre ce qui est dit en la loi 6, ff. *d. tit.* : *Si procurator tuus indebitum solverit, et tu ratum non habeas, posse repeti, Labeo scripsit.*

166. Il y a un cas auquel l'action *condictio indebiti* n'est pas accordée à celui qui a fait le paiement lui-même et en son nom, mais à un autre; c'est le cas auquel, ayant été institué héritier par le testament d'une personne, j'aurois payé des deniers de la succession les legs portés par ce testament. Si, ce testament ayant depuis été déclaré faux ou inofficieux, j'ai été obligé de rendre l'hérédité à l'héritier légitime, ce n'est pas moi qui aurai l'action *condictio indebiti* pour la répétition des legs que j'ai payés des deniers de la succession, et qui se trouvent, au moyen de la nullité du testament, n'avoir pas été dus : quoique ce soit moi qui aie fait moi-même et en mon nom le paiement de ces legs, ce sera l'héritier légitime qui aura l'action *condictio indebiti* pour les répéter; l. 2, §. 1, ff. *d. tit.* Il en est de même de quelque autre manière que ce soit que le testament ait été infirmé; l. 3, l. 4, ff. *d. tit.*

Cela a été établi pour éviter les embarras (*ambages*) d'une cession d'actions. L'héritier testamentaire ayant employé de bonne foi les deniers de la succession à payer les legs portés au testament, qui paroissoient dus tant que le testament n'étoit pas encore infirmé, il n'eût pu être tenu que de céder à l'héritier légitime l'action *condictio indebiti* pour la répétition de ces legs. Pour éviter les *ambages* de cette cession d'actions, Adrien accorde, *rectâ viâ*, à l'héritier légitime l'action *condictio indebiti*, pour la répétition des sommes payées indû-ment des deniers de la succession aux légataires.

On peut ajouter que l'héritier testamentaire qui a fait ces paiements ne les a pas faits en son nom *simpliciter*, mais en son nom et qualité d'héritier qu'il croyoit avoir : c'est donc en quelque façon au nom de la succession que le paiement a été fait, et par consé-quent c'est celui à qui se trouve appartenir la succes-sion qui dòit avoir l'action *condictio indebiti*.

Il en est de même du cas auquel un mineur héritier a payé, des deniers de la succession, des legs ou autres choses qu'il croyoit par erreur dus par la succession, et s'est depuis fait restituer contre son acceptation de la succession : *Nec novum*, dit dans cette espéce Ul-pien, *ut quod alius solverit, alius repetat; nam et quùm minor 25 annis, inconsultè aditâ hereditate, so-lutis legatis, in integrum restituitur; non ipsi repetitio-nem competere, sed ei ad quem bona pertinent;* l. 5. C'est celui qui, à son défaut, est héritier; ou, s'il n'y en a point, c'est le curateur à la succession vacante, qui a l'action *condictio indebiti*.

<h3 style="text-align:center">ARTICLE V.</h3>

Contre qui se donne l'action condictio indebiti.

167. L'action *condictio indebiti* se donne contre ce-lui à qui le paiement a été fait.

Le paiement est censé fait à moi, soit qu'il l'ait été à moi-même, soit qu'il ait été fait de mon ordre à un autre, suivant la régle, *Quod jussu alterius solvitur, pro eo est ac si ipsi solutum esset;* l. 180, ff. *de Reg. Jur.* C'est pourquoi, en ce cas, ce n'est pas contre celui à qui on a payé de mon ordre la somme qu'on croyoit par erreur m'être due, que doit se donner l'action *condictio indebiti*, mais c'est contre moi.

Cette décision a lieu quand même ce seroit lui qui auroit profité de cette somme, *putà*, parceque je l'aurois déchargé de m'en rendre compte.

De là cette régle de droit: *His solis pecunia condicitur, quibus quoquomodò soluta est, non quibus proficit;* l. 49, ff. *de cond. indeb.*

168. Quoique quelqu'un ait reçu en mon nom une certaine somme d'argent, ou d'autres choses, que celui qui les a payées croyoit par erreur me devoir, le paiement n'est censé m'en avoir été fait qu'autant que celui qui les a reçues auroit eu un ordre spécial de ma part, ou que j'aurois ratifié et approuvé le paiement qui lui en a été fait pour moi. Sans cela je puis désavouer le paiement; et, au moyen de mon désaveu, le paiement ne peut être censé avoir été fait à moi, et en conséquence l'action *condictio indebiti* ne peut se donner contre moi; mais en ce cas, elle doit se donner contre celui qui a reçu pour moi sans mon ordre; l. 6, §. 1 et 2, ff. *dicto titulo;* l. 14, ff. *de cond. caus. dat.*

Cette décision a lieu, quand même celui qui a reçu pour moi auroit de moi une procuration générale: car cette procuration renferme bien le pouvoir de recevoir tout ce qui m'est dû, mais non pas de recevoir ce qui ne m'est pas dû : c'est pourquoi, soit qu'il reçoive pour moi ce qui ne m'est pas du tout dû, soit qu'il reçoive

plus qu'il ne m'est dû, je puis désavouer ces paiements; et en ce cas, ce n'est pas contre moi, mais
contre ce procureur, que devra se donner l'action *condictio indebiti*; l. 6, §. 2 ; l. 57, §. 1, ff. *de cond. indeb.*

ARTICLE VI.

Quel est l'objet de l'action *condictio indebiti*.

169. L'objet de cette action est la répétition de la
chose même qui a été payée par erreur, ou bien d'une
somme ou quantité pareille à celle qui a été payée
par erreur: *Quod indebitum per errorem solvitur, aut
ipsum aut tantumdem repetitur;* l. 7, ff. *de cond. indeb.*

Cette règle contient deux cas. L'un, auquel *tantumdem repetitur,* est le cas où l'on a payé par erreur une
certaine somme d'argent ou une certaine quantité de
choses fongibles qui se consomment par l'usage : c'est
le cas du *promutuum,* dont nous avons parlé dans la
section précédente. Celui qui a payé par erreur ne ré-
pète pas alors les choses mêmes qu'il a payées, mais
une somme ou une quantité pareille à celle qu'il a
payée. Nous n'en dirons pas davantage sur ce cas.

Le cas auquel *tantumdem repetitur,* peut aussi s'appliquer à celui auquel ce qui a été payé est quelque
chose qui ne peut se rendre en espéce, comme lorsqu'on a rendu à quelqu'un des services appréciables
qu'on croyoit lui être dus, ou lorsqu'on lui a donné
une jouissance; il doit rendre *tantumdem,* c'est-à-dire
le prix de ces services ou de cette jouissance; l. 26, §.
12; l. 65, §. 7.

Observez que, celui à qui on a payé par erreur n'étant tenu que *quanti locupletior est*, on ne doit esti-mer ces services ou cette jouissance qu'eu égard à ce qu'il en a profité, c'est-à-dire au loyer qu'il en auroit donné, et non eu égard à ce que celui qui les a rendus indûment en auroit pu retirer en les louant à d'au-tres, auxquels il avoit occasion de les louer plus avan-tageusement : *Non quanti locare potui, sed quanti tu conducturus fuisses;* d. l. 64, §. 7.

170. L'autre cas de la régle, auquel *hoc ipsum repe-titur*, qui est celui dont nous nous proposons de traiter ici, est le cas auquel on a payé une certaine chose qui n'est pas du nombre des choses fongibles qui se con-somment par l'usage. C'est en ce cas la chose même qui a été payée qui est l'objet de l'action *condictio in-debiti*.

Celui qui a payé par erreur une telle chose étant en ce cas créancier de la chose même *in individuo* qu'il a payée, il doit se contenter qu'on la lui rende telle et en l'état qu'elle se trouve au temps auquel il en exerce la répétition.

Quand même la chose se trouveroit dépréciée ou détériorée par le peu de soin qu'en auroit eu celui à qui on a payé par erreur, celui qui a payé ne pourroit pas s'en plaindre, ni en demander aucun dédomma-gement; car de même qu'un possesseur de bonne foi de la chose d'autrui n'est pas tenu envers le proprié-taire de son défaut de soin à conserver une chose qu'il croyoit lui appartenir, *quia qui quasi rem suam ne-glexit, nulli querelæ subjectus est;* l. 31, §. 3, ff. *de pe-tit. hered.;* de même celui à qui on a par erreur payé une chose qu'on croyoit lui être due a été en droit de

négliger cette chose qui lui appartenoit, et qu'il ignoroit être sujette à restitution, sans qu'on puisse le rendre responsable des détériorations qui ont résulté de
son défaut de soin; *quia qui quasi rem suam neglexit,
nulli querelæ subjectus est.*

171. Cela a lieu, tant que celui à qui la chose a été
payée par erreur a cru de bonne foi qu'elle lui étoit
due: mais lorsqu'il a connoissance qu'elle ne lui est
pas due, et qu'il est par conséquent informé de l'obligation en laquelle il est de la rendre à celui qui l'a
payée par erreur, soit qu'il ait eu cette connoissance
dès le temps du paiement, soit qu'elle lui soit survenue
depuis, la bonne foi l'oblige, depuis qu'il a eu cette
connoissance, à apporter un soin convenable à la conservation de cette chose, afin de pouvoir remplir son
obligation de la rendre à celui qui l'a payée; et il est
tenu des détériorations qui seroient survenues à la
chose, faute par lui d'avoir apporté ce soin.

Quoiqu'il ait toujours cru de bonne foi que la chose
lui étoit due, il est obligé à ce soin du jour que la demande en répétition a été donnée contre lui.

172. Celui qui a payé la chose par erreur devant
en supporter la perte et les détériorations, à moins
qu'elles ne soient survenues par la faute de celui qui
l'a reçue, depuis qu'il a eu connoissance qu'elle ne
lui étoit pas due, il doit en revanche profiter des augmentations qui seroient survenues à cette chose, suivant ces régles de droit: *Ubi periculum, ibi et lucrum;*
l. *fin.*, §. 3, *cod. de furt.;* et, *Secundùm naturam est
commoda cujusque rei eum sequi, quem sequuntur in-
commoda;* l. 10, ff. *de R. J.*

C'est pourquoi il a droit de répéter aussi avec la chose les fruits qu'en a perçus celui à qui elle a été payée par erreur : car celui-ci ne doit s'enrichir en rien aux dépens de celui qui a payé par erreur.

C'est ce qu'enseigne Paul : *Et quod rei solutæ accessit, venit in condictionem, ut putà partus qui ex ancillâ natus sit; vel quod alluvione accessit; immò et fructus quos is cui solutum est bonâ fide percepit, in condictionem venient;* l. 15, ff. *de condict. indeb.*

Cela a lieu, soit que celui à qui la chose a été payée sût qu'elle ne lui étoit pas due, soit qu'il crût de bonne foi qu'elle lui étoit due. C'est ce qui résulte de ces derniers termes de la loi, *et fructus quos bonâ fide percepit.*

Il y a néanmoins une différence entre l'un et l'autre cas. Celui qui savoit que la chose qu'on lui a payée ne lui étoit pas due est tenu de faire raison, non seulement des fruits qu'il a perçus, mais de ceux qu'il a manqué de percevoir; et il en est tenu, soit qu'il en ait profité, soit qu'il n'en ait pas profité. Au contraire, celui qui a cru de bonne foi que la chose lui étoit due n'est tenu qu'autant qu'il en a profité, et qu'il s'en est enrichi.

173. Celui qui a payé par erreur une chose peut, par l'action *condictio indebiti*, recouvrer la chose qu'il a payée par erreur, non seulement avec les augmentations naturelles, mais encore avec les augmentations artificielles qui y ont été faites par celui à qui la chose a été payée. Par exemple, si je vous ai payé par erreur un certain terrain, sur une partie duquel vous avez construit un édifice, j'ai droit de répéter de vous ce terrain

avec l'édifice que vous avez construit, lequel en fait partie, suivant la régle *Ædificium solo cedit;* mais ce n'est qu'à la charge par moi de vous rembourser de vos impenses jusqu'à concurrence de ce que la chose s'en trouve plus précieuse : car la même régle d'équité qui me donne contre vous l'action *condictio indebiti*, afin que vous ne vous enrichissiez pas à mes dépens par le paiement que je vous ai fait par erreur, vous donne pareillement une exception contre mon action pour vous faire rembourser de vos impenses, afin que je ne m'enrichisse pas à vos dépens.

Observez que si celui à qui j'ai payé par erreur une chose sur laquelle il a fait des augmentations et améliorations y a fait aussi des dégradations, il ne peut prétendre le remboursement des améliorations qu'il a faites, que sous la déduction du prix des dégradations: car quoiqu'il ne soit pas tenu, par la voie d'action, de faire raison des dégradations qu'il a faites sur une chose qu'il ignoroit être sujette à répétition (*suprà*, n. 166), il est tenu d'en faire raison par la voie de déduction sur le prix des améliorations ; une chose n'étant véritablement améliorée que sous la déduction de ce dont elle est dégradée.

174. Lorsque, me croyant débiteur envers vous d'une plus grande somme d'argent que celle dont je vous étois effectivement débiteur, je vous ai donné, de votre consentement, en paiement de cette somme, un certain héritage, ou une autre chose qui n'est pas du nombre des choses *fongibles*, puis-je répéter une partie de cette chose par proportion à la somme que je croyois par erreur devoir plus que je ne devois effec-

tivement? ou suis-je obligé de répéter la chose entière, et de vous offrir le paiement de la somme que je vous devois? Par exemple, si, ne vous devant que 800 livres, j'ai cru par erreur vous en devoir 1200, et qu'en paiement de ces 1200 livres je vous aie donné une maison, puis-je répéter un tiers de cette maison, au moyen de ce qu'il y avoit un tiers de la somme pour laquelle je vous l'ai donnée en paiement que je ne vous devois pas? ou suis-je obligé de répéter la maison entière, à la charge de vous payer préalablement la somme de 800 livres que je dois? Il faut décider que je ne suis pas recevable à répéter la maison pour partie. La raison est que vous avez bien voulu recevoir une maison entière en paiement de la somme que vous croyiez vous être due; mais que vous n'eussiez peut-être pas consenti de même à recevoir une partie de maison en paiement de la somme de 800 livres, si vous eussiez su qu'il ne vous fût dû que cette somme; car on n'aime pas ordinairement acquérir des biens pour les avoir en communauté avec un autre.

Par la même raison, si c'étoit moi qui vous demandasse la restitution de la maison entière, aux offres de vous payer préalablement les 800 livres que je vous dois, vous ne seriez pas recevable à m'offrir la restitution du tiers de cette maison, et à vouloir en retenir les deux tiers pour les 800 livres qui vous sont dues; car si j'eusse su ne vous devoir que les 800 livres, je n'eusse peut-être pas voulu vous donner en paiement une partie de maison; la crainte de posséder le surplus en communauté eût pu m'en empêcher.

Tout ceci est conforme à ce qu'enseigne Marcellus:

Si centum debens, quasi ducenta deberem fundum du-
centorum solvi, competere repetitionem Marcellus scri-
bit, et centum manere stipulationem : licèt enim placuit
rem pro pecuniâ solutam parere liberationem, tamen
si, ex falsâ debiti quantitate, majoris pretii res soluta
est, non fit confusio partis rei cum pecuniâ; nemo enim
invitus compellitur ad communionem, sed et condictio
integræ rei manet et obligatio incorrupta; ager autem
retinebitur, donec debita pecunia solvatur; l. 26, §. 4,
ff. *de condict. indeb.*

175. Il en est autrement lorsque, me croyant débiteur d'une somme d'argent plus grande que celle dont
j'étois effectivement débiteur, j'ai donné des choses
fongibles en paiement de la somme que je croyois
devoir : le même inconvénient en ce cas ne se rencontre
pas; c'est pourquoi je répéterai une partie des choses
fongibles que j'ai payées, par proportion à ce que je
croyois devoir de plus que je ne dois effectivement : *Si,*
pecuniam debens, oleum dederim pluris pretii, quasi plus
debens.... superfluum olei esse repetendum, non totum,
et ob hoc peremptam esse obligationem; d. l. 26, §. 5.

176. L'action *condictio indebiti*, et l'obligation d'où
elle naît, ayant pour objet la même chose *in individuo*
qui a été payée; lorsque le paiement n'a pas été un
paiement de choses fongibles, c'est une conséquence
que cette action et l'obligation d'où elle naît doivent
s'éteindre lorsque la chose qui en est l'objet vient à périr ou devient hors de commerce. C'est un principe
commun à toutes les obligations d'une chose certaine
et déterminée, comme nous l'avons amplement établi
en notre *traité des Obligations*, part. 3, chap. 6.

Observez néanmoins une différence entre celui qui savoit que la chose qu'on lui a payée par erreur ne lui étoit pas due, et celui qui croyoit de bonne foi qu'elle lui étoit due.

Le premier n'est libéré de son obligation de rendre la chose, par la perte de cette chose, ou lorsqu'elle est devenue hors de commerce, que lorsque cela est arrivé sans son fait, et sans aucune faute de sa part, par une force majeure qui eût pareillement causé la perte de cette chose à celui qui l'a donnée en paiement, quand même il ne l'auroit pas donnée en paiement. Mais celui qui a cru de bonne foi que la chose qui lui a été payée étoit due est libéré de l'obligation de la rendre, de quelque manière que la chose soit périe ou devenue hors de commerce; car, comme nous l'avons déja vu ci-dessus, n. 166, on ne peut lui imputer aucune faute à l'égard de cette chose.

Paul nous donne un exemple de cette distinction en la loi 65, §. 8, ff. *de cond. indeb.* : *Si servum indebitum tibi dedi, eumque manumiseris; si sciens hoc fecisti, teneberis ad pretium ejus,* parceque c'est par votre fait que la chose que vous me deviez rendre est devenue hors de commerce : *si nesciens, non teneberis,* quoique ce soit par votre fait que cette chose que vous étiez obligé de me rendre soit devenue hors de commerce, et hors d'état par conséquent de pouvoir m'être rendue; car votre bonne foi, et l'ignorance où vous étiez que la chose devoit m'être rendue, empêchent qu'on ne puisse vous imputer ce fait.

Observez ce que Paul ajoute à la fin de cette loi, que vous êtes néanmoins obligé de me faire raison de

tout le bénéfice que vous avez eu du droit de patronage que vous avez retenu sur cet esclave, tant par
rapport aux services qu'il vous a rendus, que par rapport à la succession que vous avez recueillie par droit
de patronage : *Sed propter operas ejus liberti (teneberis),
et ut hereditatem ejus restituas.*

De là on doit tirer une maxime, que quoique celui
à qui on a payé par erreur une chose qu'il croyoit lui
être due soit libéré de l'obligation de la rendre, lorsqu'elle est périe ou devenue hors de commerce, il demeure néanmoins obligé à faire raison à celui qui l'a
payée de tout le profit qu'il a eu de cette chose : c'est
une suite de la règle d'équité qui ne permet pas qu'il
s'enrichisse par le paiement qui lui a été fait, aux dépens de celui qui le lui a fait.

177. Lorsque la chose qui a été payée par erreur à
quelqu'un qui croyoit qu'elle lui étoit due existe, à la
vérité, mais n'est plus en sa possession, *putà*, parcequ'il l'a vendue ; n'étant tenu de l'action *condictio indebiti* que *quatenùs locupletior est*, il n'est pas tenu de
rendre la chose qu'il n'a plus ; il lui suffit de rendre
le prix qu'il l'a vendue, et les fruits qu'il en a perçus
avant qu'il l'ait vendue, quand même il l'auroit vendue à vil prix. C'est ce que nous enseigne Ulpien : *Solvi
tibi hominem indebitum, et hunc sine fraude modico
distraxisti ; nempè hoc solum refundere debes, quod ex
pretio habes;* l. 26 §. 12 ff. *de cond. indeb.*

Si celui à qui la chose a été payée par erreur l'avoit
vendue à si vil prix qu'il y eût lieu à la restitution pour
cause de lésion d'outre moitié du juste prix, il seroit
en outre obligé de céder son action rescisoire contre

l'acheteur à celui qui la lui a payée par erreur, pour par celui-ci l'exercer à ses propres risques.

Lorsque celui à qui la chose a été payée par erreur a connoissance qu'elle ne lui est pas due, il ne peut pas, en la vendant, se décharger de son obligation de la rendre à celui qui la lui a payée; et comme il ne peut plus remplir son obligation, parcequ'il n'a plus la chose, il est tenu de tous les dommages et intérêts de celui à qui il devoit la rendre, résultants de ce qu'elle ne lui a pas été rendue.

ARTICLE VII.

Si le paiement par erreur peut donner une action contre les tiers détenteurs de la chose payée par erreur.

178. Celui qui paye à quelqu'un par erreur une chose qu'il croit lui devoir a la volonté de lui en transférer le domaine par la tradition qu'il lui en fait; celui à qui elle est payée a pareillement la volonté d'en acquérir le domaine : ce concours de leurs volontés suffit, avec la tradition, pour la translation de la propriété. Le paiement fait par erreur contient donc une aliénation que celui qui paye une chose, quoique par erreur, fait de la chose qu'il paye à celui à qui il la paye. Celui qui l'a payée cesse donc d'en être le propriétaire; il ne peut donc avoir la revendication de cette chose, cette action étant attachée à la propriété de la chose qu'il n'a plus; il n'a que l'action *condictio indebiti* qui naît de l'obligation personnelle que celui à qui la chose a été payée a, par le paiement, contractée de la lui rendre, la-

quelle action, selon la nature des actions personnelles, ne se donne que contre celui qui a contracté l'obligation, et ses héritiers, ou autres successeurs universels : il n'a donc aucune action contre les tiers détenteurs de la chose.

Hæc ità stricto jure : mais l'erreur par laquelle il a fait le paiement peut être quelquefois une juste cause pour rescinder ce paiement et l'aliénation qu'il renferme, et pour donner en conséquence à celui qui l'a fait, comme étant (au moyen de cette rescision) réputé propriétaire de la chose, une action *utilis in rem* pour la revendiquer contre le tiers qui la posséde.

179. Je pense que cette action rescisoire, ou *utilis in rem,* doit être accordée à celui qui a payé une chose par erreur, contre un tiers qui la posséde à titre lucratif, *putà,* par la donation entre vifs ou par le legs que lui en a fait celui à qui elle a payée par erreur. L'action est fondée en ce cas sur la régle d'équité qui ne permet pas qu'on s'enrichisse aux dépens d'autrui, ni par conséquent que ce donataire ou légataire, *qui certat de lucro captando,* profite de la chose payée qui lui a été donnée ou léguée, aux dépens de celui qui l'a payée par erreur, *qui certat de vitando damno quod ex hujus rei indebitæ solutione sensit.*

Il en doit être autrement de celui qui a acheté de bonne foi la chose payée par erreur. Il n'est pas dans le cas de la régle qui ne permet pas de s'enrichir aux dépens d'un autre, puisqu'il a payé le prix de cette chose qu'il a légitimement acquise : on ne doit donc pas donner d'action contre ce tiers détenteur; et on doit renvoyer celui qui a payé la chose par erreur à se pourvoir contre celui à qui il l'a payée, pour répéter de lui le prix qu'il l'a vendue.

Mais si celui qui a acheté la chose payée par erreur en avoit eu connoissance en l'achetant, il devroit être sujet à l'action rescisoire, sans qu'il pût rien répéter contre son vendeur, que le prix qu'il lui a payé; car, ayant connu le vice de la chose, il ne peut prétendre aucuns dommages et intérêts; voyez notre *traité du Contrat de vente*, n. 187.

TRAITÉ

DU

CONTRAT DE DÉPÔT.

ARTICLE PRÉLIMINAIRE.

1. Le *dépôt* est un contrat par lequel l'un des contractants donne une chose à garder à l'autre, qui s'en charge gratuitement, et s'oblige de la rendre lorsqu'il en sera requis.

Celui qui donne la chose à garder s'appelle le *déposant;* celui qui la reçoit s'appelle le *dépositaire.*

Le terme de *dépôt* se prend non seulement pour le contrat de dépôt, il se prend aussi pour les choses qui ont été déposées.

Ulpien nous apprend l'étymologie de ce terme *dépôt (depositum).* Il est composé de *positum* et de la préposition *de,* qui est de la nature de celles qui augmentent la force du verbe devant lequel elles sont mises, comme dans ces mots, *deamare, deprecari, derelinquere,* et autres. *Depositum,* nous dit-il, *dictum ab eo quod ponitur,* c'est-à-dire, de ce que par le dépôt on met la chose ès mains du dépositaire; et la préposition *de* marque la plénitude de confiance avec laquelle elle y est mise: *Præpositio enim* DE (ajoute-t-il)

auget depositum, ut ostendat, totum fidei ejus commis-
sum quod ad custodiam rei pertinet; l. 1, ff. depos.

Il y a deux principales espéces de dépôt; le *dépôt simple* et le *séquestre*.

Le *dépôt simple* est lorsqu'il n'y a qu'un déposant. Lorsque plusieurs personnes déposent en commun une chose à laquelle elles ont un intérêt commun, elles ne sont censées faire toutes ensemble qu'un déposant; et le dépôt qu'elles font est un dépôt simple.

Le *séquestre* est le dépôt qui est fait par deux déposants qui ont des intérêts différents, à la charge de rendre la chose à qui il sera jugé qu'elle devra être rendue.

Nous traiterons, dans les trois premiers chapitres, du dépôt simple : dans le premier, de sa nature; dans le second, des obligations et des actions qui en naissent; et dans le troisième, de quelques espéces particulières de ce dépôt. Dans le quatrième chapitre, nous traiterons du séquestre, et des dépôts judiciaires.

CHAPITRE PREMIER.

De la nature du contrat de dépôt.

Nous verrons, dans un premier article, quelles sont les choses qui peuvent être la matière du contrat de dépôt, et entre quelles personnes il peut intervenir; dans un second, ce qui est nécessaire pour former le contrat de dépôt; dans un troisième, à quelles classes de contrats il doit être rapporté.

ARTICLE PREMIER.

Quelles choses peuvent être la matière du contrat de dépôt; et entre quelles personnes il peut intervenir.

§. I. Quelles choses peuvent être la matière du contrat
de dépôt.

2. Il n'y a que les choses corporelles qui soient susceptibles du contrat de dépôt, et qui en puissent être la matière; car il n'y a que les choses corporelles qui soient susceptibles de garde; les choses incorporelles, comme sont les droits de créance, de servitude, etc., ne le sont pas: mais les titres de ces droits de créance et autres, *ipsa instrumentorum corpora*, peuvent, de même que les autres choses corporelles, être la matière du contrat de dépôt.

3. Entre les choses corporelles, les meubles sont la matière, au moins la plus ordinaire, du contrat de dépôt; et c'est même une question entre les docteurs, si les meubles seuls en peuvent être la matière, ou si un immeuble, *putà*, une maison, peut aussi être susceptible du contrat de dépôt simple? Ceux qui tiennent qu'un immeuble peut être susceptible de ce contrat allèguent pour leur opinion plusieurs lois qui sont dans le cas de la séquestration, et dont on ne peut par conséquent rien conclure pour le dépôt simple.

On tire argument pour l'opinion contraire, de l'étymologie du terme de dépôt, qui est appelé ainsi *ex eo quod ponitur*, c'est-à-dire de ce que la chose dont on confie par ce contrat la garde à quelqu'un est mise ès mains de celui à qui on la confie; ce qui ne peut convenir qu'aux meubles.

Cet argument ne me paroît pas concluant. Le contrat par lequel on confie à quelqu'un la garde d'une chose a pu recevoir le nom de dépôt, sans qu'il soit pour cela de l'essence de ce contrat que la chose soit réellement et de fait *posée* et mise entre les mains du dépositaire. Il suffit que ce contrat, qui presque toujours a des meubles pour objets, ne se forme ordinairement que par la remise de la chose entre les mains de celui à qui la garde en est confiée; car les choses prennent leur dénomination *ex eo quod frequentiùs fit.* Ainsi on ne peut pas tirer de l'étymologie du dépôt un argument solide pour soutenir que les choses qu'on peut remettre ès mains de celui à qui on en confie la garde sont les seules qui soient susceptibles de ce contrat, et que les immeubles n'en soient pas susceptibles.

La meilleure raison qu'on peut apporter pour soutenir que les immeubles ne sont pas susceptibles du contrat de dépôt, est que ce qui caractérise essentiellement ce contrat est la fin pour laquelle l'un des contractants confie une chose à l'autre. Il faut que ce soit pour la garder, afin que le déposant la trouve chez le dépositaire lorsqu'il en aura besoin. Mais si elle est donnée pour une autre fin, c'est une autre espéce de contrat. Or une chose immeuble, telle qu'est une maison, n'est pas de nature que celui à qui elle appartient puisse jamais avoir besoin de la donner en garde à quelqu'un pour qu'il puisse la retrouver: donc elle n'est pas susceptible du contrat de dépôt.

C'est pourquoi lorsque quelqu'un, en partant pour

quelque voyage, confie à son ami les clefs de la maison, le dépôt qu'il a fait à son ami est un dépôt de ses
clefs, ou même encore des meubles qui sont gardés
sous ces clefs dans la maison; mais ce n'est pas un
dépôt de la maison elle-même, qui, ne pouvant être
déplacée, n'a pas besoin qu'on la garde.

Si la fin qu'il s'est proposée a été aussi que cet ami
visitât la maison de temps en temps, pour examiner
s'il ne survient pas quelques réparations à y faire, et
les faire faire s'il en survient; cette fin étant une fin
qui excède les termes d'une simple garde, ce contrat
est, par rapport à la maison, un contrat de mandat,
et non pas un dépôt de la maison.

4. Il nous reste à observer, sur les choses qui sont
susceptibles du contrat de dépôt, qu'on ne peut pas
valablement donner à titre de dépôt une chose qui
appartient à celui à qui on la donne à ce titre. C'est
pourquoi, si j'ai reçu par erreur à titre de dépôt une
chose que j'ignorois m'appartenir, le contrat est nul de
plein droit, et ne produit aucune obligation : *Qui rem
suam deponi apud se patitur, vel utendam rogat, nec
depositi, nec commodati actione tenetur;* l. 15, ff.
Depos.

Quand même le dépôt auroit été valablement contracté, parceque la chose donnée en dépôt est une
chose dont le dépositaire n'étoit pas alors propriétaire;
si, depuis, ce dépositaire l'est devenu en devenant l'héritier du propriétaire, ce domaine de la chose donnée
en dépôt détruit absolument le contrat de dépôt et les
obligations qui naissent de ce contrat. C'est pourquoi
le dépositaire, en justifiant sommairement du droit

de propriété de cette chose qui lui est survenu, n'est pas tenu de la rendre. Cela est conforme à cette régle de droit : *Etiam ea quæ rectè constiterunt resolvuntur, quùm in eum casum reciderunt à quo non potuissent consistere;* l. 98, ff. *de verb. obl.* Bruneman, *ad* l. 1, §. *fin.* ff. *Depos. et ad* l. 15, ff. *d. tit.*

Ce principe que le dépôt n'est pas valable lorsque le dépositaire se trouve être le propriétaire de la chose qui lui a été donnée en dépôt, souffre exception dans le cas auquel celui qui a donné une chose à titre de dépôt au propriétaire de la chose auroit eu le droit de retenir une chose par-devers lui. Par exemple, l'usufruitier d'une chose, ou celui à qui elle a été donnée en nantissement, peut valablement la donner à titre de dépôt au propriétaire de la chose.

§. II. Entre quelles personnes le contrat de dépôt peut-il intervenir.

5. Le contrat de dépôt n'a rien à cet égard de particulier : il peut intervenir entre toutes les personnes qui sont capables de contracter, et il ne peut intervenir entre celles qui en sont incapables; sur quoi voyez notre *traité des Obligations,* part. 1, chap. 1, sect. 1, art. 4.

C'est pourquoi si je reçois une chose d'un enfant qui n'a pas encore l'usage de raison, ou d'un insensé, ce n'est pas un contrat de dépôt de cette chose qui intervient entre nous, ne pouvant pas y avoir de contrat entre des parties dont l'une n'est pas capable de consentement, ni par conséquent de contracter. C'est le quasi-contrat *negotiorum gestorum,* lorsque j'ai reçu cette chose dans une bonne intention, pour qu'elle ne se perdît pas entre les mains de cet enfant ou de cet insensé, et avec la volonté de la remettre à ses parents, ou à son tuteur, ou à son curateur. Si j'avois reçu la chose avec une mauvaise intention, pour l'appliquer à mon profit, ce seroit un vol que j'aurois commis de cette chose.

6. Pareillement, lorsque la personne qui m'a donné une chose à garder est incapable de contracter par la loi civile; *putâ*, si c'est une femme sous puissance de mari, qui, sans être autorisée de son mari, m'a donné cette chose à garder, ce n'est point, dans le for extérieur, un contrat de dépôt; mais je contracte en ce cas, envers son mari, ou l'obligation *negotiorum gestorum*, si je reçois la chose dans le dessein de la lui rendre; ou l'obligation *furti*, si je la reçois dans l'intention de favoriser le divertissement de cette chose.

Vice versâ, si j'ai donné une somme de deniers ou quelque autre chose à garder à une femme sous puissance de mari, non autorisée pour la recevoir, il n'y a pas de contrat de dépôt dans le for extérieur, dans lequel cette femme est réputée incapable de contracter. Mais si la chose est encore entre ses mains, je puis l'entiercer, et la revendiquer contre son mari : quoiqu'elle n'y soit plus, si elle en a profité, j'ai action pour la restitution, jusques à concurrence de ce dont elle a profité. Cette action n'est pas l'action de *dépôt*, le contrat étant nul; mais c'est une action qui naît de la règle d'équité qui ne permet pas que personne s'enrichisse aux dépens d'un autre; voyez notre *traité des Obligations*, n. 123.

ARTICLE II.

De ce qui est nécessaire pour former le contrat de dépôt.

Il faut 1° qu'il soit fait au dépositaire une tradition de la chose déposée, si elle n'est déja par-devers lui; 2° que la fin principale de la tradition soit la garde de cette chose; 3° que le dépositaire se charge gratuitement de cette garde; 4° il faut, comme dans tous les contrats, que le consentement des parties intervienne.

§. I. Il faut qu'il intervienne une tradition de la chose déposée.

7. Le contrat de dépôt est un contrat *réel*, qui ne peut se faire que par la tradition que le déposant fait au dépositaire de la chose dont il lui confie la garde.

Le déposant est censé faire cette tradition au dépositaire, soit qu'il la fasse par lui-même, soit qu'elle soit faite en son nom par un autre, de son ordre, ou avec son approbation.

Pareillement, la tradition est censée faite au dépositaire, soit que le dépositaire reçoive par lui-même la chose, soit quelle soit reçue en son nom par un autre, de son ordre, ou avec son approbation.

8. Lorsque la chose est déja par-devers celui à qui on veut la donner en dépôt, il est évident qu'on ne peut lui faire une tradition réelle de cette chose; car il est impossible, *per rerum naturam*, qu'on fasse à quelqu'un la tradition réelle d'une chose qu'il a déja par-devers lui. Mais en ce cas le dépôt peut se faire par une tradition feinte, que les docteurs appellent *tradi-*

tio brevis manûs, parcequ'elle renferme, *brevi com-*
pendio, l'effet de deux traditions.

Un premier exemple d'un dépôt qui se contracte
par cette tradition feinte, c'est lorsque, m'ayant offert
de me rendre une chose que vous teniez de moi à
titre de prêt ou de louage, nous convenons que vous
la garderez à titre de dépôt. Cette convention renferme
un véritable contrat de dépôt; et ce contrat se fait par
une tradition feinte de cette chose, qui renferme l'effet
de deux traditions : car on feint que vous m'avez rendu
la chose que je vous avois prêtée ou louée, et que depuis je vous l'ai de nouveau délivrée pour la garder à
titre de dépôt.

Un second exemple, c'est lorsqu'un débiteur voulant
payer une somme de deniers qu'il doit, son créancier
convient avec lui qu'il la retiendra par forme de dépôt,
en donnant un bordereau des espéces dans lesquelles
il entendoit payer cette somme. Cette convention contient un véritable contrat de dépôt des espéces com-
prises au bordereau, qui se forme par une tradition
feinte, par laquelle on feint que le débiteur a payé
ces espéces au créancier, et que le créancier les lui a
depuis délivrées pour les garder à titre de dépôt.

Cette tradition feinte, en ce cas, a la force de transférer au créancier le *dominium* de ces espéces qu'en
avoit le débiteur, qui n'en est plus que le dépositaire.

§. II. Il faut que la principale fin pour laquelle la tradition se
fait soit la garde de la chose.

9. Pour que le contrat par lequel l'un des contractants fait à l'autre la tradition d'une certaine chose

soit un contrat de dépôt, il faut que la principale fin de la tradition soit uniquement que celui à qui la tradition est faite se charge de la garde de cette chose.

Cette fin fait le caractère essentiel du contrat de dépôt, qui le distingue des autres contrats.

Lorsque la tradition se fait pour une autre fin, ce n'est pas un contrat de dépôt, c'est une autre espéce de contrat. Par exemple, si la tradition est faite pour transférer à celui à qui elle est faite la propriété de la chose, c'est une donation, ou une vente, ou un échange, ou quelque autre contrat semblable. Si c'est pour lui en accorder seulement l'usage pour son utilité, c'est un prêt ou un louage. Si c'est afin de faire quelque chose pour l'utilité de celui qui en fait la tradition, c'est ou un *louage*, si celui à qui la tradition est faite reçoit pour cela une *rétribution*; ou un *mandat*, s'il s'en charge gratuitement.

Par exemple, si je donne à mon procureur des titres afin qu'il s'en serve pour la défense de ma cause, ce n'est point un contrat de dépôt, mais un contrat de mandat, parceque je ne les lui donne pas uniquement *custodiæ causâ*, mais pour qu'il s'en serve à la défense de ma cause : *Si procuratorem dedero, nec instrumenta mihi causæ reddat, quâ actione mihi teneatur? Labeo putat mandati eum teneri, nec esse probabilem sententiam existimantium ex hâc causâ agi posse depositi;* l. 8, ff. *Mand.*

Pareillement, lorsque je donne à quelqu'un de l'argent ou d'autres choses pour qu'il les porte dans un autre lieu, ce n'est pas un contrat de dépôt, mais un contrat de mandat; car je ne les donne pas pour qu'on me les garde, *custodiæ causâ dumtaxat*, mais pour qu'on les transporte dans le lieu où je les envoie.

Il y a plus : quand même dans le contrat par lequel je vous aurois mis ès mains une chose pour la porter à une personne j'aurois ajouté que si cette personne ne vouloit pas la recevoir vous me la garderiez, et que sur son refus vous l'ayez effectivement gardée, le contrat intervenu entre nous doit passer pour un contrat de mandat, et non pour un contrat de dépôt; parceque la principale fin pour laquelle je vous ai remis ès mains la chose n'a pas été pour que vous me la gardassiez, mais pour que vous la portassiez à cette personne; ce n'est que *secundariò* que vous avez été chargé de la garder : *Si rem tibi dedi* (ut eam ad Titium perferres, et) *ut si Titius rem non recepisset, tu custodires, nec eam recepit.... puto mandati esse actionem, quia plenius fuit mandatum habens et custodiæ legem;* l. 1, §. 12, ff. *Depos.*

Pareillement, si je vous ai chargé de retirer une chose que j'avois mise en dépôt chez une autre personne, et de la garder, ce n'est pas un contrat de dépôt, mais un contrat de mandat, quoique par ce contrat je vous aie chargé de la garde de ma chose; parceque le principal objet du contrat n'a pas été de vous charger de cette garde, mais de vous charger de retirer la chose de la personne chez qui elle étoit : *Pomponius quærit si tibi mandavero ut rem ab aliquo meo nomine receptam custodias, idque feceris, mandati an depositi tenearis; et magis probat mandati esse actionem, quia hic est primus contractus; d. l. 1, §. 13 (1).*

10. Il est très important de bien distinguer ces contrats, les prestations auxquelles est tenu un mandataire étant bien différentes de celles auxquelles est tenu un dépositaire, comme nous le verrons par la suite.

On doit, pour les bien distinguer, s'attacher à cette régle proposée par Ulpien : *Uniuscujusque contractûs initium spectandum et causa;* l. 8, ff. *Mand.*

De même que, suivant cette régle, lorsque la fin principale pour laquelle la tradition de la chose a été faite n'a pas été de confier la garde de cette chose à celui à qui elle a été faite, quoiqu'il ait été aussi *secundariò* chargé de cette garde, le contrat n'est pas un contrat de dépôt, mais une autre espéce de contrat, comme nous l'avons vu dans les espéces précédentes; de même, *vice versâ*, lorsque la fin principale pour laquelle la tradition de la chose a été faite a été de confier la garde de la chose à celui à qui elle a été faite, le contrat ne laissera pas d'être un vrai contrat de dépôt, quoiqu'on ait ajouté à ce contrat quelque autre convention, *putà*, que le dépositaire pourroit se servir de la chose qui lui auroit été déposée, s'il arrivoit qu'il en eût besoin.

Par exemple, si, étant sur le point de partir pour un long voyage, j'ai fait porter chez vous mon argenterie, que je vous ai prié de garder : quoiqu'en la confiant à

---

votre garde je vous aie permis de vous en servir s'il arrivoit que vous en eussiez besoin, le contrat n'en est pas moins un contrat de dépôt, et non un contrat de prêt à usage; et quoique vous ayez usé de la permission que je vous ai donnée, et que vous vous soyez servi de mon argenterie, *putà*, pour le festin des noces de votre fille, que vous avez mariée pendant mon absence, le contrat intervenu entre nous continue toujours d'être un contrat de dépôt, et n'est pas transformé en un contrat de prêt à usage; vous continuez toujours d'être dépositaire de mon argenterie plutôt que *commodataire : Uniuscujusque enim contractûs initium spectandum et causa.*

11. Lorsque c'est de l'argent, ou d'autres choses qui se consomment par l'usage, que je vous ai données en garde, avec la clause que vous pourriez vous en servir si vous en aviez besoin, cette clause n'empêche pas, à la vérité, que le contrat ne soit un vrai contrat de dépôt tant que vous ne vous en êtes pas servi : *Si pecunia apud te ab initio hâc lege deposita sit, ut si voluisses, utereris, priusquàm utaris, depositi teneberis;* l. 1, §. 34, ff. *Depos.* Mais lorsque vous vous en serez servi, la consomption que vous en aurez faite de mon consentement, et suivant la permission que je vous ai donnée, aura formé le contrat *mutuum*, et ne laissera plus subsister le contrat de dépôt, ne pouvant plus y avoir de dépôt d'une chose qui a cessé d'exister par la consomption que vous en avez faite : c'est pourquoi la loi dit : *priusquàm utaris.*

12. L'unique fin pour laquelle la tradition de la chose se fait dans le contrat de dépôt étant d'en confier la

garde au dépositaire, il s'ensuit que le déposant, par cette tradition, ne se dépouille ni de la propriété ni même de la possession de la chose déposée, et qu'il continue de la posséder par le dépositaire, qui ne la tient que pour le déposant, et au nom du déposant : *Rei depositæ proprietas apud deponentem manet, sed et possessio ;* l. 17, §. 1, ff. *Depos.*

§. III. Il faut que celui à qui la garde de la chose est confiée s'en charge gratuitement.

13. Le contrat de dépôt est un contrat de bienfaisance : il renferme un office d'ami que le dépositaire rend au déposant. De là il suit que pour que le contrat par lequel on confie la garde d'une chose à quelqu'un soit un contrat de dépôt, il faut que celui à qui on la confie s'en charge gratuitement ; car si par le contrat il exige quelque rétribution pour sa garde, le contrat n'est plus un contrat de bienfaisance, il ne renferme plus un service d'ami. Ce n'est pas par conséquent un contrat de dépôt, c'est une autre espéce de contrat ; c'est un contrat de louage, par lequel le gardien loue sa garde pour le prix convenu.

Suivant ces principes, Ulpien décide : *Si vestimenta servanda balneatori data perierunt, siquidem nullam mercedem servandorum vestimentorum accepit, depositi eum teneri.... si accepit, ex conducto ;* l. 1, §. 8, ff. *Depos.*

La même distinction se trouve dans les paragraphes suivants de cette loi.

Quoiqu'il soit de l'essence du contrat de dépôt d'être gratuit de la part du dépositaire, néanmoins les pré-

sents que le dépositaire reçoit du déposant en reconnoissance du bon office qu'il lui rend en se chargeant
de la garde de la chose n'altèrent point la nature du
contrat de dépôt; il suffit que le dépositaire ne les ait
pas exigés, pour que le dépôt soit gratuit de la part du
dépositaire, et pour que le contrat soit en conséquence
un vrai contrat de dépôt.

§. IV. Du consentement des parties qui doit intervenir dans
le contrat de dépôt.

14. Le consentement des parties est de l'essence du
contrat de dépôt de même que de tous les autres contrats.

Il n'est pas néanmoins nécessaire que ce consentement soit exprès, et qu'il soit déclaré par des paroles
ou par des écrits. Un consentement tacite suffit, de
même que pour tous les autres contrats qui ne sont
régis que par le droit naturel. Ce consentement tacite
dans le contrat de dépôt résulte de ce que le déposant
a porté ou fait porter une chose, et l'a laissée chez le
dépositaire, au vu et su de ce dépositaire, qui l'a souffert. Ulpien le décide en la loi 1, §. 8, ff. *Nautæ,
Caup. Stab.*, à l'égard du dépôt fait à un maître de
navire : *An hoc ipso quòd res in navem missæ sunt, re-
ceptæ videantur? Puto omnium eum recipere custodiam quæ in navem illatæ sunt.* On doit pareillement
le décider dans toutes les autres espéces de dépôt. Par
exemple, si un écolier, à qui il n'est pas permis d'entrer
dans les écoles avec son épée, met son épée dans la bou-
tique d'un cordonnier, voisine des écoles, au vu et su
de ce cordonnier, il en résulte un consentement ta-

eite qui suffit pour former un contrat de dépôt entre l'écolier et le cordonnier.

15. Le consentement des parties dans le contrat de dépôt, de même que dans tous les autres contrats, doit intervenir sur le contrat même ; c'est-à-dire qu'il faut que l'une et l'autre parties aient la volonté de faire un contrat de dépôt. Il faut que celui qui donne la chose à l'autre ait la volonté de la lui donner pour la garder ; et que celui qui la reçoit ait la volonté de la recevoir pour la garder. Mais si l'une des parties compte faire un certain contrat, et que l'autre s'imagine faire un contrat d'une autre espéce, il n'intervient entre elles aucun contrat, faute de consentement. Par exemple, *Si ego quasi deponens tibi dedero* (certam pecuniæ quantitatem), *tu quasi mutuam accipias, nec depositum nec mutuum est;* l. 18, §. 1. ff. *de reb. cred.*

Je n'aurai donc pas en ce cas contre vous l'action *depositi* pour répéter de vous la somme de deniers que je vous ai comptée, croyant vous la donner en dépôt; mais j'aurai ou la revendication des espéces, si vous les avez encore en nature, ou une action personnelle pour que vous me rendiez une pareille somme, si vous les avez employées; laquelle action ne naît ni d'un contrat de dépôt, ni d'un contrat *mutuum,* puisque ni l'un ni l'autre contrat n'est intervenu, mais de la régle d'équité qui ne permet pas que vous vous enrichissiez et que vous profitiez de cette somme à mes dépens. C'est ainsi qu'il faut entendre ce qui est dit à la fin de cette même loi : *Consumptis nummis condictioni locus erit; d.* §. 1.

16. Le consentement des parties doit intervenir dans

le contrat de dépôt sur la chose qui en fait l'objet. Pour qu'il soit censé intervenu, il suffit que le déposant ait eu la volonté d'obliger le dépositaire à rendre précisément, *in individuo*, la même chose qu'il lui a donnée à garder, quelle qu'elle soit; et que le dépositaire ait eu pareillement la volonté de s'obliger à rendre cette même chose *in individuo* : et il n'importe que l'une ou l'autre partie se soit trompée sur la quantité ou la qualité de la chose qu'elle donnoit ou qu'elle recevoit en dépôt; car ce n'est pas ce que l'une ou l'autre des parties a pu croire par erreur donner ou recevoir en dépôt qui fait l'objet du dépôt, et de l'obligation de ce contrat, mais c'est ce qui a effectivement été donné en dépôt. C'est pourquoi dès que les parties sont convenues que le dépositaire rendroit au déposant précisément la même chose *in individuo* qu'il a reçue, il est vrai de dire que leur consentement est intervenu sur la chose qui fait l'objet du dépôt et de l'obligation du dépôt, quelle qu'ait pu être l'opinion de l'une ou de l'autre des parties sur la qualité ou la quantité de cette chose.

17. De même que l'erreur sur la qualité et quantité de la chose qui fait la matière du dépôt n'empêche pas le contrat de dépôt d'être valable, pareillement l'erreur sur la personne de l'un des contractants n'empêche pas non plus le contrat d'être valable.

Par exemple, si j'ai donné une chose à garder à Pierre que je prenois pour Paul, le contrat n'en sera pas moins valable; et celui qui a reçu de moi la chose pour me la garder n'en sera pas moins obligé à me la rendre, quoique je l'aie pris pour un autre : car ce n'est pas tant la personne de Paul, à qui je croyois par erreur donner la chose à garder, que j'ai eu volonté d'obliger à me la rendre, que celui à qui je l'ai effectivement donnée, quel qu'il fût, soit qu'il fût Paul, soit qu'il fût Pierre ou autre.

Vice versâ, si j'ai reçu de vous une chose pour la garder, vous prenant pour Pierre, quoique vous fussiez Paul, le contrat n'en est pas moins valable, et je ne suis pas moins obligé à vous rendre cette chose; car j'ai eu intention de m'obliger à la rendre à celui qui me la donnoit en garde, quel qu'il fût.

ARTICLE III.

A quelles classes de contrats doit-on rapporter le contrat de dépôt.

18. Le contrat de dépôt est de la classe de ceux qui se régissent par le pur droit naturel. C'est de ce droit que sont prises toutes les régles de ce contrat; il n'est assujetti par le droit civil à aucune régle, ni à aucune forme. Si les ordonnances portent qu'il en sera fait un acte par écrit lorsque l'objet de ce contrat excédera la somme de cent livres, c'est une forme qui ne concerne pas la substance de ce contrat, mais seulement la manière de le prouver lorsqu'on en disconvient, et qui d'ailleurs n'est pas particulière à ce contrat, mais qui a lieu à l'égard de tous les autres contrats. Voyez notre *traité des Obligations*, n. 15.

19. Le contrat de dépôt est de la classe des contrats de bienfaisance; car il ne se fait que pour l'utilité de l'une des parties, qui est le déposant. L'autre partie,

qui est le dépositaire, n'a aucun intérêt au contrat; il n'y intervient que pour rendre un office d'ami au déposant, et il doit être gratuit; *suprà*, n. 13.

20. Le contrat de dépôt est de la classe des contrats *réels* : il ne peut pas être formé par le seul consentement des parties; il ne peut l'être que par la tradition de la chose qui fait l'objet du contrat; voyez *suprà*, n. 7 et 8.

21. Le contrat de dépôt est de la classe des contrats *synallagmatiques*; car il produit des obligations réciproques que chacun des contractants contracte l'un envers l'autre.

Mais il est de celle des contrats *synallagmatiques* imparfaits; car il n'y a que l'obligation de l'une des parties, savoir celle du dépositaire, qui soit l'obligation principale de ce contrat; celles du déposant ne sont que des obligations incidentes; voyez notre *traité des Obligations*, n. 9.

CHAPITRE II.

Des obligations que produit le contrat de dépôt, et des actions qui en naissent.

SECTION PREMIÈRE.

Des obligations du dépositaire, et des actions qui en naissent.

22. L'obligation que le dépositaire contracte par le contrat de dépôt envers le déposant est la principale obligation de ce contrat.

Elle a deux chefs principaux; car le dépositaire s'oblige, 1° à garder avec fidélité la chose qui lui a été confiée; 2° à la rendre au déposant, lorsqu'il la demandera. Ces deux chefs d'obligation occuperont les deux premiers articles de cette section : nous traiterons, dans un troisième, de l'action qui en naît.

ARTICLE PREMIER.

De la fidélité que doit avoir le dépositaire à la garde du dépôt.

23. Le premier chef d'obligation que le dépositaire contracte par le contrat de dépôt est de garder avec fidélité la chose dont la garde lui a été confiée.

COROLLAIRE PREMIER.

La fidélité que le dépositaire s'oblige d'apporter à la garde de la chose qui lui a été confiée l'oblige à apporter le même soin à la garde des choses qui lui ont été confiées qu'il apporte à la garde des siennes : *Nec enim salvâ fide minorem iis* (rebus apud se depositis) *quàm suis rebus diligentiam præstabit;* l. 32, ff. *Depos.*
* Une négligence crasse du dépositaire par rapport à la garde de la chose qui lui a été confiée, qu'on appelle *lata culpa*, est contraire à cette fidélité, parce-qu'il n'est pas croyable que le dépositaire, quelque peu soigneux qu'on le suppose, eût apporté une pareille négligence dans ses propres affaires. C'est pourquoi, quoique la loi 18, ff. *de R. J.*, et la loi 5, §. 1, ff. *Commod.*, disent que dans le contrat de dépôt le dépositaire n'est tenu que du dol, c'est-à-dire du défaut de

bonne foi (*Quidam contractus dolum tantùm recipiunt, ut depositum; d. l. 18. In contractibus interdùm dolum solum præstamus, dolum in deposito, d. l. 5, §. 1*); néanmoins il n'est pas douteux qu'un dépositaire est tenu de la perte ou de la détérioration des choses confiées à sa garde, lorsqu'elle est causée par une négligence crasse; parcequ'une telle négligence étant contraire à la fidélité du dépôt, elle se trouve comprise sous le terme de *dol* et de *défaut de bonne foi*, dont ces lois disent que le dépositaire est tenu. C'est ce que nous apprend Celse: *Quod Nerva diceret latiorem culpam dolum esse Proculo displicebat, mihi verissimum videtur; nam et si quis non ad eum modum quem hominum natura desiderat diligens est; nisi tamen ad suum modum curam in deposito præstat, fraude non caret; d. l. 32, ff. Depos.*

On peut apporter pour exemple d'une négligence crasse le cas auquel le dépositaire à qui on auroit confié de l'argent, des diamants, ou autres choses précieuses qui sont de nature à être gardées sous la clef, auroit laissé dans un vestibule ou dans une antichambre de sa maison, ces choses exposées à tous les allants et venants, il n'est pas douteux que si ces choses étoient volées, il seroit responsable de la perte de ces choses, comme ayant été causée par sa négligence crasse.

24. La fidélité à garder le dépôt est tellement requise dans le dépositaire, qu'on ne pourroit pas valablement convenir par le contrat de dépôt que le dépositaire ne seroit pas tenu, pour quelque cause que ce fût, de la perte des choses déposées, *même pour*

cause de défaut de fidélité à la garde du dépôt, une telle convention étant contraire aux bonnes mœurs : *Illud non probabis dolum non esse præstandum, si convenerit ; nam hæc conventio contra bonos mores est, et ideò nec sequenda est ;* l. 1, §. 7, ff. *Depos.*

25. Il en est autrement de cette autre convention par laquelle on conviendroit que le déposant s'en rapporte entièrement à la bonne foi du dépositaire pour la restitution du dépôt, sans qu'il puisse intenter contre lui aucun action pour l'y contraindre. Paul décide qu'une telle convention est valable : *Illud nullâ pactione effici potest ne dolus præstetur ; quamvis si quis paciscatur ne de dolo agat, quod pactum proderit ;* l. 27, §. 3, ff. *de pact.*

Ulpien dit la même chose : *Si quis paciscatur ne depositi agat..... valet pactum ;* l. 7, §. 15, ff. *d. tit.*

Quoique cette seconde espéce de convention paroisse, *vi ipsâ,* équipoller à la première, en ce qu'elle laisse également au pouvoir du dépositaire de manquer impunément à la fidélité du dépôt, elle en est néanmoins très différente, en ce que la première paroît permettre expressément au dépositaire le défaut de fidélité, ce qui la rend contraire aux bonnes mœurs et nulle, au lieu que la seconde ne permet pas au dépositaire le défaut de fidélité ; mais elle le suppose tellement incapable de ce défaut, qu'elle ne veut pas que le déposant soit recevable à en élever la question : en quoi il n'y a rien de contraire aux bonnes mœurs. On peut, pour appuyer d'autant plus cette différence entre les deux conventions, alléguer cette régle de droit : *Sæpè expressa nocent, non expressa non nocent ;* l. 195, ff. *de R. J.*

26. Le contrat de dépôt n'exige rien autre chose du dépositaire que la fidélité à garder le dépôt: il ne le rend pas responsable des fautes, même légères, qu'il pourroit commettre à l'égard des choses confiées à sa garde, parceque ces fautes ne sont pas toujours incompatibles avec la fidélité que le dépositaire doit à la garde du dépôt. C'est ce qui est expressément décidé par la loi 18, ff. *de Reg. Jur.;* et par la loi 5, ff. *Commod.* que nous avons rapportée ci-dessus n. 23.

Cette dernière loi nous dit la raison pourquoi le dépositaire n'est pas responsable de la faute légère, dont on est responsable dans les autres contrats. C'est que, dans les autres contrats qui se font pour l'intérêt commun, l'intérêt que l'une des parties retire du contrat exige qu'il apporte à la chose qui en fait l'objet le soin ordinaire que les diligents pères de famille ont coutume d'apporter à leurs affaires; au lieu que dans le contrat de dépôt le dépositaire ne retirant aucun intérêt du contrat, qui se fait en entier pour l'intérêt du déposant, le déposant auroit mauvaise grace d'exiger du dépositaire autre chose que la fidélité à garder le dépôt: *Quia nulla utilitas ejus versatur apud quem deponitur, meritò dolus præstatur solus ..... sed ubi utriusque utilitas vertitur, ut in empto ..... et dolus et culpa præstatur; d.* l. 5, §. 6, ff. *Commod.*

On opposera peut-être contre ce raisonnement que dans le contrat de *mandat* le mandataire ne retire pareillement aucune utilité du contrat, qui se fait pour le seul intérêt du mandant, et que néanmoins le mandataire est tenu de la faute légère, et même quelquefois de la faute très légère qu'il commet dans la gestion de l'affaire dont il s'est chargé. La raison de différence vient de la différence de l'objet de ces contrats. L'objet du contrat de mandat est une affaire à gérer, pour la gestion de laquelle il faut de l'application, du soin, et une certaine industrie. Le mandataire, en se chargeant de la gestion de l'affaire, est censé se charger et se faire fort, ou répondre de l'application, du soin, de l'industrie nécessaires pour cette gestion : *spondet diligentiam gerendo negotio parem.* Au contraire le contrat de dépôt n'ayant pour objet que la garde des choses déposées, pour laquelle garde il ne faut ordinairement que de la fidélité, le dépositaire qui se charge de cette garde n'est pas censé s'obliger à autre chose qu'à apporter cette fidélité à la garde du dépôt.

27. Observez que le dépositaire n'est déchargé de la faute légère que parcequ'elle peut être compatible avec la fidélité qu'il doit à la garde du dépôt : et elle est effectivement compatible avec cette fidélité, lorsque le dépositaire est un homme simple, ou peu soigneux, sujet par conséquent à commettre pareilles fautes dans ses propres affaires : car la fidélité ne l'oblige qu'à avoir, pour la garde du dépôt, le même soin qu'il a pour ses propres affaires ; elle ne l'oblige pas à en avoir davantage.

Si au contraire il étoit justifié que la personne du dépositaire est un homme intelligent, soigneux, attentif dans la conduite de ses propres affaires ; c'est une question entre les docteurs, si un tel dépositaire est tenu de la faute légère qu'il commettroit à l'égard des choses confiées à sa garde. L'opinion pour l'affirmative me paroît la plus conforme aux principes. La fidélité que le dépositaire doit à la garde du dépôt ne lui permettant pas d'avoir moins de soin des choses qui lui sont confiées que des siennes (*Non salvâ fide minorem quàm suis rebus diligentiam præstabit;* l. 32 ff. *Depositi*), dès que la faute commise par le dépositaire à l'égard des choses qui lui ont été confiées est une faute qu'on puisse présumer qu'il n'auroit pas commise si les choses lui eussent appartenu, attendu le caractère qu'on lui connoît d'homme soigneux et attentif à ses affaires; dès-là cette faute doit être regardée comme une infidélité de sa part, dont il est responsable. Pour la négative, on dit que les lois ont établi pour régle générale dans le contrat de dépôt que le dépositaire n'est tenu que du défaut de foi, et qu'il ne l'est pas de la simple faute. Elles n'ont fait aucune exception à l'égard des dépositaires intelligents, soigneux et attentifs à leurs propres affaires : donc, disent-ils, un dépositaire, quelque attentif qu'on le suppose à ses propres affaires, ne doit pas être tenu d'une simple faute qu'il a commise à l'égard des choses confiées à sa garde. La réponse est qu'en rendant le dépositaire responsable d'une faute qu'il n'auroit pas commise dans ses propres affaires, nous ne nous écartons pas de la définition de ces lois, qui disent que le dépositaire *dolum tantùm præstat;* parceque cette faute étant, comme nous l'avons établi, une infidélité, elle se trouve comprise dans le terme *dolum*, dont ces lois se servent.

Quoique la faute commise par ce dépositaire, étant considérée *in abstracto*, ne dût être prise que comme une faute simple, différente du dol, cette même faute, considérée *in concreto*, dans la personne de ce dépo-

sitaire, qui ne l'eût pas commise dans ses propres affaires, doit être réputée un vrai dol, et non pas une
simple faute.

Il faut néanmoins avouer que dans la pratique du
for extérieur on n'entreroit pas facilement dans la dis-
cussion du caractère de la personne du dépositaire;
et que lorsque la faute que le dépositaire a commise à
l'égard des choses qui lui ont été confiées, étant considérée *in abstracto*, n'est qu'une faute légère et ordinaire, et non une faute grossière, on présume facilement que le dépositaire est de caractère à en commettre de pareilles dans ses propres affaires, et qu'en
conséquence il n'a point, en la commettant, manqué
de fidélité à la garde du dépôt.

Mais dans le for de la conscience, quoique la faute
qu'un dépositaire a commise à l'égard de la chose qui
lui a été confiée, étant considérée *in abstracto*, ne soit
qu'une faute légère, le dépositaire doit s'examiner et
se juger lui-même; et lorsqu'il a lieu de croire qu'il
n'eût pas fait une pareille faute si la chose lui eût appartenu, il doit se croire responsable du dommage
qu'il a causé par cette espéce de faute.

28. Celse nous donne pour exemple d'une faute légère dont un dépositaire n'est pas responsable le cas
auquel, ayant reçu une chose en dépôt d'un esclave
dont vous ne connoissiez pas le maître, vous auriez
rendu cette chose à une personne qui seroit venue vous
la demander, en se disant faussement le maître de celui qui vous l'avoit confiée, sans vous informer s'il l'é-
toit effectivement : *Si rem à servo depositam, Titio, quem
dominum esse putasti quùm non esset, restituisses, de-*

positi actionem te non teneri Celsus ait, quia nullus do-
lus intercessit; l. 1, §. 32, ff. *Depos.*

29. Un autre exemple de faute dont le dépositaire
n'est pas tenu, c'est lorsque, le feu ayant pris à la maison où il avoit mis les choses qui lui avoient été confiées, il ne les a pas délogées avant que les flammes
parvinssent au lieu où elles étoient, soit parcequ'il avoit
mal à propos espéré que les flammes ne parviendroient
pas jusque-là, soit parceque le trouble que l'accident
de l'incendie avoit causé dans son esprit l'avoit empêché d'y penser.

Cela sur-tout doit avoir lieu s'il avoit des effets à lui
appartenants dans le lieu où étoient les choses qui lui
ont été confiées, et qu'il ne les ait pas délogés, et les
ait laissés périr par les flammes avec les choses qui lui
avoient été confiées.

Mais s'il a eu le soin de déloger les effets à lui appartenants, et qu'ayant eu le temps de déloger pareillement ceux qui lui ont été confiés, il ne l'ait pas fait,
et les ait laissés périr par les flammes, on peut en ce
cas lui reprocher de n'avoir pas eu pour les choses qui
lui avoient été confiées le même soin qu'il a eu pour
les siennes; et c'est une infidélité qui doit le rendre
responsable de la perte des choses qui lui ont été confiées.

S'il n'avoit pas eu assez de temps pour sauver et ses
propres effets et ceux qui lui ont été confiés, on ne
devroit pas lui faire un crime d'avoir sauvé ses effets
préférablement à ceux qui lui avoient été confiés.

Si néanmoins ceux qui lui avoient été confiés étoient
d'un prix beaucoup plus grand que les siens, et plus

faciles, ou du moins aussi faciles à sauver, il ne seroit pas excusable d'avoir en ce cas sauvé préférablement les siens, et de n'avoir pas plutôt sauvé ceux qui lui avoient été confiés; sauf à lui à se faire indemniser par le déposant de la perte des siens qu'il auroit sacrifiés pour leur salut.

30. Le principe que le dépositaire n'est pas tenu de la faute légère reçoit plusieurs exceptions.

La première est lorsqu'il en a été convenu autrement par une clause expresse du contrat : *Si convenit ut in deposito et culpa præstetur, rata est conventio; contractus enim legem ex conventione accipiunt; l. 1, §. 6. ff. Depos.*

La seconde exception est dans le cas auquel le dépositaire est allé s'offrir à la garde du dépôt, sans attendre qu'il en fût requis. Il est en ce cas tenu d'apporter à la garde du dépôt tout le soin possible; car en allant s'offrir à la garde du dépôt, il a pu empêcher qu'on n'en donnât la garde à une autre personne qui auroit été plus soigneuse que lui : *Si quis se deposito obtulit, Julianus scribit periculo se depositi illigasse; ita tamen ut non solùm dolum, sed etiam culpam et custodiam præstet, non tamen casus fortuitos; d. l. 1, §. 35.*

31. La troisième exception est lorsque le dépositaire s'est fait payer de sa garde; c'est pourquoi Ulpien, après avoir dit en la loi 5, §. 2, ff. *Commod. In deposito..... dolus præstatur solus,* ajoute de suite, *nisi forte et merces accessit; tunc enim etiam culpa exhibetur.* La raison est que ce contrat en ce cas n'est pas un vrai contrat de dépôt, n'étant pas gratuit, mais

un contrat qui tient plutôt du louage, comme nous l'avons dit ci-dessus n. 13. Ce contrat étant en ce cas un contrat intéressé de part et d'autre, le dépositaire doit, suivant le principe commun à tous les contrats *in quibus utriusque utilitas vertitur,* être tenu de la faute légère.

Cela a lieu lorsque le dépositaire a exigé une récompense pour sa garde. Mais si, sans avoir rien exigé, il avoit, pendant le temps de la gardé, reçu quelques présents que le déposant lui auroit faits volontairement, quoiqu'il les lui eût faits en considération de sa garde, cela ne changeroit pas la nature du contrat, comme nous l'avons vu *suprà,* n. 13 : le dépositaire ne laisseroit pas d'être en ce cas un pur dépositaire, qui ne doit pas être tenu à autre chose qu'à la fidélité à garder le dépôt.

32. Une quatrième exception est lorsque le dépôt n'a pas été fait pour l'intérêt de celui qui l'a fait, comme il se fait ordinairement, mais pour l'intérêt seul du dépositaire. En ce cas, il est évident que le dépositaire doit être tenu de la faute la plus légère à l'égard de la chose qui lui a été confiée, de même que dans le *commodatum,* suivant le principe établi en notre *traité des Obligations,* n. 142.

Ulpien en apporte cet exemple : Vous m'avez prié de vous prêter une certaine somme au cas que vous en eussiez besoin pour l'acquisition d'un héritage que vous vous proposiez de faire. Sur le point de partir pour un voyage, je vous ai laissé cette somme pour vous la prêter au cas que vous fissiez l'acquisition, et pour qu'en attendant elle restât entre vos mains par forme de dépôt. Ce dépôt ne vous étant fait que pour vous faire plaisir, vous êtes tenu de la plus légère faute à l'égard de cette somme que je vous ai confiée : *Si quis nec causam nec propositum fœnerandi habuerit, et tu empturus prædia, desideraveris mutuam pecuniam, nec volueris crediti nomine antequàm emisses, suscipere, atque ita creditor, quia necessitatem fortè proficiscendi habebat, deposuerit apud te pecuniam, ut si emisses, crediti nomine obligatus esses, hoc depositum periculo est ejus qui suscepit;* l. 4, ff. *de reb. cred.*

Ces termes, *periculo est*, sont équivoques. Ils signifient quelquefois qu'une chose est entièrement aux risques de quelqu'un qui doit supporter, à l'égard de cette chose, même les accidents de force majeure : quelquefois ils signifient seulement que quelqu'un est tenu à l'égard d'une chose, même de la faute la plus légère. Je pense que c'est dans ce second sens qu'ils doivent être entendus dans cette loi; voyez d'Avezan, *de Contractibus*, cap. 27.

33. Le dépositaire n'est tenu en aucun cas des accidents de force majeure, tant qu'il n'a pas été mis en demeure de rendre la chose qui lui a été confiée. Mais après qu'il a été mis en demeure de la rendre, il est tenu d'indemniser des accidents de force majeure celui à qui il la devoit rendre, dans le cas auquel il n'eût pas souffert cette perte si la chose lui eût été rendue lorsqu'il l'a demandée; l. 12, §. 3; et l. 14, §. 3, ff. *Depos.* Le dépositaire a cela de commun avec tous les autres débiteurs de corps certains; voyez notre *traité des Obligations*, n. 663 et suiv.

COROLLAIRE II.

34. La fidélité que le dépositaire doit à la garde du dépôt l'oblige, en second lieu, à ne se pas servir des choses qui lui ont été confiées, à moins que ce ne soit avec la permission expresse ou présumée de celui qui les lui a données en dépôt; car les choses qui lui ont été données en dépôt ne lui ont été données que pour les garder.

Le dépositaire qui se sert des choses confiées à sa garde, sans le consentement, au moins présumé, de celui qui les lui a confiées, non seulement viole la fidélité qu'il doit à la garde du dépôt, il se rend de plus coupable de vol : *Qui rem depositam, invito domino, sciens prudensque in usus suos converterit, etiam furti delicto succedit;* l. 3, *cod. Depos.*

Ce vol n'est pas, à la vérité, le vol de la chose même, mais c'est un vol de l'usage de cette chose; et le vol de l'usage d'une chose, quoique différent du vol de la chose même, ne laisse pas d'être un véritable vol. C'est ce qui résulte de la définition que les lois nous donnent du vol : *Furtum est contrectatio rei fraudulenta, lucri faciendi gratiâ, vel ipsius rei, vel etiam usûs ejus, possessionisve, quod lege naturali prohibitum est admittere;* l. 1, §. 3, ff. *de furt.*

En effet, l'usage de la chose d'autrui ne nous appartient pas plus que la chose même; c'est pour nous un bien d'autrui auquel la loi naturelle ne nous permet pas de toucher : *Abstine ab alieno.*

La chose déposée n'est point entre les mains du dépositaire comme chez lui; elle y est comme chez celui qui la lui a donnée en dépôt, et à qui il est censé prêter le lieu où il l'a mise pour l'y garder. C'est pourquoi le dépositaire ne commet pas moins un vol, lorsqu'il l'en déplace pour s'en servir, que celui qui emporteroit furtivement une chose de la maison de celui à qui elle appartient, avec le dessein de la rendre après qu'il s'en seroit servi.

De ce principe, qu'il n'est pas permis au dépositaire de se servir des choses qu'il a en dépôt, sans le consentement de celui qui les lui a confiées, M. de Saci, dans son *traité de l'Amitié*, en a tiré cette conséquence, que même dans le cas auquel le dépositaire auroit besoin d'une somme d'argent qu'il a en dépôt, pour sauver la vie à son intime ami, il devroit plutôt laisser périr son ami que de violer la foi du dépôt, en touchant à cette somme sans la permission de celui qui la lui a donnée en dépôt. Je pense néanmoins que cette décision doit souffrir une modification, qui est que si celui qui a donné l'argent en dépôt n'est pas sur les lieux, et que le besoin soit si pressant que le dépositaire ne puisse pas, en lui écrivant, recevoir de lui assez à temps une réponse qui accorderoit la permission de se servir de l'argent, et que d'ailleurs le dépositaire ait le moyen de rendre cette somme, il peut en ce cas se servir de la somme qu'il a en dépôt, pour sauver la vie à son ami; car, à défaut d'une permission expresse de la personne à qui elle appartient, il a un juste sujet de croire que cette personne a assez d'humanité pour être dans la disposition de volonté de permettre qu'on se serve de son argent pour un cas aussi favorable que celui de sauver la vie à un homme. C'est donc, en ce cas, avec le consentement présumé de la personne qui lui a donné l'argent en dépôt, qu'il s'en sert, et il ne viole pas par conséquent la foi du dépôt.

35. Pour que le dépositaire se rende coupable de vol en se servant des choses qui lui ont été confiées, il faut que ce soit *invito domino;* ce qui ne doit pas s'entendre en ce sens, qu'il faille qu'il le lui ait défendu. Il suffit qu'il n'y ait pas consenti; car le terme *invitus* signifie seulement *non volens;* c'est l'interprétation qu'en donne Ulpien. En matière de vol, dit-il, *vetare dominum accipimus etiam eum qui ignorat, hoc est eum qui non consensit;* l. 48, §. 3, ff. *de furt.*

Mais lorsque le dépositaire ne s'est servi des choses qui lui ont été confiées que du consentement, ou exprès, ou même seulement présumé, de celui qui les lui a confiées, il n'est coupable ni de vol, ni même d'infidélité à la garde du dépôt.

36. Pour que le consentement soit présumé, il ne suffit pas que le dépositaire, pour se flatter, se persuade que celui qui lui a confié le dépôt auroit consenti à l'usage qu'il fait des choses déposées, s'il lui en eût demandé la permission : il faut qu'il ait un juste sujet de croire qu'il la lui auroit accordée; comme si la chose qu'il lui a donnée à garder est une chose qu'il lui avoit prêtée auparavant plusieurs fois, et toutes les fois qu'il la lui avoit demandée à emprunter.

Quelque sujet qu'ait le dépositaire de croire que celui qui lui a donné une chose en dépôt est dans la disposition de volonté de lui permettre de s'en servir, il ne doit s'en servir sans lui en demander la permission que lorsqu'il n'est pas à portée de la lui demander, *putà*, parcequ'il est absent. Mais si, étant à portée de la lui demander, il ne le fait pas, c'est une marque qu'il craint un refus, et qu'il n'est pas bien certain du consentement.

37. Il y a des usages de la chose donnée en dépôt à l'égard desquels on présume plus ou moins difficilement le consentement de celui qui l'a donnée en dépôt. Par exemple, lorsqu'on a donné en dépôt des choses qui se consomment par l'usage qu'on en fait, comme de l'argent, on ne présume que très difficilement le consentement de celui qui les a données en dépôt, pour que le dépositaire se serve de cet argent; ce qui ne se peut faire qu'en convertissant le dépôt en prêt.

A l'égard des choses qui ne se consomment pas, à la vérité, par l'usage, mais qui se détériorent par l'usage qu'on en fait, comme du linge, on ne doit encore présumer que très difficilement que celui qui les a données en garde ait consenti qu'on s'en servît.

On présume plus facilement le consentement de celui qui a donné quelque chose en dépôt pour les usages de cette chose qui ne la peuvent détériorer : comme si quelqu'un m'a laissé en dépôt un chien couchant, on doit facilement présumer son consentement pour que je m'en serve à la chasse des perdreaux; car bien loin que cet usage que je ferai de son chien le détériore, au contraire il ne peut lui être qu'avantageux, en l'entretenant dans l'habitude qu'il a d'arrêter le gibier.

Lorsqu'un savant, n'ayant pas chez lui de quoi loger ses livres, les a mis en dépôt chez un de ses amis, c'est

sur-tout en ce cas qu'on doit présumer son consentement à l'usage qu'en voudra faire son ami en les lisant;
car un vrai savant, qu'on doit présumer aimer la vérité, ne desire rien tant que d'en procurer aux autres
la connoissance, par la lecture qu'il feront de ses livres.

Sans ce consentement présumé de celui qui a donné
la chose en dépôt, il n'est pas permis à un dépositaire
de se servir des choses qui lui ont été confiées; il est
sur-tout défendu aux dépositaires de deniers de s'en
servir pour leurs affaires. La certitude morale qu'ils
prétendroient avoir d'être en état de trouver et de représenter la somme, lorsque celui qui la leur a confiée
la demandera, n'est pas une raison suffisante pour les
excuser du vol qu'ils commettent en s'en servant. J'ai
été surpris de voir dans un auteur moderne de théologie morale qu'un dépositaire pouvoit licitement, et
sans péché, se servir, pour ses affaires, des deniers qu'il
avoit en dépôt, lorsqu'il avoit cette certitude morale,
pourvu que celui qui les lui a donnés en dépôt ne les
lui eût pas donnés dans un sac cacheté, ou ne lui eût
pas fait connoître de quelque autre manière qu'il ne
vouloit pas qu'il s'en servît. Il est très faux qu'il doive
suffire au dépositaire que l'usage des deniers ne lui ait
pas été défendu; il faut qu'il ait le consentement de
celui qui les lui a donnés en dépôt, ou qu'il ait un
juste sujet de le présumer; sans cela, il est un voleur
s'il s'en sert.

COROLLAIRE III.

38. La fidélité que le dépositaire doit à la garde du

dépôt l'oblige, en troisième lieu, à ne pas chercher à connoître les choses qui lui ont été données en dépôt, lorsque celui qui les lui a données en dépôt a voulu les tenir cachées.

Par exemple, si quelqu'un a donné en dépôt une cassette fermée, le dépositaire ne peut, sans violer la fidélité qu'il doit au dépôt, ouvrir la cassette pour connoître ce qu'elle renferme.

Pareillement, si quelqu'un avoit donné en dépôt son testament ou d'autres papiers sous une enveloppe cachetée, le dépositaire commettroit une infidélité énorme, s'il décachetoit l'enveloppe pour prendre lecture du testament ou des autres papiers qui lui ont été donnés sous cette enveloppe.

39. Lorsque celui qui a donné en dépôt des choses de nature à être tenues cachées a bien voulu, pour témoigner davantage sa confiance au dépositaire, lui donner connoissance des choses qu'il lui donnoit en dépôt, la fidélité que le dépositaire doit au dépôt l'oblige à n'en pas donner connoissance à d'autres.

Par exemple, si quelqu'un m'a donné en dépôt son testament tout ouvert, je puis bien le lire; car, en me le donnant ouvert, il m'en a tacitement accordé la permission : mais je commettrois une infidélité énorme, si je le donnois à lire à d'autres.

Celui qui l'a donné en dépôt peut même en ce cas avoir l'action d'injure contre le dépositaire : *Si quis tabulas testamenti apud se depositas pluribus præsentibus legit, ait Labeo depositi actione rectè de tabulis agi posse : ego arbitror et injuriarum agi posse, si hoc animo recitatum testamentum est quibusdam præsen-*

tibus, ut judicia secreta ejus qui testatus est divulgaren-
tur; l. 1, §. 38, ff. *Depos.*

Il en seroit autrement si c'étoit par une bonne intention que le dépositaire eût donné communication à quelqu'un du testament qui lui a été confié, *putà*, s'il en a fait prendre la lecture à un jurisconsulte pour savoir s'il n'y avoit pas dans ce testament quelques dispositions mal expliquées qui pourroient donner lieu à des contestations, afin d'en avertir celui qui le lui a confié, pour qu'il y remédiât. La bonne intention du dépositaire doit en ce cas l'excuser, et il ne doit pas passer pour infidéle, quoiqu'il eût mieux fait de n'en donner la lecture à personne, et même de ne la pas prendre lui-même, à moins que celui qui le lui a donné en dépôt ne l'eût prié de la prendre pour lui en dire son avis.

ARTICLE II.

Du second chef d'obligation du dépositaire, qui consiste dans la restitution du dépôt.

Le second chef de l'obligation que le dépositaire contracte par le contrat de dépôt, est la restitution du dépôt. Nous verrons sur cette matière quels sont les objets de la restitution du dépôt; à qui, où, et quand la restitution en doit être faite, et pour quelles causes elle peut quelquefois être retardée.

§. I. Quelles choses font l'objet de la restitution du dépôt.

40. Les choses qui ont été données en dépôt sont le principal objet de la restitution du dépôt, à laquelle s'est obligé le dépositaire par le contrat.

Ce sont les mêmes choses *in individuo* que le dépositaire doit rendre, quand même ce seroit une somme de deniers ou d'autres choses *fongibles* qui auroient été données en dépôt : le dépositaire est tenu en ce cas de rendre non seulement la somme, mais les mêmes espéces *in individuo* qu'il a reçues en dépôt, et auxquelles il ne lui a pas été permis de toucher.

C'est pourquoi, s'il est survenu depuis le dépôt une augmentation ou une diminution sur les monnoies, c'est celui qui a donné la somme de deniers en dépôt qui doit profiter de l'augmentation, lorsque les espéces ont été augmentées, ou supporter la diminution, lorsqu'elles ont été diminuées; car le dépositaire doit rendre les mêmes espéces *in individuo* qu'il a reçues, suivant le bordereau qu'il a dû en donner à celui qui les lui a données en dépôt. Par exemple, s'il a reçu en dépôt une somme de six cents livres en quinze louis d'or et quatre-vingts écus de trois livres, il doit rendre les quinze louis d'or et les quatre-vingts écus de trois livres qu'il a reçus en dépôt, quelque augmentation ou quelque diminution qui soit survenue sur les espéces.

41. S'il n'y avoit pas de bordereau, qui seroit cru de celui qui a donné l'argent en dépôt, ou du dépositaire, sur la qualité des espéces données en dépôt? Il pourroit y avoir lieu à cette question, si l'augmentation ou la diminution n'étoit arrivée que sur les espéces d'or, et non sur celles d'argent, *aut vice versâ*. Il n'est pas douteux que c'est le dépositaire qui doit en ce cas être cru; celui qui a fait le dépôt doit s'imputer de ne s'être pas fait donner un bordereau; en ne

l'exigeant pas, il a suivi la foi du dépositaire sur la qualité des espéces. D'ailleurs, **en fait** de restitution de dépôt, c'est celui qui a donné l'argent en dépôt qui est le demandeur, et qui est par conséquent chargé de la preuve de ce qu'il avance : *Semper necessitas probandi incumbit illi qui agit;* l. 21, ff. *de probat.* Faute par lui d'avoir la preuve de ce qu'il avance sur la qualité des espéces données en dépôt, on doit plutôt en croire le dépositaire qui est le défendeur, suivant cette autre régle : *Favorabiliores rei potiùs quàm actores habentur;* l. 15, *de Reg. Jur.*

Observez que lorsque l'objet du dépôt excéde cent livres, celui qui a fait le dépôt ne peut faire que par un bordereau ou par quelque autre écrit la preuve de ce qu'il avance sur la qualité des espéces. A défaut de cette preuve, il n'est pas reçu à la preuve testimoniale, il ne peut que demander l'affirmation du dépositaire. Lorsque l'objet n'excéde pas cent livres, il peut être admis à la preuve testimoniale.

42. Le dépositaire n'est tenu de rendre la chose qui lui a été donnée en dépôt qu'en l'état qu'elle se trouve, quand même elle seroit détériorée. Néanmoins, si c'étoit par son dol qu'elle fût détériorée, ou par une faute de l'espéce de celles dont il est tenu (v. *suprà* n. 26, et suiv.), il seroit tenu en ce cas des dommages et intérêts de celui qui la lui a donnée en dépôt, résultants de cette détérioration.

43. Le dépositaire n'est tenu de rendre la chose qui lui a été donnée qu'autant qu'il l'a par-devers lui. S'il l'avoit perdue par quelque accident, il seroit quitte de l'obligation de la rendre.

Néanmoins, si c'étoit par son dol qu'il ne l'eût plus, ou par quelque faute de l'espéce de celles dont il est tenu, en ce cas il ne seroit pas déchargé de son obligation de rendre la chose. Faute d'y pouvoir satisfaire, il seroit tenu d'en rendre le prix; et même, selon les circonstances, il pourroit être, en outre, tenu des dommages et intérêts de celui qui la lui a donnée en dépôt. Voyez notre *traité des Obligations*, part. 1, chap. 2, art. 3, et part. 3, n. 661 et 662.

Le dépositaire qui a vendu de mauvaise foi la chose qui lui a été donnée en dépôt n'est pas déchargé de l'obligation de la rendre, quoiqu'il ait racheté la chose pour la garder comme auparavant, et qu'elle soit depuis périe chez lui sans sa faute. C'est ce qu'enseigne Ulpien : *Si rem depositam vendidisti, eamque posteà redemisti in causam depositi, etiam si sine dolo malo posteà perierit, teneri te depositi, quia semel dolo fecisti, quùm venderes;* l. 1, §. 25, ff. *Depos.*

La raison est que le dépositaire, en vendant de mauvaise foi la chose qui lui a été donnée en dépôt, commet un vol de cette chose; il devient voleur de cette chose, et la chose devient infectée du vice de vol, qui ne se purge point jusqu'à ce qu'elle soit rendue au propriétaire. Or c'est un principe, qu'une chose volée est aux risques du voleur, qui est censé être dans une perpétuelle demeure de la rendre ; et on ne distingue pas à l'égard du voleur, si la chose qui est périe depuis le vol qui en a été fait fût ou ne fût pas également périe entre les mains de celui à qui elle doit être rendue; *quod ità receptum odio furti,* comme nous l'avons observé en notre *traité des Obligations*, n. 664.

44. Quoique le dépositaire ne soit pas tenu de rendre la chose qui lui a été donnée en dépôt, lorsqu'il ne l'a plus, et que c'est sans aucun dol ni faute de l'espéce de celles dont il est tenu qu'il a cessé de l'avoir; néanmoins s'il lui en est resté quelque chose, il est tenu de rendre ce qui en est resté. Par exemple, lorsqu'on a donné à quelqu'un un cheval en dépôt; si le cheval est mort, le dépositaire est quitte à la vérité de l'obligation de rendre le cheval; mais il doit rendre la peau, les fers, et l'équipage du cheval, avec lequel le cheval lui avoit été donné en dépôt.

45. Lorsque le dépositaire qui, par quelque accident dont il n'est point responsable, n'a plus les effets qui lui ont été donnés en dépôt, a reçu quelque chose à la place desdits effets, il est obligé de rendre cette chose à celui qui lui avoit fait ce dépôt. Par exemple, si une personne, en partant pour un voyage, m'a laissé en dépôt une grande quantité de blé, et que dans un temps de disette j'aie été contraint par le magistrat de mener ces blés au marché et de les vendre, je suis obligé de rendre à celui qui m'avoit donné les blés en dépôt la somme d'argent que j'ai reçue pour le prix de la vente; cette somme leur est subrogée, et j'en suis devenu dépositaire à la place des blés.

Un autre exemple, c'est lorsque l'héritier du dépositaire, ignorant le dépôt, a vendu la chose donnée en dépôt, qu'il croyoit être de la succession du défunt: cet héritier, qui l'a vendue de bonne foi, n'est pas obligé, à la vérité, de rendre la chose à celui qui l'a donnée en dépôt au défunt; mais il est obligé de lui rendre la somme qu'il a reçue pour le prix de cette

chose; à moins que celui qui avoit donné la chose en
dépôt n'aimât mieux la revendiquer sur l'acheteur par-
devers qui elle est; auquel cas ce seroit à cet acheteur
que l'argent devroit être rendu.

46. L'héritier du dépositaire, qui a vendu de bonne
foi la chose qu'il ignoroit avoir été donnée en dépôt
au défunt, n'ayant rien fait, en la vendant, contre la
bonne foi due au dépôt, dont il n'avoit pas de connoissance, il ne doit être tenu de rendre le prix qu'il
l'a vendue que lorsqu'il l'a reçu; s'il n'en avoit pas
été payé, il ne seroit tenu à autre chose qu'à céder ses
actions contre l'acheteur, quand même cet acheteur
seroit insolvable.

Par la même raison, quand même cet héritier auroit
vendu la chose au-dessous de sa valeur, il ne seroit
tenu de rendre que le prix qu'il l'a vendue, et qu'il
a reçu.

C'est ce que nous enseignent les jurisconsultes romains : *Si heres rem apud testatorem depositam vel
commodatam distraxerit, ignorans depositam,.... quia
dolo non fecit, non tenebitur de re : an tamen de pretio
teneatur quod ad eum pervenit? Et verius est teneri
eum;* l. 1, §. *fin.* ff. *Depos. Quid ergò si pretium nondùm exegit, aut minoris quàm debuit, vendidit?
Actiones suas tantummodò præstabit;* l. 2, ff. *d. tit.*

47. Les fruits de la chose donnée en dépôt, que le
dépositaire a perçus, sont aussi un des objets de la
restitution du dépôt. Soit qu'il ait encore par-devers lui
la chose qui lui a été donnée en dépôt, soit qu'il ne
l'ait plus, il doit tenir compte des fruits qu'il en a perçus à celui qui la lui a donnée en dépôt; car un dépo-

sitaire ne doit profiter en rien du dépôt. Par exemple, lorsqu'on a donné à quelqu'un des vaches en dépôt, le dépositaire doit tenir compte à celui qui les lui a données en dépôt, du lait et des veaux, sous la déduction des frais qu'il a faits pour la nourriture et la garde.

Le dépositaire, tant qu'il n'a pas été en demeure de rendre la chose qui lui a été donnée en dépôt, n'est tenu de rendre que les fruits qu'il a perçus ; il n'est pas tenu de ceux qu'on eût pu percevoir, et qu'il n'a pas perçus : mais depuis qu'il a été mis en demeure, il est tenu de tenir compte de tous ceux qu'on a pu percevoir, quoiqu'il ne les ait pas perçus ; c'est un effet de la demeure, suivant les principes établis en notre *traité des Obligations*, n. 143.

48. A plus forte raison, lorsque c'est une somme d'argent qui a été donnée en dépôt, le dépositaire, tant qu'il n'a pas été mis en demeure de la rendre, n'en doit aucuns intérêts ; car non seulement il n'en a pas perçu, mais il n'a pu en percevoir, ne lui ayant pas été permis de toucher à cette somme. Mais depuis qu'il a été mis en demeure de rendre cette somme, il en doit les intérêts : *Usuræ in depositi actione, sicut in cæteris bonæ fidei judiciis, ex morâ venire solent; l. 2, cod. Depos.*

§. II. A qui la chose donnée en dépôt doit-elle être rendue.

49. Le dépositaire doit rendre la chose qui lui a été donnée en dépôt à celui qui la lui a donnée ; car c'est envers lui qu'il contracte par le contrat de dépôt l'obligation de la rendre.

Ce n'est pas toujours celui qui a fait la tradition de la chose au dépositaire qui est censé l'avoir donnée en dépôt; c'est celui au nom duquel le dépôt en a été fait, soit qu'il en ait fait la tradition par lui-même, soit qu'elle ait été faite par un autre en son nom.

Par exemple, si, de l'ordre de Pierre, vous m'avez donné en dépôt une chose, ce n'est pas vous qui êtes censé me l'avoir donnée en dépôt; c'est Pierre, de la part de qui vous me l'avez donnée, qui est censé me l'avoir donnée en dépôt; c'est à Pierre et non à vous que je dois la rendre, et c'est lui qui a contre moi l'action *depositi* pour se la faire rendre; l. 1, §. 11, ff. *Depos.*

Mais si vous m'avez remis cette chose sans dire que c'étoit de la part de Pierre; quoique ce fût Pierre qui vous l'eût donnée pour me l'apporter, le dépôt est fait en votre nom; c'est vous qui avez action contre moi pour vous le faire rendre, sauf à Pierre à vous obliger *mandati judicio* à lui céder cette action; d. §.

50. Lorsqu'une personne a donné quelque chose en dépôt dans un nom qualifié, comme de tuteur, de marguillier, etc., la chose ne lui doit être rendue que tant qu'il conserve la qualité en laquelle il l'a donnée. Par exemple, si quelqu'un, en sa qualité de tuteur d'un tel, a donné une chose en dépôt, la chose ne lui doit être rendue que tant qu'il est tuteur : la tutéle finie, ce n'est plus à lui, c'est au mineur devenu majeur que la chose doit être rendue. Pareillement, lorsque quelqu'un, en qualité de marguillier, a donné en dépôt des effets d'une fabrique, ce n'est que pendant qu'il est marguillier que la restitution du dépôt doit lui être

faite. Lorsqu'il est sorti de charge, ce n'est plus à lui, c'est à son successeur qu'elle doit être faite.

51. Celui qui a donné la chose en dépôt n'a pas besoin de prouver qu'il est le propriétaire; il suffit qu'il l'ait donnée en dépôt pour qu'elle doive lui être rendue, quoiqu'elle ne lui appartienne pas, et quand même il l'auroit volée : *Si prædo vel fur deposuerint, et hos Marcellus putat rectè depositi acturos;* l. 1, §. 39, ff. *Depos.*

Néanmoins, si le dépositaire, depuis le dépôt qu'il a reçu de bonne foi, venoit à découvrir que la chose qui lui a été donnée en dépôt a été volée, et qu'il connût la personne à qui elle a été volée, il devroit plutôt la rendre à la personne à qui elle appartient qu'à celui qui la lui a donnée en dépôt, et il devroit pour cela avertir cette personne de la réclamer. C'est l'espéce d'une belle loi de Triphonin. *Latro spolia, quæ mihi abstulit, posuit apud Seium, inscium de malitiâ deponentis : utrùm latroni an mihi restituere Seius debeat ? Si, per se, dantem accipientemque intuemur, hæc est bona fides ut commissam rem recipiat is qui dedit; si totius rei equitatem (quæ ex omnibus personis quæ negotio isto continguntur impletur) mihi reddenda sunt, cui facto scelestissimo adempta sunt : et probo hanc esse justitiam quæ suum cuique ita tribuit, ut non distrahatur ab ullius personæ justiore repetitione;* l. 31, §. 1, ff. *d. tit.* En ce cas l'obligation que le dépositaire a contractée envers celui qui lui a donné la chose en dépôt doit céder à une autre obligation plus forte, que la loi naturelle impose au dépositaire, de rendre la chose à celui à qui elle appartient.

Observez que le dépositaire remplit toute justice, et satisfait à ce qu'on doit au propriétaire de la chose, par l'avis qu'il lui donne que la chose qui lui a été volée est entre ses mains : il n'est pas obligé de la lui rendre, jusqu'à ce que ce propriétaire ait fait ordonner que la chose lui seroit restituée par un jugement rendu avec celui qui l'a donnée en dépôt, lequel, sur la revendication faite sur le dépositaire, doit être mis en cause par ce dépositaire. Il ne seroit pas juste que le dépositaire s'exposât à un procès en la rendant au propriétaire avant que d'en être déchargé envers celui qui la lui a donnée en dépôt, par un jugement rendu avec lui.

C'est pourquoi, si le propriétaire de la chose, à qui elle a été volée, néglige l'avis que le dépositaire lui a donné, et ne réclame pas aussitôt la chose, le dépositaire pourra la rendre à celui qui la lui a donnée en dépôt, lorsqu'il la lui demandera : *Quòd si ego,* ajoute Triphonin, *ad petenda ea non veniam, nihilominùs ea restituenda sunt ei qui deposuit, quamvis malè quæsita deposuit;* d. §. 1.

52. La chose qui a été donnée en dépôt ne doit être rendue à celui qui l'a donnée qu'autant qu'il conserve son état civil, et qu'il continue d'être usant de ses droits.

C'est pourquoi, si celui qui m'a donné une chose en dépôt a depuis perdu la vie civile par une condamnation capitale, dont j'ai connoissance, ce n'est pas à lui en ce cas que je dois rendre la chose qu'il m'a donnée en dépôt; c'est au seigneur à qui ses biens ont été confisqués par cette condamnation que je la dois

rendre. Il est vrai qu'à n'envisager que le pur droit naturel, *si tantùm naturále jus et gentium intuemur*, il
sembleroit que lès choses devroient être rendues à celui
qui les a données en dépôt; mais *si civile jus et legum
ordinem (spectemus), magis in publicum deferenda sunt;
nam malè meritus publicè, ut exemplo aliis ad deter-
renda maleficia sit, etiam egestate laborare debet;* d. l. 3 1.

Lorsque celui qui a donné la chose en dépôt s'est
depuis fait religieux profès, ce n'est point à lui que la
chose donnée en dépôt doit être rendue, parcequ'il a
perdu la vie civile par sa profession religieuse; elle doit
être rendue à ses héritiers, comme dans le cas de la
mort naturelle; voyez *infrà*, n. 54.

Lorsque la personne qui a donné la chose en dépôt a depuis passé sous puissance de mari, ou a été
interdite, ce n'est point à elle que la chose doit être
rendue, ayant cessé, par son mariage ou par son interdiction, d'être usante de ses droits; mais elle doit
être rendue à son mari ou à son curateur. La restitution
du dépôt, faite au mari ou au curateur de la personne
qui a fait le dépôt, est censée faite à elle-même, son
mari ou son curateur ayant qualité de recevoir pour
elle.

53. La chose donnée en dépôt est censée rendue à
celui qui l'a donnée en dépôt, lorsqu'elle est rendue à
celui à qui il a ordonné de la rendre, selon la régle,
*Quod jussu alterius solvitur, pro eo est quasi ipsi solutum
esset;* l. 180, ff. *de R. J.*

54. Après la mort de celui qui a donné la chose en
dépôt, la restitution du dépôt doit se faire à ses héritiers. Lorsqu'il a laissé plusieurs héritiers, si la chose

donnée en dépôt est une chose susceptible de parties réelles, telle qu'est une somme d'argent, elle doit être restituée à chaque héritier pour la part dont il est héritier.

Si cet argent avoit été mis en dépôt dans un sac cacheté; sur la demande de l'un des héritiers, pour la restitution de la part qui lui appartient dans le dépôt, on doit faire l'ouverture du sac en présence du juge, à son hôtel, qui en dressera procès-verbal; après laquelle ouverture, on délivrera à cet héritier la part qui lui appartient dans l'argent qui est dans ce sac, et le reste demeurera entre les mains du dépositaire : *Si pecunia in sacculo signato deposita sit, et unus ex heredibus ejus qui deposuit veniat repetens, promenda pecunia est vel coram prætore, vel intervenientibus honestis personis, et exsolvenda pro parte hereditariâ;* l. 1, §. 36, ff. *Depos.*

Lorsque la chose donnée en dépôt n'est pas susceptible de parties réelles, elle ne peut être rendue à l'un des héritiers que du consentement des autres. Lorsque les héritiers ne s'accordent pas sur celui d'entre eux à qui la chose sera rendue, ou lorsque tous ne paroissent pas, la restitution doit se faire à ceux qui ont la plus grande part dans la succession, à la charge par eux de donner caution au dépositaire de le défendre contre les autres héritiers : *Si plures heredes extiterint ei qui deposuerit, dicitur, si major pars adierit, restituendam rem præsentibus; majorem autem partem non ex numero personarum, sed ex magnitudine portionum hereditariarum intelligendam; cautelâ idoneâ reddendâ;* l. 14, ff. *d. tit.*

55. Lorsque celui qui a donné la chose en dépôt a fait à quelqu'un un legs particulier de cette chose, ou un legs universel dans lequel cette chose est comprise; après que le légataire aura été saisi de son legs, et qu'il aura signifié au dépositaire l'acte ou la sentence de saisissement, la restitution du dépôt ne pourra plus se faire qu'à lui: mais, avant cette signification, le dépositaire peut la faire valablement aux héritiers, à moins qu'elle n'eût été saisie et arrêtée entre ses mains.

§. III. Où doit se faire la restitution du dépôt.

56. Lorsqu'on est convenu, par le contrat, du lieu où se feroit la restitution du dépôt, la chose donnée en dépôt doit être rendue dans ce lieu : si elle n'y est pas, et qu'il faille l'y transporter, le transport doit se faire aux frais de celui qui l'a donnée en dépôt : *Si quid in Asiâ depositum sit, ut Romæ reddatur, videtur id actum, ut non impensâ ejus id fiat apud quem depositum sit, sed ejus qui deposuit;* l. 12, ff. *d. tit.*

Cette décision est conforme à ce principe d'équité : *Officium suum nemini debet esse damnosum.* Le dépositaire ne s'étant chargé du dépôt que pour faire plaisir à celui qui lui a fait le dépôt, l'équité ne permet pas qu'il supporte aucuns frais.

Quand même le dépôt auroit été fait dans le même lieu où on est convenu que s'en feroit la restitution, si le dépositaire a eu quelque juste sujet de le transporter ailleurs, ce sera aux frais de celui qui aura donné la chose en dépôt qu'on l'en fera revenir.

57. Lorsque le contrat ne porte pas où doit se faire la restitution du dépôt, elle doit se faire où se trouve

la chose qui a été donnée en dépôt, quand même elle se trouveroit dans un lieu plus éloigné que celui où elle a été donnée, pourvu que ce soit sans malice qu'elle y a été transportée, *putà*, parceque le dépositaire a délogé : *Depositum eo loco restitui debet in quo sine dolo ejus est apud quem depositum est; ubi verò depositum est nihil interest;* d. l. 12, §. 1.

§. IV. Quand doit se faire la restitution du dépôt, et pour quelles causes elle doit être retardée.

58. Le dépositaire doit rendre les choses qui lui ont été données en dépôt à celui qui les lui a données, aussitôt qu'il les redemande.

Quand même le contrat porteroit un temps déterminé auquel le dépôt devroit être rendu, celui qui a donné la chose en dépôt peut, si bon lui semble, la redemander avant ce temps; et le dépositaire n'est pas fondé à la lui refuser, et à la lui retenir jusqu'au temps porté par le contrat : car le dépôt n'étant fait que pour l'intérêt de celui qui a donné la chose en dépôt, le dépositaire n'ayant la chose que pour la garder, et n'ayant pas le droit de s'en servir, il ne peut avoir aucun intérêt de la retenir, et le temps porté au contrat ne peut paroître avoir été mis en sa faveur. C'est ce que décide Ulpien : *Si sic deposuero apud te, ut post mortem tuam reddas,... possum mutare voluntatem, et ante mortem tuam depositum repetere;* l. 1, §. 45. ff. *Depos.*

Par la même raison, quoiqu'il soit dit par l'acte de dépôt que vous m'avez donné une chose en dépôt pour vous la garder jusqu'à votre retour d'un certain voyage, je ne puis refuser de la rendre, avant votre retour, à celui qui se présente avec un pouvoir spécial de vous pour la redemander.

59. Le principe que la restitution du dépôt doit se faire aussitôt qu'il est redemandé souffre quelques limitations, et il y a certaines causes qui peuvent retarder cette restitution.

1° Lorsque la chose donnée en dépôt n'est pas sur le lieu où elle est demandée, et où la restitution doit s'en faire, il est évident qu'on doit accorder au dépositaire le temps qui est nécessaire pour la faire venir.

2° Lorsqu'il y a saisie et arrêt de la chose donnée en dépôt, faite entre les mains du dépositaire, soit par quelqu'un qui s'en prétend le propriétaire, soit par quelqu'un qui se prétend créancier de celui qui l'a donnée en dépôt, le dépositaire ne doit rendre la chose à celui qui la lui a donnée qu'après que celui-ci aura obtenu main-levée, et la lui aura notifiée. Il n'importe à cet égard que le créancier ait fait une saisie et arrêt spécialement de la chose donnée en dépôt, ou qu'il ait arrêté en général toutes les choses appartenantes à son débiteur qui sont entre les mains du dépositaire.

Il n'importe aussi que l'arrêt soit bien ou mal fondé : quand même il seroit évident qu'il est mal fondé, le dépositaire ne peut être obligé de rendre la chose qui lui a été donnée en dépôt, et qui est arrêtée entre ses mains, jusqu'à ce que celui qui la lui a donnée ait rapporté la main-levée de l'arrêt.

3° Lorsque le dépositaire a fait des impenses pour la conservation de la chose qui lui a été donnée en dépôt, il a droit de la retenir jusqu'à ce qu'il en ait été remboursé. Mais lorsque c'est pour quelque autre cause que le dépositaire est créancier de celui qui lui a donné la chose en dépôt, il ne peut opposer la compensation de ce qui lui est dû, pour exclure ni pour différer la restitution du dépôt qui lui est demandée : voyez notre *traité des Obligations*, n. 625.

4° Enfin il est évident que si le dépôt est redemandé par quelqu'un qui se dit héritier de celui qui a fait ce dépôt, et que sa qualité ne soit pas connue au dépositaire, le dépositaire n'est pas obligé de rendre le dépôt, jusqu'à ce que cet héritier ait justifié de sa qualité.

ARTICLE III.

De l'action *depositi directa*.

60. De l'obligation que le dépositaire contracte par le contrat de dépôt, dont nous avons expliqué les deux chefs dans les articles précédents, naît l'action *depositi directa*.

Cette action est une action personnelle que celui qui a donné la chose en dépôt a contre le dépositaire pour se la faire rendre.

Par celui qui a donné la chose en dépôt, nous entendons celui qui a été partie contractante, et au nom de qui le dépôt a été fait, soit qu'il ait fait par lui-même la tradition de la chose donnée en dépôt, soit qu'il l'ait faite par d'autres qui l'ont faite en son nom ; voyez *suprà*, n. 48.

61. Le propriétaire de la chose donnée en dépôt, lorsque ce n'est pas en son nom que la chose a été donnée en dépôt, n'a pas cette action, parceque, n'ayant pas été partie contractante, ce n'est pas envers

lui que le dépositaire a contracté, par le contrat de
dépôt, l'obligation personnelle d'où naît cette action :
ce propriétaire peut seulement arrêter et entiercer la
chose sur le dépositaire, lorsqu'elle se trouve entre ses
mains, et, sur la déclaration que le dépositaire fera
qu'il la tient à titre de dépôt d'un tel, former l'action
de revendication contre ce tel qui la possède, par celui
à qui il l'a donnée en dépôt.

Néanmoins si celui qui a donné la chose en dépôt,
quoiqu'en son nom, l'avoit donnée pour être rendue
à ce propriétaire ; quoiqu'en ce cas le propriétaire n'ait
pas l'action *depositi*, selon la subtilité du droit, le dépôt n'ayant pas été fait en son nom, et n'ayant pas été,
par conséquent, partie contractante, néanmoins les
lois lui accordent, en ce cas, une action *depositi*, qu'on
appelle *utile : Si res tuas commodavit, aut deposuit is
cujus in precibus meministi, adversùs tenentem ad exhibendum vel vindicatione uti potes : quòd si pactus
sis ut tibi restituerentur.... intelligis te ex ejus pacto actionem stricto jure non habere; utilis autem tibi propter
æquitatis rationem dabitur depositi actio;* l. 8, *cod. ad
exhib.*

62. Lorsque plusieurs personnes ont donné une
chose en dépôt, s'il y a clause par le contrat que la
chose sera rendue à celle d'entre elles qui la redemandera, ces personnes sont des *correi credendi :* chacune
d'elles peut, sans le consentement des autres, intenter
l'action *depositi;* et la restitution du dépôt, faite à l'une
d'elles, décharge le dépositaire envers les autres. Hors
le cas de cette clause, l'une de ces personnes ne peut
intenter l'action *depositi*, pour se faire rendre la chose

donnée en dépôt, qu'en rapportant le consentement des autres; et s'il ne le rapporte pas, le juge doit ordonner qu'il les mettra en cause. Néanmoins si la chose étoit susceptible de parties réelles, comme lorsque c'est une somme d'argent qui a été donnée en dépôt; ou si, la chose donnée en dépôt ne pouvant plus, par le dol du dépositaire, être rendue, l'action *depositi* devoit se terminer à une condamnation pécuniaire, chacun de ceux qui ont fait le dépôt pourroit, sans les autres, intenter l'action *depositi* pour la part qu'il a dans le dépôt.

63. Du principe que l'action *depositi directa* est une action qui naît de l'obligation personnelle que le dépositaire a contractée par le contrat de dépôt envers celui qui a donné la chose en dépôt, il s'ensuit qu'elle ne procéde que contre le dépositaire, ses héritiers ou autres successeurs universels.

Néanmoins si je vous avois donné une chose en dépôt, et que vous l'eussiez vous-même donnée en dépôt à un tiers; quoique, selon la rigueur du droit, je n'aie point l'action de dépôt contre ce tiers, puisque ce n'est pas avec moi, mais avec vous qu'il a contracté, et conséquemment que ce n'est pas envers moi, mais envers vous qu'il s'est obligé de rendre la chose; néanmoins, *celeritate conjungendarum actionum*, pour éviter le circuit d'actions, les lois m'accordent aussi une action utile *depositi* contre ce tiers : *Si quis rem penes se depositam apud alium deposuerit, tàm ipse directam, quàm is qui apud eum deposuit utilem actionem depositi habere possunt.* Paul. *sent.* lib. 2, tit. 12, §. 8.

Hors ce cas, celui qui a donné une chose en dépôt

ne peut avoir l'action *depositi* contre des tiers auxquels seroit parvenue la chose qu'il auroit donnée en dépôt; il peut seulement, étant le propriétaire de cette chose, donner l'action en revendication contre les tiers qui s'en trouveroient en possession.

64. Lorsqu'une chose a été donnée en dépôt à deux dépositaires qui s'en sont chargés ensemble; si c'est par le dol de l'un et de l'autre, ou par une faute de l'un et de l'autre, de l'espéce de celles dont les dépositaires sont tenus, que la chose n'est pas rendue, celui qui l'a donnée en dépôt peut intenter solidairement l'action *depositi* contre l'un ou l'autre des dépositaires. Mais si ce n'étoit que par le dol de l'un d'eux que la chose ne pût être renduc, celui qui l'a donnée en dépôt ne pourroit intenter l'action *depositi* que contre lui; l'autre dépositaire, qui n'a pas participé au dol, n'en seroit pas tenu; l. 1, §. 43, ff. *Depos.* Bien entendu, à moins qu'il ne parût qu'en se rendant dépositaires, ils se sont rendus cautions l'un pour l'autre; auquel cas, celui qui n'auroit pas participé au dol de son codépositaire ne laisseroit pas d'en être tenu, comme étant sa caution.

65. Lorsque le dépositaire a laissé plusieurs héritiers, si c'est par le dol du défunt, ou par une faute de l'espéce de celles dont un dépositaire est tenu, que la chose donnée n'est pas rendue, l'action *depositi* peut s'intenter contre les héritiers, seulement pour la part dont chacun est héritier. Mais si c'est par le dol de l'un des héritiers que la chose n'est pas rendue, l'action *depositi* peut être intentée pour le total contre cet héritier, quoiqu'il ne soit héritier que pour partie; et les autres hé-

ritiers, qui n'ont pas participé au dol, ne sont point tenus de la perte de la chose qui avoit été donnée en dépôt.

C'est ce qu'enseigne Paul, *in depositi actione : Si ex facto defuncti agatur adversùs unum ex pluribus heredibus, pro parte hereditariâ agere debeo; si verò ex suo delicto, pro parte non ago : meritò, quia æstimatio refertur ad dolum quem in solidum ipse heres admisit;* l. 9, ff. d. tit. *Nec adversùs coheredes qui dolo carent, depositi actio competit;* l. 10, ff. d. tit.

Ceci est conforme aux principes que nous avons exposés dans notre *traité des Obligations,* n. 305 et 306.

Si l'un des héritiers du dépositaire, par-devers qui est la chose qui avoit été donnée en dépôt au défunt, refusoit de la rendre à celui qui l'a donnée en dépôt, et qui la redemande, et qu'il n'alléguât pour cause de son refus que l'absence de ses cohéritiers, ce seroit un mauvais prétexte qu'il allégueroit, ses cohéritiers absents ne pouvant avoir aucun intérêt d'empêcher la restitution du dépôt; et par conséquent son refus étant contraire à la bonne foi, et un dol de sa part, celui qui a donné la chose en dépôt peut intenter contre lui, pour le total, l'action *depositi directa* pour la restitution de la chose.

C'est ce que décide la loi 3, §. 3, ff. *Commod.* dans le cas du contrat *commodatum,* qui est semblable à cet égard au cas du dépôt. Voyez notre *traité des Obligations,* n. 304.

Lorsque c'est par le dol de tous les héritiers du dépositaire que la chose donnée en dépôt n'est pas rendue, l'action *depositi directa* peut être intentée solidairement contre chacun desdits héritiers. Voyez sur ce cas, notre *traité des Obligations*, n. 307; et la loi 22, ff. *Depositi*, sur laquelle Antoine Faber, *Lib. Rational. ad h. l.*, a fort bien observé que le dernier verset de cette loi, *nec tamen absurdè, etc.*, étoit un mauvais glossème, qui en devoit être retranché, comme contraire aux principes de droit, et aux véritables sentiments de Marcellus, auteur de cette loi.

66. Sur l'objet de l'action *depositi directa*, voyez ce qui a été dit dans les deux articles précédents.

67. On peut opposer contre l'action *depositi directa* plusieurs exceptions dilatoires, résultantes de plusieurs causes pour lesquelles nous avons vu *suprà*, n. 58, que la restitution du dépôt pouvoit être retardée.

Le dépositaire peut aussi quelquefois être reçu dans une exception péremptoire contre cette action, lorsqu'il offre de justifier qu'il est le propriétaire de la chose qui lui a été donnée en dépôt, et qu'en conséquence le dépôt ne peut subsister; *suprà*, n. 4. Mais pour qu'il soit reçu dans cette exception, il faut qu'il soit en état de prouver promptement et sommairement son droit de propriété : autrement la présomption est pour celui qui lui a donné la chose en dépôt, qui est censé la posséder par lui; et il doit être condamné par provision à la lui rendre, sauf à se pourvoir contre lui ensuite par l'action de revendication; Bruneman, *ad* l. 21, *cod. Depos.*

68. A l'égard de la prescription, qui est une autre espéce d'exception péremptoire, le dépositaire et ses héritiers, tant que la chose donnée en dépôt est par-devers eux, et qu'elle peut être saisie entre leurs mains, ne

peuvent opposer aucune prescription contre cette action, quelque laps de temps qui se soit écoulé depuis
le contrat de dépôt. La raison est que le dépositaire
ayant commencé de tenir en qualité de dépositaire la
chose qui lui a été donnée en dépôt, il est censé continuer de la tenir toujours à ce titre, tant qu'il ne fait
pas voir qu'il lui est survenu un autre titre. C'est ce
qui résulte de ce principe de droit, *Neminem sibi ipsi
causam possessionis mutare posse;* l. 3, §. 19, ff. *de acq.
possess;* l. 2, §. 1, ff. *pro hered. et passim.*

Pareillement les héritiers du dépositaire, *qui in omne
jus ipsius succedunt,* succédant à son obligation, sont
censés, de même que le défunt, tenir à titre de dépositaires les choses données en dépôt au défunt. Or cette
qualité de détenteur à titre de dépôt renfermant essentiellement la charge de rendre la chose donnée en
dépôt à celui qui l'a donnée, il s'ensuit que cette qualité réclame perpétuellement en faveur de la restitution du dépôt, et empêche le dépositaire· et ses héritiers d'opposer la prescription contre l'action *depositi
directa.*

Comme c'est la qualité de détenteur à titre de dépôt
qui résiste à la prescription contre la demande en restitution de dépôt; lorsque le dépositaire n'est pas détenteur des choses qui lui ont été données en dépôt,
rien ne l'empêche d'opposer, contre cette demande, la
prescription trentenaire, qui a lieu contre toutes les
actions personnelles.

SECTION II.

Des obligations de celui qui a donné la chose en dépôt; et de l'action depositi contraria, *qui en naît.*

69. Celui qui a donné une chose en dépôt contracte de son côté, par le contrat de dépôt, envers le dépositaire, l'obligation de le rembourser des avances qu'il a faites pour la conservation de la chose qui lui a été donnée, et de l'indemniser généralement de tout ce que lui a coûté le dépôt.

Par exemple, si on a donné à quelqu'un en dépôt des tonneaux de vin, celui qui les a donnés en dépôt est obligé de rembourser au dépositaire les frais qu'il a faits pour les faire descendre en sa cave, et ceux qu'il a faits pour les faire relier, si pendant le temps qu'il les a eus en dépôt ils ont eu besoin d'être reliés. Pareillement, si on a donné à quelqu'un en dépôt un cheval ou un autre animal, celui qui l'a donné est obligé de rembourser le dépositaire des frais de nourriture; et si l'animal a été malade, des frais de pansements et de médicaments.

70. Celui qui a donné une chose en dépôt est aussi, comme nous l'avons dit, obligé d'indemniser le dépositaire de tout ce que lui a coûté le dépôt. Par exemple, si dans nos colonies on a donné en dépôt à quelqu'un un nègre, et que ce nègre ait rompu l'armoire du dépositaire, et lui ait volé l'argent qui y étoit, avec lequel il s'est enfui; la perte que le dépositaire a soufferte par le vol qui lui a été fait de son argent et l'effraction de son armoire est une perte que lui a cau-

sée le dépôt, dont il doit par conséquent être indemnisé par celui qui lui a donné le négre en dépôt; l. 61, §. 5, ff. *de furt.*

Le dépositaire n'est fondé à prétendre cette indemnité que lorsqu'il n'y a aucune faute de sa part qui ait donné lieu à la perte qu'il a soufferte; car s'il l'avoit soufferte par sa faute, il n'auroit aucune indemnité à prétendre. C'est ce qu'enseigne Africanus, dans l'espéce ci-dessus rapportée. Après avoir dit que celui qui a donné l'esclave en dépôt doit indemniser le dépositaire du vol que l'esclave lui a fait, il ajoute: *Hæc ità puto vera esse, si nulla culpa ejus qui mandatum aut depositum suscepit intercedat; cæterùm si ipse ultrò ei custodiam argenti fortè vel nummorum commiserit, quùm nihil unquam dominus tale quid fecisset, aliter dicendum est; d.* l. 61, §. 7.

71. On peut encore apporter pour exemple de notre principe le cas auquel, les choses données en dépôt s'étant trouvées avec les propres effets du dépositaire dans une maison incendiée, le dépositaire auroit sacrifié ses propres effets, et les auroit laissés périr dans l'incendie, pour sauver ceux qui lui avoient été donnés en dépôt, qui étoient plus précieux que les siens, et qu'il n'avoit pu sauver qu'en sacrifiant les siens, l'incendie ne lui ayant pas laissé le loisir de sauver les uns et les autres. En ce cas la perte que le dépositaire a soufferte de ses propres effets, qu'il auroit pu sauver s'il n'eût pas sauvé ceux qui lui ont été donnés en dépôt, est une perte dont il doit être indemnisé par celui qui lui a fait le dépôt; car non seulement c'est le dépôt qui lui a causé cette perte, comme

dans l'espéce précédente, mais c'est une perte qu'il a directement soufferte pour la conservation des effets qui lui ont été donnés en dépôt, qu'il ne pouvoit conserver que par ce moyen.

72. Cette obligation que contracte celui qui a donné la chose en dépôt est appelée *obligatio depositi contraria*, à la différence de celle du dépositaire, qui est appelée *obligatio depositi directa*. La raison est que l'obligation du dépositaire est l'obligation principale qui naît du contrat de dépôt ; l'obligation de celui qui a donné la chose en dépôt n'est qu'une obligation incidente, sans laquelle le contrat de dépôt pourroit subsister, comme il arrive lorsque le dépôt n'a rien coûté au dépositaire.

73. Lorsque la chose donnée en dépôt est une chose frugifère, le dépositaire ne peut prétendre le remboursement de ses impenses, et de tout ce que lui a coûté le dépôt, que sous la déduction des fruits qu'il a perçus ; car il ne peut profiter en rien de ces fruits.

74. De l'obligation *depositi contraria*, que contracte celui qui a donné la chose en dépôt, naît l'action *depositi directa*.

Cette action est une action personnelle qu'a le dépositaire contre celui qui lui a donné la chose en dépôt, pour le remboursement de ses impenses, et de tout ce que lui a coûté le dépôt.

Le dépositaire a pour ce remboursement un privilége sur les choses qui lui ont été données en dépôt, tant qu'elles sont par-devers lui ; et il a aussi le droit de les retenir jusqu'à ce qu'il ait été remboursé, comme nous l'avons vu *suprà*, n. 58.

Mais s'il les avoit rendues à celui qui les lui avoit données en dépôt, sans se faire payer, il perdroit son privilége, en conservant néanmoins sa créance.

CHAPITRE III.

De plusieurs espèces particulières de dépôts.

§. I. Du dépôt nécessaire.

75. On appelle *dépôt nécessaire* celui qui est fait dans un cas de nécessité et d'accident imprévu, tel qu'est le cas d'un incendie, d'une ruine ou du pillage d'une maison, d'un naufrage, ou d'une sédition.

Celui qui, pour sauver ses effets de l'incendie ou de la ruine de la maison, ou du naufrage, ou du pillage, les confie au premier venu qu'il rencontre, contracte avec celui à qui il les confie cette espéce de dépôt qui est appelée *nécessaire*, parceque c'est le cas d'une nécessité imprévue qui donne lieu à ce contrat.

On donne aussi à cette espéce de dépôt le nom de *dépôt misérable, depositum miserabile*, parceque c'est le cas d'un malheur imprévu qui donne lieu à ce dépôt.

Cette espéce de dépôt est un véritable contrat de dépôt; et tout ce que nous avons dit dans les chapitres précédents, en général, du contrat de dépôt, des obligations et des actions qui en naissent, peut s'appliquer à cette espéce, de même qu'à tous les autres dépôts.

76. La seule chose qui par le droit romain étoit particulière à cette espéce de dépôt est que l'infidélité du

dépositaire qui ne rendoit pas le dépôt étoit punie de la peine du double de la valeur des choses données en dépôt; parceque le malheur de celui qui a donné les choses en dépôt rend plus atroce la perfidie du dépositaire.

Cette peine du double n'est pas en usage dans notre jurisprudence.

La seule chose qui soit particulière à cette espéce de dépôt dans notre jurisprudence est que la preuve par témoins de ce dépôt est reçue lorsque le dépositaire en disconvient, à quelque somme que montent les choses qui font l'objet du dépôt; au lieu que, dans les dépôts ordinaires, la preuve par témoins du dépôt n'est pas reçue, lorsque l'objet excéde cent livres; ordonnance de 1667, t. 20, art. 2 et 3. La raison est que, dans le cas du dépôt nécessaire, il n'est pas au pouvoir de celui qui a fait le dépôt de s'en procurer une preuve par écrit, étant obligé de les confier à la hâte au premier venu, pour les sauver de l'incendie, du naufrage, de la ruine, ou du pillage.

§. II. Du dépôt de l'hôtellerie.

77. Le dépôt d'hôtellerie est le dépôt qu'un voyageur fait à un aubergiste, chez qui il va loger, de certains effets, pendant le temps du séjour qu'il y doit faire.

Ce contrat dégénère du contrat de dépôt ordinaire en ce que l'aubergiste ne se charge pas du dépôt, comme dans les dépôts ordinaires, par un pur office d'amitié, mais par une suite de son état d'aubergiste, et en considération du profit qu'il retire des voyageurs qu'il loge dans son auberge.

Quoique pour ce dépôt considéré séparément il ne reçoive aucune rétribution, néanmoins, comme ce dépôt est une suite du contrat principal qui intervient entre l'aubergiste et le voyageur, pour loger le voyageur et lui fournir dans son auberge les choses dont il aura besoin, et que ce contrat est un contrat intéressé de part et d'autre, *et in quo utriusque contrahentis utilitas vertitur*, on peut regarder le dépôt qui intervient comme une suite de ce contrat, comme un dépôt *in quo vertitur utriusque contrahentis utilitas;* et il doit par conséquent obliger l'aubergiste dépositaire à la prestation de la faute légère.

C'est ce que nous apprend Gaïus : *Nauta et caupo et stabularius mercedem accipiunt, non pro custodiâ; sed nauta, ut trajiciat vectores; caupo, ut viatores manere in cauponâ patiatur..... et tamen custodiæ nomine tenentur; sicut fullo et sarcinator, non pro custodiâ, sed pro arte mercedem accipiunt, et tamen custodiæ nomine ex locato tenentur;* l. 5, ff. *Nautæ, caupones, etc.*

Ces termes, *custodiæ nomine tenentur,* signifient que ces personnes doivent apporter à la garde des effets qui leur sont confiés, non pas seulement de la bonne foi, comme dans le cas des dépôts ordinaires, mais un soin exact, et qu'elles sont en conséquence tenues de la faute légère.

78. Suivant ces principes, lorsque les choses données en dépôt par un voyageur à un aubergiste ont été volées dans l'auberge, quand même ce ne seroit pas par les domestiques de l'auberge que le vol auroit été fait, mais par des allants et venants, ou par d'autres

voyageurs logés dans l'auberge, l'aubergiste en est responsable, parceque ce vol est présumé être arrivé par
le défaut de soin de l'aubergiste ; à moins que l'aubergiste ne justifie que c'est par quelque accident de force
majeure qu'il est arrivé.

C'est de ce dépôt fait à un maître de navire ou à un
aubergiste qu'il est dit : (Nauta) *factum non solùm
nautarum præstare debet, sed et vectorum, sicut et caupo
viatorum ;* l. 2, §. *fin. ;* l. 3, ff. *Nautæ, caup.*

Il en est de même du cas auquel les choses données
en dépôt à l'aubergiste se trouvent endommagées. Il
en est responsable, par quelque personne que ce soit
qu'elles l'aient été ; car on présume que c'est par le
défaut de soin de l'aubergiste à les bien garder que le
dommage est arrivé ; à moins qu'il ne justifie d'un cas
de force majeure qui auroit causé le dommage, et
qu'il n'auroit pu empêcher. C'est pourquoi Gaïus dit :
*Quæcumque de furto diximus, eadem et de damno de-
bent intelligi ; non enim dubitari oportet quin is qui
salvum fore recepit, non solùm à furto, sed etiam à
damno recipere videatur ;* l. 5, §. 1, ff. *d. tit.*

79. Observez que ce dépôt n'est pas censé intervenu
par cela seul que le voyageur a apporté ses effets dans
l'auberge au vu et su de l'aubergiste, s'il ne les lui a
pas expressément donnés en garde. C'est pourquoi si
les effets de ce voyageur sont volés ou endommagés
dans l'auberge par des allants et venants, ou même
par d'autres voyageurs qui logent comme lui dans
l'auberge, l'aubergiste n'en est pas responsable ; mais
si le vol avoit été fait ou le dommage causé par les
serviteurs de l'aubergiste ou par ses pensionnaires, il

en seroit responsable, quand même les choses ne lui auroient pas été données en dépôt; car il ne doit se servir ·pour domestiques, ni avoir pour pensionnaires, que des personnes dont il connoisse la fidélité; au lieu qu'il n'est pas obligé de connoître les voyageurs, qui ne logent qu'en passant dans son auberge : *Caupo præstat factum eorum qui in eâ cauponâ ejus cauponæ exercendæ causâ ibi sunt, item eorum qui habitandi causâ ibi sunt, viatorum autem factum non præstat; namque viatorem sibi eligere caupo non videtur, nec repellere potest iter agentes, inhabitatores verò perpetuos ipse quodammodò elegit qui non rejecit, quorum factum oportet eum præstare;* l. 1, §. *fin.*, ff. *Furt. adv. naut.*

Lorsqu'on ignore par qui le vol a été fait, ou le dommage causé, l'aubergiste à qui les choses n'ont pas été données en garde n'en est pas responsable; il faut, pour le rendre responsable, que le voyageur prouve que c'est par des gens de la maison que le vol a été fait, ou le dommage causé.

Danti, sur le troisième chapitre de Boiceau (*de la Preuve par temoins*), est d'avis contraire. Il soutient, sur le fondement de quelques arrêts, qu'il suffit que les effets d'un voyageur soient entrés dans l'auberge, quoiqu'à l'insu de l'aubergiste, pour qu'il soit responsable du vol qui en a été fait, quoiqu'il n'y ait pas de preuve qu'il ait été fait par ses domestiques. Mais ces arrêts, qui ont pu être rendus sur des circonstances particulières, et sur de fortes présomptions de fraude, ne sont pas décisifs, et ne peuvent détruire les principes de droit que nous avons tirés des lois romaines.

80. Un aubergiste n'est pas, à la vérité, responsable des effets que les voyageurs ne lui ont pas donnés en garde; mais les voyageurs sont censés les lui avoir donnés en garde, non seulement lorsqu'ils les lui ont donnés à lui-même, mais lorsqu'ils les ont donnés à une personne préposée par l'aubergiste pour recevoir les dépôts des effets des voyageurs. A l'égard des dépôts qui auroient été faits à un domestique de l'auberge qui n'a point été préposé pour cela, ces dépôts n'obligent pas l'aubergiste : *Si qui operâ mediastini fungitur, non continetur, ut putà atriarii et focarii ;* l. 1, §. 5, ff. *Nautæ, caup.*

Les valets d'écurie doivent être censés préposés par les aubergistes pour recevoir en leur garde les chevaux et équipages des voyageurs.

81. Une autre chose en quoi les dépôts d'hôtellerie diffèrent des dépôts ordinaires, est que la preuve par témoins peut en être reçue, quoique l'objet excéde la somme de cent livres.

C'est ce qui est décidé par l'ordonnance de 1667, tit. 20, art. 4, où il est dit : « N'entendons exclure la « preuve par témoins pour dépôts faits en logeant dans « une hôtellerie, entre les mains de l'hôte ou de l'hô- « tesse, qui pourra être ordonnée par le juge, suivant « la qualité des personnes et les circonstances du fait. »

Ces derniers termes ont été ajoutés pour avertir les juges de n'admettre à cette preuve qu'avec beaucoup de circonspection, et d'avoir égard à la bonne ou mauvaise réputation, tant du voyageur que de l'aubergiste. Autrement, comme l'observa M. le premier président lors du procès-verbal, si cette preuve étoit indistinctement accordée à toutes sortes de personnes, les aubergistes seroient à la discrétion des filous : un filou viendroit loger dans une auberge, demanderoit à faire la preuve d'un prétendu dépôt qu'il diroit avoir fait à l'aubergiste ; et pour faire cette preuve, il feroit entendre, comme témoins, deux filous de ses camarades.

§. III. Du dépôt irrégulier.

82. Le dépôt irrégulier est un contrat par lequel une personne qui a une somme d'argent qu'il croit n'être pas en sûreté chez lui, la confie à un de ses amis, à la charge de la lui rendre lorsqu'il redemandera le dépôt, non les mêmes espéces, mais une pareille somme.

Ce dépôt diffère du véritable dépôt. Dans le véritable dépôt, celui qui a donné en dépôt à quelqu'un des espéces d'or ou d'argent demeure le propriétaire des espéces, et même il continue d'en être le possesseur, le dépositaire ne les détenant qu'au nom de celui qui les lui a données en dépôt : ce dépositaire en conséquence n'a pas le droit d'y toucher, et il est obligé de rendre les mêmes espéces *in individuo* qu'il a reçues. Au contraire, dans le dépôt irrégulier, celui qui donne la somme d'argent en dépôt, en convenant que le dépositaire lui rendra, non précisément les mêmes espéces, mais une pareille somme, est censé tacitement convenir de transférer au dépositaire la propriété des espéces dans lesquelles il lui a compté la somme, pour que le dépositaire s'en serve comme bon lui semblera, et qu'il soit seulement créancier de pareille somme. Le

dépositaire, de son côté, prend les espéces à ses risques, et se rend débiteur, non de la restitution des
espéces, mais d'une somme pareille à celle qui lui a
été confiée.

On distingue pareillement dans le louage deux
espéces de louage; le louage régulier, et le louage irrégulier: on y observe les différences que nous venons
de rapporter, et qui s'appliquent pareillement au
dépôt.

C'est ce que nous apprend Alfenus dans la fameuse
loi *In navem Saufeii*, 31, ff. *Locat.*, où il est dit: *Rerum locatarum duo genera esse, ut aut idem redderetur, sicuti quum vestimenta fulloni curanda locarentur;
aut ejusdem generis redderetur, veluti quum argentum
fabro daretur ut vasa fierent..... ex superiore causâ rem
domini manere, ex posteriore in creditum iri :* (Id est
corpora alienari et locatorem fieri duntaxat similis
quantitatis creditorem): *Idem juris esse in deposito.*

83. Le dépôt irrégulier ressemble beaucoup au contrat de prêt *mutuum*. Le *dominium* des espéces est
transféré dans ce contrat au dépositaire, de même
qu'il est transféré à l'emprunteur dans le contrat de
prêt : le dépositaire contracte par ce contrat, de même
que l'emprunteur, l'obligation de rendre, non les
mêmes espéces *in individuo*, mais une somme pareille à celle qu'il a reçue; en conséquence les espéces, *ipsa nummorum corpora*, sont à ses risques,
de même que dans le contrat *mutuum* elles sont aux
risques de l'emprunteur; et si le dépositaire vient, par
quelque accident de force majeure, à perdre les espéces, il n'en demeure pas moins obligé, de même

qu'un emprunteur, à la restitution d'une somme pareille à celle qu'il a reçue.

La différence entre les deux contrats procéde uniquement de la différence de la fin que se sont proposée les parties contractantes : le prêt *mutuum* se fait uniquement en faveur de l'emprunteur, qui a besoin de la somme qui lui est prêtée par ce contrat; c'est uniquement pour lui faire plaisir que le prêteur la lui prête.

Au contraire, le dépôt irrégulier se fait principalement en faveur de celui qui donne son argent à garder, dans la crainte qu'il ne soit pas en sûreté chez lui. Ce contrat n'intervient pas en faveur du dépositaire, qui ne demande pas cet argent, et qui pourroit s'en passer; ce n'est qu'*ex accidenti* qu'on permet au dépositaire de se servir de l'argent qui lui est confié, jusqu'à ce qu'on le lui redemande, parceque, pourvu que celui qui a confié l'argent soit assuré que la somme lui sera rendue lorsqu'il la redemandera, il lui est indifférent que jusqu'à ce temps le dépositaire se serve de l'argent, ou que cet argent demeure oisif.

De la différence de ces contrats naissoient par le droit romain différents effets. L'emprunteur ne devoit pas des intérêts de la somme qui lui avoit été prêtée, ni *ex morâ*, ni *ex nudo pacto;* il falloit qu'il intervînt une stipulation : au contraire, dans le dépôt irrégulier, le dépositaire devoit les intérêts *ex nudo pacto et ex morâ;* l. 24, ff. *Depos.*

Ces différences n'ont pas lieu dans notre droit. On ne peut stipuler des intérêts dans l'un ni dans l'autre contrat, et ils sont dus dans l'un et dans l'autre contrat

ex morâ, c'est-à-dire du jour de la demande judiciaire, ou, lorsque le titre est exécutoire, du jour du
commandement.

C'est pourquoi, dans notre droit, la différence entre
le prêt *mutuum* et le dépôt irrégulier ne se trouve guère
que dans la théorie : *in praxi* ces contrats ont les mêmes
effets. On pourroit néanmoins assigner une différence,
qui est que dans le prêt *mutuum* un prêteur ne seroit
pas recevable à demander le paiement de la somme
prêtée, le lendemain ou peu de jours après le prêt ;
cette demande précipitée seroit contraire à la fin du
prêt : la somme ayant été prêtée à l'emprunteur pour
qu'il s'en servît à ses besoins, il faut lui en laisser le
temps. Au contraire, dans le dépôt irrégulier, celui
qui a mis en dépôt la somme peut incontinent la
redemander ; car il est de la nature du dépôt qu'il soit
rendu aussitôt qu'il est redemandé. Le contrat n'est fait
qu'en faveur de celui qui donne son argent à garder :
la fin principale du contrat n'est pas d'accorder au dépositaire la faculté de s'en servir ; ce n'est qu'*ex accidenti* qu'on le lui permet, de manière néanmoins qu'il
soit toujours d'ailleurs en état de rendre la somme lorsqu'on la lui redemandera.

CHAPITRE IV.

Du séquestre, et des dépôts judiciaires.

84. Le *séquestre* est une espéce de dépôt que deux
ou plusieurs personnes qui ont contestation sur une

chose font de la chose contentieuse à un tiers qui s'oblige de la rendre, après la contestation terminée, à celle d'entre elles à qui il sera décidé qu'elle doit être rendue.

Le terme de *séquestre* ne se prend pas seulement pour le contrat, il se prend aussi pour la personne à qui la garde de la chose contentieuse est confiée par ce contrat : *Sequester dicitur apud quem plures eamdem rem de quâ controversia est deposuerunt ; dictus ab eo quòd occurrenti, aut quasi sequenti eos qui contendunt committitur ; l. 110, ff. de verb. signif.*

Il y a deux espéces de séquestre, le *conventionnel*, et le *judiciaire*.

Le *séquestre conventionnel* est le dépôt que les parties font de la chose contentieuse à un tiers, de leur consentement, sans qu'il ait été ordonné par le juge. C'est de cette espéce de séquestre que nous traiterons dans un premier article.

Le *séquestre judiciaire* est celui qui est ordonné par le juge ; nous en traiterons au paragraphe second de l'article suivant.

ARTICLE PREMIER.

Du séquestre conventionnel.

85. Quoique le séquestre conventionnel soit une es-péce de contrat de dépôt, il diffère néanmoins en plusieurs points du dépôt ordinaire.

La principale différence est que le dépôt ordinaire se contracte entre deux parties, savoir le déposant et le dépositaire ; et lorsque plusieurs personnes déposent

ensemble à quelqu'un une chose qui leur est commune,
elles ne font toutes ensemble qu'une partie, et chacune
d'elles ne la dépose que pour la part qu'elle y a. Au
contraire, le séquestre ne peut se contracter qu'entre
trois parties au moins ; car, outre le dépositaire, il faut
au moins deux déposants, qui, ayant chacun des intérêts contraires, sont des parties différentes, et qui sont
chacun déposants, pour le total, d'une chose que chacun d'eux prétend lui appartenir pour le total : *Licèt
deponere, tam unus, quàm plures possunt, attamen
apud sequestrum nonnisi plures deponere possunt ; nam
tùm id fit quum aliqua res inter plures in controversiam deducitur ; itaque hoc casu unusquisque videtur
in solidum deposuisse, quod aliter est quum rem communem plures deponunt ; l. 17, ff. Depos.*

Lorsque la contestation sur la chose séquestrée est
entre plus de deux personnes, il y a dans le contrat de
séquestre, outre le dépositaire, autant de parties qu'il
y a de contendants qui ont consenti au séquestre.

86. Une seconde différence entre le séquestre et le
dépôt ordinaire est que dans le dépôt ordinaire on ne
confie au dépositaire que la garde de la chose qui lui est
déposée ; on ne lui en transfère pas la possession, qui
demeure par-devers le déposant, au nom duquel le
dépositaire est censé la retenir. Au contraire, dans le
contrat de séquestre, la possession de la chose séquestrée est quelquefois transférée au séquestre ; ce qui
arrive lorsque telle est l'intention des parties, dans le
cas auquel elles sont en contestation sur la possession
de la chose séquestrée.

C'est ce que nous apprenons de la même loi que

nous venons de citer : *Rei depositæ proprietas apud deponentem manet, sed et possessio, nisi apud sequestrum deposita est ; nam tunc sequester possidet, quùm id agitur eâ depositione, ut neutrius possessioni in tempus procedat ;* d. l. 17, §. 1.

87. Une troisième différence qui suit de la précédente est que, suivant l'opinion commune que nous avons suivie, le dépôt ordinaire ne se fait que des meubles ; au lieu qu'on peut séquestrer des héritages aussi bien que des meubles.

88. La quatrième différence est que, dans le dépôt ordinaire, le dépositaire doit rendre la chose à celui qui la lui a donnée en garde aussitôt qu'il la lui redemande ; au lieu que, dans le contrat de séquestre, le séquestre ne la doit rendre qu'après que la contestation pour laquelle on a fait le séquestre a été terminée, et à celui seulement des déposants à qui il aura été décidé qu'elle doit être rendue.

Le séquestre ne peut pas, sans un juste sujet, se décharger plus tôt de la garde de la chose qui a été séquestrée entre ses mains : *Plerumquè non est permittendum, officium quod semel suscepit, contra legem depositionis deponere, nisi justissimâ causâ interveniente ;* l. 5, §. 2, ff. d. tit.

Lorsque le séquestre a un juste sujet de s'en décharger, tel qu'est le cas d'une infirmité habituelle qui lui seroit survenue, ou d'un long voyage qu'il auroit à faire, ou quelque autre raison semblable, il peut remettre la chose à la personne dont seront convenues les parties qui la lui ont séquestrée : si elles n'en peuvent convenir, le séquestre doit les assigner pour faire nommer un nouveau séquestre à qui il remettra la chose.

89. Aux différences près que nous venons de remarquer, le contrat de séquestre, lorsqu'il est gratuit, convient avec le dépôt ordinaire; le séquestre y contracte, pour le soin qu'il doit apporter à la garde de la chose séquestrée, et pour la restitution qu'il en doit faire, les mêmes obligations qu'un dépositaire dans le dépôt ordinaire.

Pareillement, dans le contrat de *séquestre*, les parties déposantes contractent envers le séquestre les mêmes obligations que le déposant, dans le dépôt ordinaire, contracte envers le dépositaire, pour le remboursement des impenses faites pour la chose déposée. Chacune des parties déposantes étant, dans le contrat de séquestre, pour le total, déposante, comme nous l'avons vu *suprà*, n. 84, c'est une conséquence qu'elles sont solidairement tenues envers le séquestre de ce remboursement, pour lequel le séquestre a aussi le droit de retenir la chose séquestrée jusqu'à ce qu'il ait été satisfait.

90. Lorsque le contrat de séquestre n'est pas gratuit, et qu'on accorde par le contrat au séquestre une récompense pour les soins qu'il doit apporter à la chose séquestrée, le contrat de séquestre tient en ce cas plutôt du contrat de louage que du dépôt; et le séquestre est, de même que dans le contrat de louage, tenu de la faute légère.

ARTICLE II.

Des dépôts judiciaires.

Il y a plusieurs espéces de dépôts judiciaires, 1º le dépôt qui se fait des meubles saisis, lors d'une saisie de meubles; 2º le séquestre qui est ordonné par le juge; 3º le dépôt que le juge permet à un débiteur de faire de la chose qu'il doit, faute par le créancier de la recevoir; 4º les dépôts qui se font aux receveurs des consignations. Chacune des trois premières espéces occupera un paragraphe; la quatrième sera traitée dans un article à part.

§. I. Des dépôts de meubles saisis.

91. L'établissement de gardien aux effets saisis, qui se fait par une saisie de meubles, est une espéce de dépôt judiciaire, parcequ'il est fait par le ministère d'un sergent, qui est un officier de justice, et parceque ce gardien reçoit, comme de la main de la justice, les effets saisis qui sont confiés à sa garde, la saisie qui en a été faite ayant mis lesdits effets sous la main de la justice.

J'ai dit que l'établissement de gardien aux effets saisis étoit *une espéce* de dépôt; car le contrat que l'établissement de gardien aux effets saisis renferme n'est *dépôt* qu'improprement, puisqu'il n'est pas gratuit, et que le gardien doit être payé de sa garde: c'est un contrat qui tient plus du louage que du dépôt.

92. C'est au nom de la justice et du saisissant que

le sergent établit le gardien, et qu'il lui confie la garde des effets saisis : c'est pourquoi dans le contrat que l'établissement de gardien renferme, le saisissant est partie contractante, et il est censé contracter par le ministère de son sergent avec le gardien. C'est envers le saisissant que le gardien contracte l'obligation d'apporter à la garde des effets saisis le soin d'un diligent père de famille, et de les représenter, soit pour être vendus, si la saisie est suivie, soit pour être, à la décharge du saisissant, rendus à la partie saisie, en cas de main-levée de la saisie. Le saisissant, de son côté, s'oblige envers le gardien à lui payer un salaire pour chaque journée qu'il aura vaqué à la garde, tel qu'il sera taxé par le juge, et à le rembourser de ses impenses, s'il en a faites.

Ce n'est qu'envers le saisissant que le gardien contracte ces obligations. S'il peut être poursuivi par la partie saisie, en cas de main-levée, pour la représentation des effets saisis, et pour les dommages et intérêts résultants des détériorations causées par sa faute aux effets saisis, ce n'est qu'indirectement et *celeritate conjungendarum actionum*, parcequ'il est obligé, envers le saisissant, d'acquitter ce saisissant de l'obligation qu'il a contractée à cet égard par la saisie envers la partie saisie.

93. Le gardien n'a que la garde des effets saisis, *nudam custodiam*. La saisie ne prive la partie saisie que de la garde et de la nue détention des effets saisis; la possession en demeure à la partie saisie, suivant cette maxime, *main de justice ne dessaisit personne;* et, jusqu'à ce qu'ils soient vendus, le saisi les possède

par le saisissant et par son gardien, qui ne les détiennent que comme effets appartenants à un tel, et sur
lui saisis, et par conséquent les détiennent en son
nom.

94. Il reste à observer que l'ordonnance de 1667,
tit. 19, art. 13, défend aux huissiers et sergents d'établir pour gardiens aux saisies qu'ils font aucun de
leurs parents et alliés; ce qui doit s'entendre jusqu'au
degré de cousins germains inclusivement, par argument de l'article 5 du même titre.

La raison de cette défense est la crainte que, dans
la vue de favoriser leurs parents, auxquels ils voudroient procurer quelque petit profit, ils n'établissent
pour gardien quelqu'un de leurs parents qui ne seroit
pas suffisamment solvable, et en état de répondre des
effets saisis.

Il est pareillement défendu aux sergents et huissiers
d'établir pour gardiens la femme ou les enfants du
saisi. La raison est de peur que l'empire que le débiteur a sur ces personnes ne les empêche de s'opposer
au divertissement qu'il voudroit faire des effets saisis.

Ces défenses n'étant faites qu'en faveur du saisissant,
il s'ensuit que l'établissement de quelqu'une de ces
personnes pour gardien est valable, lorsque le saisissant y a expressément consenti.

Lorsque le sergent a contrevenu à l'ordonnance,
en établissant, sans le consentement du saisissant, à
la garde des effets saisis quelqu'une des personnes
prohibées, il est responsable des effets saisis. C'est en
cela que consiste la peine des dommages et intérêts
que l'ordonnance prononce.

95. Lorsque la partie saisie, pour éviter les frais de garde, présente un dépositaire, c'est-à-dire une personne qui veut bien se charger de la garde des effets, et que le saisissant, ou son sergent pour lui, accepte ce dépositaire, il se forme entre la partie saisie, le saisissant et le dépositaire, un contrat de la classe des dépôts séquestres, par lequel le saisissant et le saisi chargent chacun le dépositaire de la garde des effets saisis; lequel dépositaire s'oblige, savoir, envers le saisissant, à la représentation des effets saisis, dans le cas auquel la saisie seroit suivie et qu'il faudroit les vendre; et envers la partie saisie, à les lui rendre, dans le cas auquel elle auroit main-levée de la saisie.

Ce contrat diffère du précédent, 1° en ce que le contrat précédent n'intervient qu'entre le saisissant et le gardien; c'est le saisissant seul qui charge le gardien, établi par son huissier, de la garde des effets saisis : le saisi n'est pas partie dans ce contrat.

C'est pourquoi le saisi, pour le compte qui lui est dû des effets saisis, et pour la restitution qui lui en doit être faite, lorsqu'il a la main-levée de la saisie, a pour seul débiteur direct le saisissant, lequel a contracté par la saisie cette obligation envers lui; car la saisie est un quasi-contrat qui forme entre le saisissant et le saisi des obligations respectives, semblables à celles qui naissent du contrat de gage.

Il ne peut avoir pour débiteur direct le gardien établi à la saisie, avec qui il n'a pas contracté. Ce n'est qu'indirectement et *celeritate conjungendarum actionum* qu'il peut attaquer le gardien, parceque ce gardien étant obligé envers le saisissant à rendre compte de la saisie, et à représenter les effets saisis, il doit acquitter le saisissant de l'obligation que celui-ci a contractée à cet égard envers le saisi.

Au contraire, dans le contrat qui se fait entre le saisi, le saisissant et le dépositaire, le dépositaire est chargé des effets saisis, par le saisi et le saisissant, chacun *in solidum;* le dépositaire s'oblige envers le saisi, aussi bien qu'envers le saisissant; c'est pourquoi lorsque le saisi a obtenu main-levée de la saisie, c'est son dépositaire qui est son débiteur direct pour le compte qui doit lui être rendu de la saisie, et pour la représentation des effets saisis. Le saisi ne peut former pour cela demande contre le saisissant : ayant choisi lui-même son dépositaire pour lui donner la garde de ses effets saisis, il n'en peut rendre le saisissant responsable.

96. 2° Ce contrat-ci diffère du précédent en ce que le précédent n'est pas un vrai contrat de dépôt, n'étant pas gratuit, puisque le gardien est payé de sa garde. Au contraire, dans ce contrat-ci, le dépositaire se chargeant gratuitement de la garde des effets saisis, ce contrat est un vrai contrat de dépôt. Ce n'est pas, à la vérité, un dépôt simple; c'est une espèce de dépôt séquestre.

Il ne faut pas en conclure que le dépositaire des effets saisis ne soit tenu envers le saisissant que d'apporter de la bonne foi à la garde des effets saisis, et qu'il ne soit tenu envers lui que *de dolo et latâ culpâ,* comme un dépositaire ordinaire : il faut penser au contraire que le dépositaire des effets saisis, est tenu envers le saisissant d'apporter à la garde des effets saisis tout le soin dont est capable un diligent père de famille; et qu'en conséquence il est tenu envers le saisissant, non seulement *de dolo et latâ culpâ*, mais encore *de levi culpâ*. La raison est que, le saisissant étant en droit d'établir un ou plusieurs gardiens aux effets saisis, lesquels, étant payés de leur garde, auroient été obligés d'y apporter tout le soin dont un diligent père de famille est capable, et auroient été tenus en conséquence de la faute légère envers le saisissant; si le saisissant, pour éviter les frais de garde au saisi, qui les doit supporter, lorsque la saisie est valable, a, au lieu de gardien, accepté le dépositaire qui lui a été offert, cela ne doit pas lui préjudicier; et ce dépositaire doit en conséquence être tenu envers le saisissant au même soin auquel auroit été tenu le gardien que le saisissant auroit établi.

On peut tirer, pour cette décision, argument de ce qui a été décidé *suprà*, n. 3o, qu'un dépositaire qui s'est offert au dépôt est tenu de la faute légère, par-cequ'il peut, en s'offrant, avoir empêché que la chose ne fût confiée à la garde d'une autre personne qui eût été plus soigneuse que lui.

A l'égard du saisi, lorsque, ayant eu main-levée de la saisie, c'est à lui que le dépositaire doit rendre compte de la saisie, je ne pense pas qu'il puisse exiger rien de plus que la bonne foi de ce dépositaire: ne s'étant rendu dépositaire qu'à sa prière, il ne doit être tenu envers lui que *de dolo et latâ culpâ*.

97. Il nous reste à observer que le dépositaire est, aussi bien que le gardien, établi à la garde des effets saisis, contraignable par corps à la représentation des

effets saisis. Tous les dépositaires judiciaires y sont sujets.

§. II. Du séquestre judiciaire.

98. Le séquestre judiciaire est celui qui est ordonné par le juge.

Le juge ordonne ce séquestre en plusieurs cas. Par exemple, lorsque des parties se disputent, non seulement la propriété, mais la possession d'une chose, et que ni l'une ni l'autre des parties n'a pu justifier en avoir la possession, le juge en ordonne le séquestre jusqu'à la décision du procès sur la propriété.

Le juge ordonne aussi quelquefois le séquestre des effets d'une succession, lorsque les contestations qui sont entre les héritiers paroissent de nature à en devoir retarder long-temps la liquidation.

Dans ces cas et autres, lorsque le juge a ordonné que les choses seroient séquestrées entre les mains d'un séquestre qui seroit convenu entre les parties, sinon, nommé d'office; si, en exécution de ce jugement, les parties sont convenues entre elles d'une personne pour séquestre, que le juge en conséquence a nommée, en ce cas ce séquestre judiciaire est un contrat qui ne diffère en rien du séquestre conventionnel extrajudiciaire; sauf que l'autorité de la justice, qui accéde à ce contrat, rend plus étroites les obligations de celui qui est nommé à ce séquestre, et le rend sujet à la contrainte par corps. Au surplus, tout ce que nous avons dit *suprà* du séquestre conventionnel extrajudiciaire peut ici recevoir application.

Lorsque, les parties n'ayant pu convenir, le séquestre

a été nommé d'office par le juge, cet établissement de séquestre n'est pas un contrat de séquestre; car un contrat ne peut être formé que par le consentement des parties; mais c'est un quasi-contrat qui produit, entre ce séquestre et les parties litigantes, les mêmes obligations respectives que produit le séquestre conventionnel.

§. III. Du dépôt des choses dues qui est ordonné ou confirmé par le juge.

99. Le dépôt qu'un débiteur fait, par autorité de justice, de la somme ou de la chose par lui due, à défaut par le créancier de la recevoir, est aussi une espéce de dépôt judiciaire.

C'est un dépôt judiciaire, soit qu'il ait été précédé d'une ordonnance du juge, qui ait permis au débiteur de faire le dépôt, soit que le débiteur, après une sommation faite par un sergent au créancier, ait fait ce dépôt à la personne, au jour et au lieu portés par la sommation, où le créancier a été sommé de se trouver, et qu'ensuite il l'ait fait déclarer bon et valable par une sentence contradictoire avec le créancier, ou rendue par défaut contre lui.

Un débiteur peut déposer, par autorité de justice, la somme qu'il doit, non seulement en cas de refus du créancier de recevoir, mais en général toutes les fois que le débiteur qui veut se libérer, et qui en a le droit, est empêché de payer à son créancier; *putà*, lorsqu'il y a des arrêts faits entre ses mains: en ce cas le débiteur qui veut se libérer peut faire le dépôt de ce qu'il doit, en vertu d'une sentence qui le lui per-

mettra, et qui sera rendue avec le créancier et les ar-
rêtants, ou par défaut contre eux.

Le débiteur n'est libéré par ce dépôt qu'envers les
parties avec lesquelles il a fait rendre la sentence.

Ce dépôt qu'un débiteur fait, par autorité de justice,
de ce qu'il doit, s'appelle *consignation :* nous en avons
parlé en notre *traité des Obligations*, part. 3, ch. 1,
art. 8, où nous renvoyons.

ARTICLE III.

Des dépôts de deniers qui se font chez le receveur des consignations.

100. Il y a dans la plupart des cours et des jurisdic-
tions du royaume un receveur des consignations, qui
est un officier public, établi pour recevoir la consignation du prix des biens qui sont vendus en justice.

Ces offices ont été créés par un édit de Henri III,
du mois de juin 1578. On a depuis créé plusieurs autres offices pour les consignations, qui ont été ensuite
réunis aux offices de receveurs des consignations; et
on leur a attribué, pour les finances qu'on leur a fait
payer dans les besoins de l'état, de très gros droits sur
le prix des biens vendus en justice.

Nous ne nous arrêterons pas à traiter de ces droits;
nous renvoyons aux édits, déclarations du roi et régle-
ments, dont on trouve un recueil à la fin du *Traité de
la vente des immeubles par décret*, de M. d'Héricourt,
pour savoir quels sont les différents droits dus au receveur des consignations, quelles sont les différentes
ventes judiciaires dont le prix doit être porté au bu-

reau du receveur des consignations, quelles sont celles dont le prix est sujet aux différents droits de consignation, quoiqu'il ne doive pas être consigné.

Nous nous bornerons à traiter sommairement de la nature de cette consignation, des effets qu'elle produit, et des obligations du receveur des consignations.

§. I. De la nature de cette consignation.

101. La consignation que les adjudicataires des biens vendus en justice font du prix de leur adjudication entre les mains du receveur des consignations est une espéce de dépôt judiciaire.

C'est une espéce de dépôt; car de même que dans le dépôt ordinaire le dépositaire se charge de la garde des deniers ou des autres choses qui lui sont confiées, et qu'il s'oblige de les rendre au déposant ou à ceux à qui le déposant lui a donné ordre de les rendre, pareillement, par la consignation qui est faite du prix des biens vendus en justice au receveur des consignations, ce receveur se charge de la garde des deniers consignés, et s'oblige de les rendre, après que l'ordre du prix consigné aura été arrêté, à ceux des créanciers qui par cet ordre auront été utilement colloqués pour les recevoir.

102. Ce dépôt est néanmoins très différent des dépôts ordinaires. Le dépôt ordinaire renferme un office d'ami que le dépositaire rend au déposant, en se chargeant gratuitement, et pour lui faire plaisir, de la garde des choses qu'il lui confie.

Au contraire, le dépôt que l'adjudicataire fait du prix de son adjudication entre les mains du receveur des consignations ne contient rien moins qu'un office d'ami. Ce n'est point dans la vue de faire plaisir à l'adjudicataire, ni aux créanciers à qui le prix de l'adjudication est dû, qu'il se charge de le garder; il se fait payer très chèrement de cette garde par les gros droits qu'il retient sur ce prix.

103. Le dépôt ordinaire se forme par un contrat entre le déposant et le dépositaire, qui est le contrat de dépôt. Au contraire, la consignation du prix des biens vendus en justice, qui se fait entre les mains du receveur des consignations, ne renferme proprement aucun contrat.

Il n'en intervient aucun entre ce receveur et l'adjudicataire, qui consigne entre ses mains le prix de son adjudication. Cette consignation n'est, vis-à-vis de cet adjudicataire, rien autre chose qu'un paiement qu'il fait du prix de son adjudication à cet officier, qui par son office a pouvoir et qualité de recevoir ce prix pour ceux à qui il est dû, et d'en donner une valable décharge à l'adjudicataire.

Il n'intervient non plus proprement aucun contrat entre ce receveur et les créanciers, à qui le prix est dû, et pour lesquels il le reçoit. Il est vrai qu'il reçoit pour eux le prix de l'adjudication, et qu'il contracte envers eux l'obligation de garder les deniers qui lui ont été consignés, et de les rendre, sous la déduction de ses droits, après que l'ordre aura été arrêté, à ceux des créanciers qui se trouveront avoir été utilement colloqués à l'ordre pour les recevoir. Mais cette obligation que le receveur contracte envers ces créanciers naît plutôt d'un quasi-contrat que la loi forme, que d'un contrat: car si ce receveur reçoit pour les créan-

ciers le prix de l'adjudication, c'est sans qu'il soit intervenu pour cela aucune couvention entre lui et les
créanciers. Ce ne sont pas les créanciers qui l'ont préposé; c'est le titre de son office qui le commet pour
recevoir pour eux, quand même ils ne voudroient pas
que ce fût lui qui reçût.

§. II. Des effets de cette consignation.

Le premier effet de cette consignation est de procurer à l'adjudicataire qui l'a faite la libération du prix
de son adjudication, prix dont l'adjudication l'avoit
rendu débiteur envers les créanciers saisissants et opposants qui doivent le toucher à l'ordre. Le receveur
des consignations ayant, par la loi et par le titre de son
office, pouvoir et qualité de recevoir pour les créanciers le prix de l'adjudication, le paiement que l'adjudicataire lui en fait par consignation est aussi valable,
et libère aussi parfaitement l'adjudicataire envers les
créanciers, que s'il payoit à eux-mêmes. Cela est conforme aux principes que nous avons établis en notre
traité des Obligations, part. 3, ch. 1, art. 1, §. 3.

104. Un second effet de cette consignation est que
la propriété des deniers consignés est transférée aux
créanciers saisissants et opposants, pour la part que
chacun d'eux se trouvera, par l'ordre, avoir droit de
toucher. La preuve de cette proposition est facile. Le
receveur des consignations a, par le titre de son office,
pouvoir et qualité de recevoir le prix des biens vendus
en justice, pour et au nom de ceux à qui ce prix est
dû. Les créanciers saisissants, et les opposants, qui
par leur opposition sont comme des cosaisissants,

étant les vendeurs de l'héritage, c'est à eux que le prix est dû : c'est donc pour eux et en leur nom que le receveur des consignations reçoit le prix. Or, suivant les principes établis en notre *traité des Obligations*, le paiement fait à une personne qui a pouvoir et qualité de recevoir pour le créancier est aussi valable que s'il étoit fait au créancier; et la propriété de la chose payée est transférée au créancier par le ministère de cette personne qui la reçoit au nom dudit créancier comme si le créancier la recevoit par ses propres mains. Car nous pouvons acquérir la propriété des choses, non seulement par nous-mêmes, mais par le ministère des personnes qui les reçoivent en notre nom. *Si procurator rem mihi emerit ex mandato meo, eique sit tradita eo nomine, dominium mihi acquiritur etiam ignoranti;* l. 13, ff. *de acq. rer. dom.*

En cela cette consignation est différente de celle qu'un débiteur fait de la somme qu'il doit, sur le refus que son créancier fait de la recevoir. Une telle consignation ne peut pas transférer au créancier la propriété des deniers, qui ne sont consignés que parcequ'il refuse de les recevoir : car on ne peut acquérir la possession d'une chose, ni par conséquent la propriété qui s'acquiert par la possession, si on ne veut l'acquérir : *Adipiscuntur possessionem corpore et animo;* l. 3, §. 1, ff. *de acq. possess.;* et le créancier ne peut pas paroître vouloir acquérir ce qu'il refuse de recevoir. Au contraire, lorsqu'un adjudicataire des biens vendus en justice consigne le prix de son adjudication entre les mains du receveur des consignations, les créanciers auxquels il est dû ne sont pas refusants; ils sont au contraire très consentants d'acquérir la propriété des deniers consignés, par le ministère du receveur qui les reçoit pour eux et en leur nom.

105. La propriété des deniers consignés étant acquise par la consignation aux créanciers saisissants et opposants, qui doivent les toucher, pour la part qu'il paroîtra par l'ordre que chacun d'eux en doit toucher, il s'ensuit que le débiteur saisi est, par la consignation, et dès l'instant de la consignation, libéré d'autant envers eux : car c'est un principe que lorsqu'un créancier vend la chose qui lui est hypothéquée, le débiteur est libéré jusqu'à concurrence du prix que le créancier a reçu.

Il n'est pas nécessaire, pour que le débiteur soit libéré, d'attendre que l'ordre soit fait; car les créanciers sont censés avoir reçu par la consignation, et dès l'instant de la consignation, chacun la part qui leur revient dans la somme consignée : ce n'est pas le jugement d'ordre qui la leur donne, il ne fait que déclarer quelle est cette part.

C'est conformément à ces principes qu'il a été jugé par deux arrêts rapportés par Louet sur la lettre C, chap. 50, l'un du 13 décembre 1594, l'autre du 20 juillet 1598, que la perte des deniers consignés, survenue par quelque accident de force majeure avant que l'ordre eût été fait, devoit tomber sur les créanciers, puisqu'ils en étoient devenus les propriétaires par la consignation.

Si la consignation ne faisoit pas acquérir aux créanciers la propriété des deniers consignés, dès l'instant qu'elle est faite; si les créanciers, jusqu'au jugement d'ordre, ne tenoient ces deniers qu'en arrêt entre les mains du receveur des consignations, comme ils tenoient l'héritage saisi avant qu'il fût adjugé, la perte des deniers consignés, survenue avant le jugement d'ordre, ne devroit pas tomber sur les créanciers, de même que la perte de l'héritage saisi qui viendroit à périr pendant le cours de la saisie réelle avant l'adjudication ne tomberoit pas sur eux. Les créanciers ne peuvent supporter la perte des deniers consignés survenue avant le jugement d'ordre que comme propriétaires de ces deniers, ou comme étant en demeure de les recevoir. On ne peut pas dire qu'ils soient en demeure ; car la nécessité qu'il y a de faire un ordre avant qu'ils puissent les toucher vient plutôt du fait du débiteur saisi que du leur, et c'est en conséquence de cela qu'on fait porter au débiteur saisi les frais de l'ordre. Il ne reste donc plus de raison pour faire tomber la perte des deniers consignés sur les créanciers, que celle qu'ils en sont les propriétaires. Les arrêts, en jugeant que cette perte devoit tomber sur eux, ont donc supposé et jugé qu'ils étoient devenus propriétaires de ces deniers dès l'instant de la consignation.

106. Nous apprenons du même auteur, lettre *C*, chap. 51, qu'il s'étoit aussi présenté au palais une question qui ne fut pas jugée ; c'étoit de savoir si la perte des deniers consignés, survenue avant que l'ordre eût été fait, devoit être supportée indistinctement par tous les créanciers saisissants et opposants, au sou la livre de leurs créances ; ou si elle ne devoit être supportée que par ceux qui devoient venir en ordre pour la toucher. On doit, suivant les principes que nous avons établis,

décider qu'elle ne doit être supportée que par ceux-ci,
pour la part que chacun d'eux auroit dû toucher dans
cette somme : car le receveur des consignations n'a reçu
la somme consignée que pour ceux qui avoient le droit
de la toucher, et non pour ceux qui n'y avoient aucun
droit. Il n'en a acquis la propriété qu'à ceux qui avoient
droit de la toucher, pour la part que chacun d'eux
avoit droit de toucher. Ce n'est donc que sur eux que
la perte des deniers consignés doit tomber, puisque ce
sont eux qui en sont les propriétaires. On ne peut pas
dire qu'avant le jugement d'ordre les créanciers n'ont
pas plus de droit les uns que les autres à la somme
consignée : car ce n'est pas l'ordre qui donne à chaque
créancier la part qu'il doit avoir dans la somme consignée ; ce sont ses priviléges et ses hypothéques qui la
lui donnent. Cette part lui appartient avant que l'ordre
ait été réglé ; l'ordre ne fait que la déclarer.

107. Contre les principes que nous venons d'établir,
on oppose que, dans tous les jugements d'ordre, on
adjuge aux créanciers qui se trouvent en ordre pour
toucher les deniers consignés, les intérêts de leurs
créances, jusqu'au jour du jugement d'ordre, et non
pas seulement jusqu'au jour de la consignation : donc,
dira-t-on, les créanciers ne sont pas payés dès l'instant
de la consignation par les deniers consignés ; car s'ils
l'étoient, les intérêts ne courroient plus ; une créance
qui est acquittée ne peut plus produire d'intérêts.

Cette objection m'avoit paru si forte qu'elle m'avoit
porté à décider, dans mon *Introduction au titre des
criées de la coutume d'Orléans*, que la propriété des deniers consignés n'étoit pas acquise dès l'instant de la

consignation aux créanciers qui devoient les toucher; mais depuis j'ai changé d'avis. Les raisons que nous avons ci-dessus rapportées me paroissent établir suffisamment qu'elle leur est acquise par la consignation. Mais comme ces créanciers, quoique devenus par la consignation propriétaires des effets consignés, ne peuvent néanmoins les toucher et s'en servir pour leurs affaires qu'après l'ordre arrêté, et que c'est par le fait du débiteur saisi, qui a donné lieu à la nécessité qu'il y a de faire un ordre, qu'ils sont empêchés de les toucher, il doit les dédommager de ce tort qu'ils souffrent par son fait, en continuant de lui payer des intérêts jusqu'au jugement d'ordre qui léve l'empêchement. A l'égard de l'objection que des créances payées ne peuvent plus produire d'intérêts, la réponse est que ce ne sont pas les créances qui les produisent, mais le retard que souffrent les créanciers de pouvoir toucher les espéces dans lesquelles elles ont été payées. Comme c'est par le fait du débiteur qu'ils souffrent ce retard, il doit les en dédommager par ces intérêts.

108. Enfin l'obligation que le receveur des consignations contracte par la consignation est un des effets de la consignation; cette obligation doit faire la matière du paragraphe suivant.

§. III. De l'obligation que le receveur des consignations contracte par la consignation.

109. Le receveur des consignations contracte par la consignation l'obligation de garder avec fidélité et avec soin les deniers qui lui sont consignés et de les délivrer sous la déduction de ses droits de consignation, après

que l'ordre aura été arrêté, aux créanciers, tant saisissants qu'opposants, pour la part quant à laquelle chacun d'eux aura été utilement colloqué dans l'ordre.

Il contracte cette obligation envers lesdits créanciers, et même quelquefois aussi envers le saisi, dans le cas où, s'étant trouvé dans les deniers consignés de quoi satisfaire tous les créanciers, tant en principaux, intérêts, que frais, il en resteroit encore quelque chose; car c'est en ce cas que ce restant devroit être délivré au saisi.

110. La fidélité que le receveur des consignations doit apporter à la garde des sommes de deniers qui lui sont consignées ne lui permet pas de s'en servir; autrement il se rendroit coupable de vol; *suprà*, n. 34.

111. Il ne suffit pas au receveur des consignations d'apporter de la fidélité à la garde des deniers qui lui sont confiés; il doit y apporter tout le soin possible, et la faute la plus légère de sa part ou de celle de ses commis suffit pour le rendre responsable de la perte qui en arriveroit.

On peut tirer pour notre décision un argument de ce qui est décidé par la loi 1, §. 35, ff. *depos.*, que celui qui s'est présenté lui-même pour se charger d'un dépôt est tenu de la faute la plus légère, parcequ'il a pu, en se présentant, empêcher qu'une autre personne plus diligente que lui ne s'en chargeât, comme nous l'avons vu *suprà*, n. 30. On peut dire pareillement que le receveur des consignations, en se présentant de lui-même pour remplir l'office de receveur des consignations, s'est comme présenté de lui-même à la garde de tous les dépôts qui dépendent de son office, et qu'il a empêché que quelque autre personne qui auroit pu être plus soigneuse que lui ne remplît son office, et ne fût chargée des dépôts qui en dépendent.

Ajoutez que les receveurs des consignations se faisant payer très chèrement de leur garde, pour les gros droits de consignation qui leur sont attribués, ils doivent apporter à cette garde un soin proportionné à l'émolument qu'ils en retirent.

112. Ce n'est qu'après le jugement d'ordre que le receveur des consignations doit rendre aux créanciers la somme consignée, pour la part pour laquelle chacun d'eux a été colloqué par l'ordre.

113. Il doit la leur rendre dans les mêmes espéces qui lui ont été consignées ; car c'est de la restitution de ces mêmes espéces *in individuo* qu'il est débiteur : c'est pourquoi si elle venoit à se perdre sans sa faute, par quelque accident de force majeure, il seroit libéré de son obligation, comme le sont tous les débiteurs de corps certains; et la perte seroit supportée par les créanciers qui auroient dû venir en ordre pour les toucher, comme nous l'avons vu *suprà*, n. 104.

Par la même raison, s'il survenoit, depuis la consignation, une diminution sur les espéces, cette diminution devroit tomber sur les créanciers colloqués utilement dans l'ordre; et le receveur des consignations ne seroit obligé de délivrer à chacun d'eux que le nombre d'espéces qui, au temps de la consignation, faisoient la somme pour laquelle chacun d'eux se trouve colloqué dans l'ordre; quoiqu'au moyen de la diminution survenue dans les espéces, elles ne fissent plus cette somme.

Vice versâ, si c'étoit une augmentation qui fût survenue sur les espéces depuis la consignation, lesdits
créanciers en devroient profiter, et le receveur des consignations devroit délivrer à chacun d'eux le même
nombre d'espéces qui, au temps de la consignation,
faisoient la somme pour laquelle chacun d'eux se trouve
colloqué dans l'ordre, quoiqu'au moyen de l'augmentation elles fassent une somme beaucoup plus
grande.

Par exemple, si j'ai été colloqué pour une somme
de 2,400 livres, à laquelle monte ma créance en principal, arrérages et frais, dans l'ordre d'une somme
consignée en louis d'or de 24 livres, et que depuis la
consignation il soit survenu une augmentation sur les
espéces, qui les ait fait valoir trente livres, le receveur
des consignations me devra compter cent louis d'or,
qui lors de la consignation faisoient précisément la
somme de 2,400 livres, pour laquelle j'ai été colloqué,
quoique ces cent louis d'or, au moyen de l'augmentation, soient de valeur de 3,000 livres.

114. Cette obligation que le receveur des consignations contracte de rendre les deniers consignés à ceux
auxquels il aura été jugé qu'ils appartiennent est im-
prescriptible. L'édit du mois de février de 1679, article 36, s'exprime ainsi : « Les deniers consignés pour-
« ront être perpétuellement réclamés, sans qu'en au-
« cun cas les receveurs puissent alléguer prescription,
« pour quelque laps de temps que ce soit; et à cet effet
« ils seront tenus de représenter en tout temps leurs
« registres et quittances par-devant les juges de leur
« exercice, quand il sera ainsi ordonné sur les conclu-

« sions de nos procureurs, ou sur celles des parties in-
« téressées. »

La déclaration du roi du 16 juillet 1669, article 16,
porte la même chose.

La raison est que la qualité de receveur des consignations, chez qui est ou doit se trouver la caisse des
consignations, dans laquelle sont ou doivent être les
deniers consignés, réclame perpétuellement contre ces
receveurs pour la restitution des deniers consignés à
ceux pour et au nom desquels ils les ont reçus, et envers lesquels ils s'en sont rendus dépositaires.

115. Le receveur des consignations étant un dépositaire judiciaire, il est contraignable par corps à la
restitution des effets consignés.

Cette contrainte lui est personnelle ; ses héritiers, qui
succèdent à son obligation, n'en sont tenus que civi-
lement.

Observez néanmoins que le roi ayant voulu que les
receveurs des consignations fussent tenus de la restitution des deniers consignés, comme pour deniers
royaux, on n'accorde pas à leurs héritiers le bénéfice
d'inventaire pour la dette des consignations : *arrêt du
16 juillet 1618, rapporté par Brodeau sur Louet,* lettre
H, article 18.

116. Lorsque le receveur des consignations a dis-
sipé les deniers consignés, qui ne se trouvent plus dans
sa caisse ; ceux à qui ils appartenoient, outre l'action
personnelle qu'ils ont contre le receveur des consignations, ont un privilége sur l'office de ce receveur,
qu'ils peuvent saisir réellement et faire vendre pour
être payés sur le prix de l'office.

L'office étant le gage naturel de ceux envers qui l'officier contracte des obligations pour raison des fonctions de son office, ce privilége qu'ont sur l'office de receveur des consignations ceux à qui appartenoient les deniers consignés qu'il a dissipés, l'emporte sur toutes les hypothéques et sur tous les autres priviléges que pourroient avoir les autres créanciers de ce receveur, même sur celui qu'a le vendeur de l'office, pour le prix qui en est dû.

En cela cette consignation est différente de celles qui auroient été faites, quoique par ordonnance de justice, à un notaire ou à un greffier de la justice : il n'y a, pour raison de ces consignations, aucun privilége sur l'office du notaire ou du greffier qui les a reçues. La raison de différence est que les obligations qu'un receveur des consignations contracte par les consignations qu'il reçoit, sont contractées pour raison de son office, ce qu'on ne peut pas dire de celle que contracte un notaire ou un greffier en recevant une consignation, cela n'étant pas une fonction dépendante absolument de son office.

Lorsque le receveur des consignations a reçu différentes consignations en différents temps, dont les deniers ont été dissipés, les créanciers de ces différentes consignations ont tous un privilége égal sur l'office, sans que les créanciers de la plus ancienne consignation puissent prétendre aucune préférence sur les créanciers des consignations qui ont été faites depuis. Cette décision est fondée sur cette régle de droit : *Privilegia æstimantur non ex tempore, sed ex causâ;* l. 17, ff. *de privil. credit.* : d'où il suit que les priviléges de ces dif-

férents créanciers ayant tous une même cause, doivent tous concourir.

117. Enfin ceux à qui appartenoient les deniers consignés, que le receveur des consignations a dissipés,
ont une hypothéque sur tous les biens du receveur des
consignations, du jour de la consignation qui en a été
faite. C'est ce qui a été jugé par un arrêt de la veille
de la Notre-Dame de septembre de l'an 1582, cité par
Mornac, *ad.* l. 7, §. 3, ff. *depos.* Il y a d'autres arrêts
qui ont donné cette hypothéque du jour de la réception du receveur des consignations en son office. L'arrêt cité par Mornac me paroît le plus régulier. L'hypothéque ne peut naître avant l'obligation de la personne, dont elle est l'accessoire; et par conséquent elle
ne peut naître avant la consignation des deniers, par
laquelle le receveur des consignations contracte l'obligation de les rendre.

118. L'obligation du receveur des consignations ne
peut s'éteindre que de deux manières: ou par la perte
des deniers consignés survenue sans sa faute, par quelque accident de force majeure; ou par la restitution
qu'il en fait à ceux à qui ils appartiennent, ou à ceux
qui ont pouvoir ou qualité de les recevoir pour eux.

Lorsqu'un receveur des consignations a résigné son
office, il doit remettre à son successeur tous les registres et piéces qui concernent la recette des consignations, ensemble tous les deniers qui sont dans sa caisse,
qui proviennent des différentes consignations, et toutes
les quittances de ceux qu'il a rendus. Le juge doit, à
sa réquisition, en dresser un procès-verbal, dont la mi-
nute doit rester au greffe; et le successeur à l'office

doit se charger, au bas du procès-verbal, de tout ce qui lui est remis. C'est la disposition de l'édit du mois de février 1689, article 9.

Par ce moyen le ci-devant receveur des consignations transfère à son successeur toutes les obligations qu'il avoit contractées par les différentes consignations qui lui ont été faites. En rendant, à son successeur à l'office de receveur des consignations, les deniers des différentes consignations qu'il étoit obligé de rendre à ceux à qui ils appartiennent, il les rend à une personne qui a qualité de les recevoir pour eux, et il en est en conséquence libéré et déchargé envers eux; le nouveau receveur des consignations, en les recevant, en devient débiteur à sa place.

Après la mort du receveur des consignations, sa veuve et ses héritiers doivent, de la même manière, remettre au successeur les deniers consignés au défunt, et tout ce qui dépend de la recette des consignations; quoi faisant, ils sont déchargés des obligations auxquelles ils avoient succédé; et le nouveau receveur devient, à leur place, débiteur des deniers consignés.

Si le ci-devant receveur des consignations, sa veuve ou ses héritiers tardoient à remettre les deniers consignés, et les registres et papiers qui dépendent de la recette, le nouveau receveur devroit les poursuivre pour se les faire remettre; autrement, faute de rapporter ces diligences, il seroit tenu de toutes les consignations faites à son prédécesseur.

FIN DU TRAITÉ DU CONTRAT DE DÉPOT,
ET DU 8e VOLUME.

TABLE

TRAITÉ

DU PRÊT A USAGE,

ET DU PRÉCAIRE.

CHAPITRE III.

CHAPITRE IV.

DU PRÉCAIRE,

TRAITÉ

DU PRÊT DE CONSOMPTION,

ET DES MATIÈRES QUI Y ONT RAPPORT.

PREMIÈRE PARTIE.

CHAPITRE PREMIER.

De la nature du contrat de prêt de consomption, et des choses qui en sont susceptibles, *ibid.*

Art. I. De ce qui constitue l'essence du contrat de

CHAPITRE II.

De l'obligation que produit

SECONDE PARTIE.

DE L'USURE

TROISIÈME PARTIE.

TRAITÉ

DU CONTRAT DE DÉPÔT.

FIN DE LA TABLE DU HUITIÈME VOLUME.